北京市教育委员会科学研究计划项目资助(KM202214019002)

立交桥图形指路标志
及其示意图形设计与评估

李 洋 著

人民交通出版社股份有限公司
北 京

内 容 提 要

本书根据我国城市快速路建设发展状况和驾驶人的实际使用需求，系统阐述了作者关于立交桥图形指路标志及其示意图形在设计、评估和优化等问题上的研究过程和成果，是交通管理工程专业的学术著作。主要内容包括国内外立交桥指路标志发展应用与标准内容差异、立交桥图形指路标志及其示意图形的应用特征和研究动态、基于主客观两个方面的立交桥图形指路标志效用评估、立交桥示意图形的标准化表达设计、基于视认特性的示意图形复杂度静态实验评估、基于驾驶行为的示意图形复杂度动态实验评估、立交桥图形指路标志优化设计评估以及设计导则方案等。

本书可供道路交通管理者、行业监管者、交通工程技术人员、科研人员、施工人员等参考使用，亦可供高等院校相关专业师生教学、科研借鉴。

图书在版编目(CIP)数据

立交桥图形指路标志及其示意图形设计与评估 / 李洋著. — 北京：人民交通出版社股份有限公司，2023.7

ISBN 978-7-114-18865-7

Ⅰ.①立… Ⅱ.①李… Ⅲ.①跨线桥—交通标志—设计—研究 Ⅳ.①U491.5

中国国家版本馆 CIP 数据核字(2023)第 119422 号

LIJIAOQIAO TUXING ZHILU BIAOZHI JI QI SHIYI TUXING SHEJI YU PINGGU

书　　名：立交桥图形指路标志及其示意图形设计与评估
著 作 者：李　洋
责任编辑：陈　鹏
责任校对：赵媛媛　魏佳宁
责任印制：张　凯
出版发行：人民交通出版社股份有限公司
地　　址：(100011)北京市朝阳区安定门外外馆斜街 3 号
网　　址：http://www.ccpcl.com.cn
销售电话：(010)59757973
总 经 销：人民交通出版社股份有限公司发行部
经　　销：各地新华书店
印　　刷：北京虎彩文化传播有限公司
开　　本：720×960　1/16
印　　张：13.75
字　　数：235 千
版　　次：2023 年 7 月　第 1 版
印　　次：2023 年 7 月　第 1 次印刷
书　　号：ISBN 978-7-114-18865-7
定　　价：80.00 元

Preface 前言

建设科学合理、以人为本的交通管理设施体系，最大限度地提高城市道路服务水平，是所有交通工程师的美好愿景。为了提高交通设施设计和设置水准，使交通设施更符合人的需要，并在良性机制下健康快速发展，以科学实验结果为设施建设决策提供依据的理念不断得到普及。而从驾驶行为出发，以人的需求和感受为首要判断依据的研究方法也在不断推广和发展。

当前，国内城市快速路架设规模不断扩大，各城市为解决快速路立交桥出口寻路问题，通常选择在立交桥前设置图形指路标志，以提高出口通行效率和安全水平。然而在国内技术标准中，立交桥图形指路标志的针对性内容尚有不足，导致在实际应用中存在概念认识模糊、设计理念混淆、设计形式不一、图形样式复杂等情况，给道路使用者带来理解困惑和驾驶负担。部分标志不但影响道路功能的发挥，甚至成为严重的交通安全隐患。长期以来，国内交通设施建设存在技术标准发展缓慢和设施针对性研究不足的问题，新型设施的研发与使用也缺少行之有效的实验评估方法，无法按标准制定并提供作用机理、效用评价和优化设计方面的技术支撑。

本书面向城市复杂路网环境下快速路立交桥图形指路标志设计与应用的现实需求，从我国立交桥图形指路标志的特点出发，基于标准对比、主观调查研究、视认和驾驶行为实验研究结果，在解决立交桥图形指路标志及其示意图形设计与评估问题的同时，以此为突破口，探究适用于我国指路标志效能和复杂度检验的实验评估方法。

本书系统阐述了作者关于立交桥图形指路标志及其示意图形在设计、评估和优化等问题上的研究过程和成果。核心是围绕立交桥图形指路标志效用和视认复杂度，以示意图形为重点，以实验为评估方法，以视认特性和驾驶行为特性数据为驱动,全面研究立交桥图形指路标志在效用范围内和视认范围内对驾驶行为的影响,解决实验方案设计、评价方法设计、标志视认特性和评价结果分类等关键问题,最终形成立交桥图形指路标志视认复杂度的量化评价和分类,建立适用于指路标志效用检验的动、静态结合的实验评价方法。

本书内容共分为10章。

第1章,绪论。介绍本书的创作背景和研究的主要内容,包括城市快速路立交桥图形指路标志设计与评估相关研究的目的意义和总体技术路线。

第2章,立交桥指路标志标准。主要介绍了国内外立交桥指路标志标准建设情况,分析对比国内外标准的差异性,提出国内标准发展的方向。

第3章,立交桥图形指路标志。重点介绍立交桥图形指路标志的概念、功能界定、应用特征和研究动态,使读者对该标志形成清晰全面的认识和理解。

第4章,立交桥图形指路标志主观认知。介绍立交桥图形指路标志效用在主观认知上的研究过程和结果,包括通过问卷调查了解驾驶人在立交桥图形指路标志使用频率、有效性、可理解性、交互效率、主观满意度5个维度的主观评价的过程和结果。

第5章,立交桥图形指路标志效用评估。介绍立交桥图形指路标志效用在客观实验上的研究过程和结果,包括针对3种匝道形式的实验总体方案设计、模拟驾驶状态下车辆横向和纵向运行状态的分析结果。

第6章,立交桥示意图形标准化表达设计。主要针对立交桥指路标志核心要素示意图形的标准化设计进行阐述,包括示意图形标准化表达的必要性和相关研究内容、立交桥构成要素的图形表达和不同类型立交桥示意图形的标准化表达设计。

第7章,立交桥示意图形静态视认实验评估。聚焦标志中立交桥示意图形的复杂度问题,介绍静态实验评价方法的设计,以及如何实现示意图形静态视认复杂度的量化评价和分类的研究过程。

第8章,立交桥示意图形动态视认实验评估。从示意图形对视认和驾驶行为的影响出发,介绍动态实验评价方法的设计,借助TOPSIS综合分析法和聚类分析,实现动态视认复杂度的综合评价和分类的研究过程。

第9章,立交桥图形指路标志优化设计评估。重点介绍复杂立交桥图形指路标志优化设计实验评估的方法和研究过程,为特殊情况下标志的优化提供参考。

第10章,立交桥图形指路标志设计导则。阐述在前9章基础上,将评估方法进行归集,形成包括原理、内容和步骤在内的实验评价方法定式的内容。结合实际需求和条件,提出实验评价方法的应用建议。以标志设计和实验评价方法相结合的原则,细化立交桥图形指路标志设计导则。

本书作者李洋,高级工程师,现为北京警察学院道路交通管理系副教授,曾工作于北京市公安局公安交通管理局交通设施管理处,参与多项北京市指路标志系统改造和城市快速路交通设施规划、设计、实施任务。作者在实际工作经验基础上,将在北京工业大学攻读博士学位于相关课题的研究成果进行总结和提炼,形成此书。在此,对单位领导和同志们,对在求学过程中给予鼓励和支持的北京工业大学刘小明教授、荣建教授和赵晓华教授,对一同参与研究并提供帮助的黄利华、丁罕、陈晨、许亚琛等同学表示诚挚的谢意。希望本书的出版,能够为从事城市快速路指路标志设置与研究的学者和工程技术人员提供借鉴和帮助,能够在工程实践、标准规范制定和后续研究等工作中的起到绵薄的作用。图书的出版还要感谢人民交通出版社股份有限公司姜占峰主任、刘晓勇同志和陈鹏编辑给予的支持和帮助。

由于作者水平有限,本书撰写难免有疏漏和不足之处,敬请读者批评指正。

李洋

2023年3月

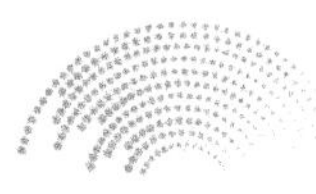

Contents 目录

第1章

绪　　论

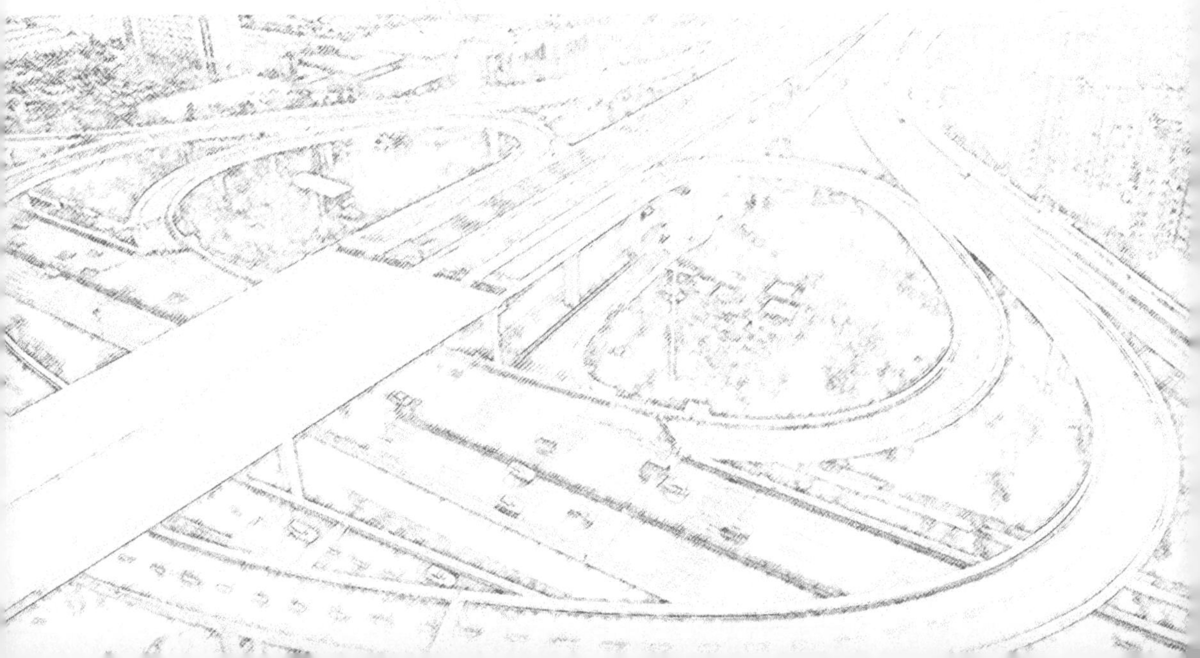

当前，中国城市化水平快速提升，地区协同发展理念促使以北京、上海、广州等为代表的特大型和大型城市正在向最高空间组织形式都市带发展。在城市群建设的带动下，城市内及城市间快速路网建设虽有高速发展的经济基础，同时又面临高标准、高品质的新要求。随着国内经济发展和道路基础设施投资增加，作为快速路交通工程重要组成部分的快速路指路标志系统也进入需要精雕细琢、升级改造的新阶段。众多城市开展快速路指路标志建设和改造的过程中，一种以图形为核心内容的指路标志被用于改善快速路立交桥出口交通问题，并逐渐得到青睐。国内学者还未来得及对它的功能和视认特性进行充分研究，就已经在各城市的快速路上迅速普及和发展起来，它就是立交桥图形指路标志，也称“桥形标志”或“桥形标”。随着立交桥图形指路标志应用数量和覆盖范围的增加，对该标志认识的局限性，以及缺少标准依据和规范指导等问题也逐渐显现。图形设计理念混淆、设计形式不一、图形样式复杂等情况，给道路使用者带来理解门槛和驾驶负担，不但影响道路功能的发挥，甚至还有可能成为严重的交通安全隐患。开展针对立交桥图形指路标志及其示意图形的相关研究，探求示意图形的标准化表达方式，掌握图形指路标志的效能和视认规律，规范和优化图形指路标志的设计与设置，对理论方法与实际工程应用都具有重要的意义。

1.1 发展背景

1.1.1 快速路建设高标准高品质发展

城市快速路是城市道路中等级最高的道路，是城市路网的主动脉。它以较低的城市路网占有率，承担了较高的机动车交通量。近年来，我国主要城市持续推进快速路建设，使快速路里程不断增长，路网结构逐渐清晰。以北京市为例，根据北京交通发展年度报告显示，2007—2017 年为城市快速路建设的快速增长期，2017 年底总里程达到 390km，10 年间增长了 65.3%，如图 1-1 所示。后期随着快速路网成形和疫情影响，里程增速放缓。整体来看，随着我国城市化进程及国家区域协同发展战略的推进，城市快速路作为快速联系通道的作用将越来越重要，建设规模将持续增长。

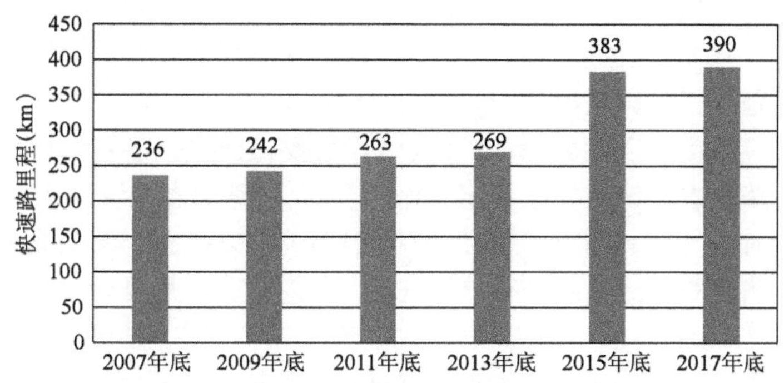

图1-1 2007—2017年北京快速路里程统计(数据来源:北京市交通发展研究中心)

我国城市快速路在建设与管理上面临着品质提升的挑战。快速路本应具有机动性强、通行能力大、出行时间少的特点,在与城市各区域、进出城高速衔接上发挥着主动脉的作用,为城市交通的运行提供重要保障。然而现有快速路的交通拥堵问题和交通安全问题日益严重,成为影响城市功能发挥和城市可持续发展的全局性问题。当前,城市环路及进出城主要通道已成为城市常发拥堵路段,本应"四通八达"的立交节点成为主要的拥堵地点。与此同时,快速路交通事故也常有发生,特别是立交桥区域,由于车辆转向、交织运行频繁,交通事故数量较多。文献显示,2011年上海市快速路年事故数19164起,其中发生在匝道处的事故数为5142起,占26.8%。

在当前社会经济发展水平下,对城市快速路建设与管理的高标准、高品质的追求已成为必然,这种追求来源于城市管理者和道路使用者的美好期望。城市管理者期望快速路系统能够提供安全、畅通、有序、便捷和高效的交通环境,道路使用者则期望快速路能够提供安全、快速、自由、舒适和友好的通行服务。为解决城市发展与交通的矛盾,城市管理者已着手提升城市快速路建设与管理的品质和标准,各地城市建设部门和交通管理部门也正在积极行动,在快速路节点改造、配套设施完善、指路标志系统建设等方面,开展大量的实践与研究工作。

1.1.2 快速路指路标志的精雕细琢与升级改造

快速路指路标志是快速路交通工程设计与建设的重要组成部分。科学完善的指路系统、简单高效的指路标志不仅能为驾驶人出行提供优质的定位和导向服务,更重要的是能够提高道路通行能力和增强交通安全水平。同时,它还代表了城市交通现代化管理的能力和水平。

我国城市快速路指路标志受早期建设缺少设计标准、投资不足、维护不到位的影响,存在设置缺失、内容复杂、信息模糊、信息滞后、基本配置不足等问题。2014 年 11 月,中央电视台东方时空调查节目曾以《迷人的路牌》为题,对快速路指路标志问题进行了详细报道,凸显了该问题的严重性。

为了适应城市交通发展,满足群众出行需要,近年来,各级管理部门加快推动快速路指路标志建设与标准制定工作,快速路指路标志系统进入精雕细琢、升级改造的新阶段。以北京市为例,2007 年、2010 年交通主管部门先后两次对全市范围内的快速路指路标志进行改造完善,改造的重点是复杂立交桥的指路标志升级,标志改造内容包括标志版面形式、支撑结构、文字图形内容等方面。此外,广州、上海、武汉、重庆等城市也相继进行了快速路指路标志的改造工作。在改造过程中,各地纷纷对快速路指路标志系统展开研究,并制定地方标准,包括规定标志功能、样式,设置位置、配套使用方式等内容。

2015 年 4 月,住房和城乡建设部颁布《城市道路交通标志和标线设置规范》(GB 51038—2015),规定城市快速路必须设置快速路指路标志,快速路指路标志设置应具有系统性,快速路进出口之间的指路标志应按一定顺序布设,传达信息应连贯、一致;并将快速路指路标志按入口指引系列和出口指引系列分为两类;提出我国快速路指路标志系统雏形。该国标的颁布,对指导和规范城市快速路指路标志具有重要的意义。

然而,与国外标准相比,我国标准对快速路指路标志的规定,在标志设置系统性、版面设计的精细化以及特殊情况规定方面存在不足。快速路指路标志体系在框架研究、标志研究、标准完善和工程建设等方面的任务仍然艰巨,在标志的精雕细琢和升级改造上还需持续努力。此部分内容将在第 2 章详细阐述。

1.1.3 立交桥图形指路标志建设超前、标准滞后

城市快速路立交桥作为道路重要构件,在缓解交通冲突、提高通行能力、降低交通事故发生率、提高行车舒适性等方面发挥了重大的作用。然而,随着机动车保有量、出行量的不断增长,作为节点枢纽的立交桥承受的交通压力成倍增加,拥堵情况日益严重。设置立交桥图形指路标志(图 1-2)已成为解决城市道路立交桥寻路指路问题的主要方法。

北京市是国内最早尝试使用立交桥图形指路标志的城市。20 世纪末,北京市道路建设和交通管理部门就开始对立交桥的交通诱导进行深入研究,探索立交桥图形指路标志的设计设置方法,最初的目的是让驾驶人通过立交桥时做到"心中有数"。2000 年,以个性化为特征的图形标志在北京二、三环路的多座立交桥进行试点,如东直门桥、西直门桥、陶然桥等。立交桥示意图形样式较少,以

表示菱形立交、苜蓿叶立交、环形立交的图形为主。2001 年,在五环路一期工程中设计采用了立交桥图形指路标志,这是该类标志在新建道路交通工程中的首次应用。2004 年,交管部门对四环路标志进行改造,制作、安装了许多立交桥图形指路标志,示意图形的样式也有所突破。2008 年北京奥运会之前,交管部门规范、完善了五环内 189 座立交桥的指路标志,为复杂立交桥增加了立交桥图形指路标志。由于复杂立交桥型式多样,走向复杂,示意图形的样式显著增多。随后,示意图形在 2010 年指路标志系统升级中得到全面应用。目前,北京市五环路内的 245 座立交桥共配有图形指路标志 369 面,配置率超过 75%,图形样式超过 30 种。

图 1-2 立交桥图形指路标志及桥型示意图形

在北京市的带动下,其他省市也开始在道路交通工程实践中,越来越多地采用立交桥图形指路标志。特别是在高速公路和城市快速路的新建工程中,图形指路标志已逐渐成为立交桥前的标准配置。可以说,立交桥图形指路标志在我国的使用规模已远超其他国家。

相较之下,国内道路交通设施标准中对立交桥图形指路标志的规定较为笼统,内容更新存在明显滞后性。《道路交通标志和标线》(GB 5768)作为核心标准,虽在历次修订中不断完善,但至今仍无法达到交通管理设施统一标准的高度,其内容偏重于公路设施的设置,示例以普通公路和高速公路为主。《道路交通标志和标线》(GB 5768—2009)仅在“一般道路指路标志”部分规定互通立体交叉标志如下:“设在互通式立体交叉以前的适当位置。复杂立体交叉或连续立体交叉,可将标志信息分解,逐步指引”。

《城市道路交通标志和标线设置规范》(GB 51038—2015)仅以文字内容规定:“对于互通式立体交叉、曲线匝道等情况较为复杂的出口,宜在 500m 或 1km 的快速路出口预告标志位置处设置图形指路标志。”“设置图形指路标志位置处,相应的快速路出口预告标志宜重复设置。图形指路标志也可采用可变信息标志形式,发布下游车道、路段的实时交通信息。"

2022 年 3 月 15 日发布并于 2022 年 10 月 1 日实施的《道路交通标志和标线》(GB 5768—2022)在 2009 版的基础上进行了修订。新标准仅在高速路和城市快速路出口预告标志部分增加了第"9. 3. 8. 3"条,规定:"出口预告及出口方向标志不应采用复杂图形道路分岔,枢纽互通式立体交叉双出口,枢纽互通式立体交叉的出口匝道为 2 条车道时,出口预告及出口方向标志可采用图示的图形及版面。"原 2009 版中一般道路指路标志部分规定互通立体交叉标志的内容已被删除。

国家相关标准规定明显滞后于立交桥图形指路标志的发展,导致国内部分城市设计设置理念不同,部分地区工程应用甚至无据可依,造成了不同城市间标志设计设置版本不同,给交通出行者造成一定的困扰。国内 12 个城市立交桥图形指路标志设置现状详见表 1-1。如北京、上海、南京等城市结合自身特点,在地方标准中对城市快速路指路标志的设置进行规范。此外,大多数中小城市尚未规范当地城市快速路指路标志设置方法,仅简单模仿借鉴国内外其他大城市的设置方法,使得城市快速路立交桥图形形式各异,极易引发立交桥区域的交通问题。面对当前日益增长的交通出行、工程实践需求,国内针对立交桥图形指路标志的相关规范亟待完善。

国内各城市立交桥图形指路标志的使用规范及设置现状 表 1-1

地区	相关规范内容	设置图例
1. 北京	**名称**:互通式立交指路标志 **位置**:立交桥出口前 500m	
2. 上海	**名称**:无 **位置**:立交出口前 200m 处	
3. 广州	**名称**:象形标志 **位置**:立交桥出口前 500m 处	

续上表

地区	相关规范内容	设置图例
4. 南京	**名称**:无 **位置**:无	
5. 长沙	**名称**:无 **位置**:无	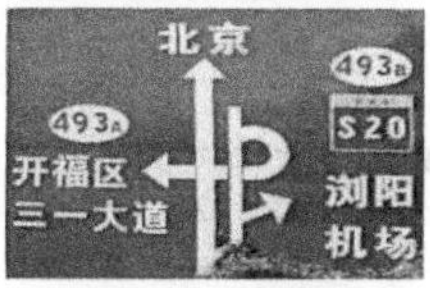
6. 浙江	**名称**:附加图形符号说明的立交指路标志 **位置**:立交桥出口前500m	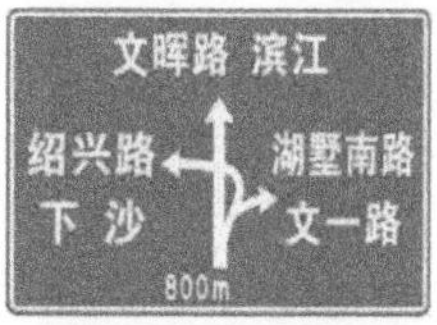
7. 重庆	**名称**:预告标志牌 **位置**:距立交桥300~500m	
8. 四川	**名称**:桥型预告标志 **位置**:立交桥前适当位置	 

续上表

地区	相关规范内容	设置图例
9. 山东	**名称**:无 **位置**:无	 黄河大桥 HUANG HE DA QIAO 二环北路 ER HUAN N RD 济青高速 JI QING EXPWY 历山北路 零点立交桥 青岛
10. 深圳	**名称**:无 **位置**:无	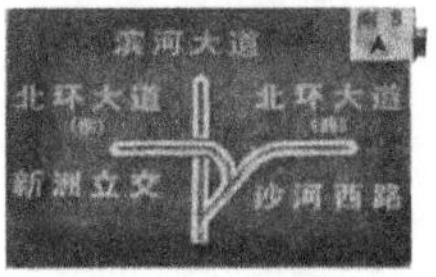 滨河大道 北环大道 北环大道 新洲立交 沙河西路
11. 天津	**名称**:桥梁指路标志 **位置**:距立交桥 100 ~ 500m	 南仓桥 NANCANG Bridge 铁东北路 TIEDONG North Rd 铁东北路 TIEDONG North Rd 普济河道桥 PUJIHEDAO Bridge 北新桥 BEIXIN Bridge 辰泰桥
12. 西安	**名称**:无 **位置**:无	 南 S 半坡立交 BANPO Interchange 临潼 LINTONG 东二环 华清路 连霍高速 5B 5A 官厅立交

1.2 研究概述

1.2.1 主要目的

立交桥图形指路标志在我国已得到广泛使用,并独具特色。然而国内关于图形指路标志的研究尚处于起步阶段，对立交桥图形指路标志同样存在认识不一等局限性，同时宽泛的标准规定，在实践层面缺少可操性。开展立交桥图形指路标志及其示意图形设计与评估的相关研究，其主要目的是面向城市复杂路网环境下快速路立交桥图形指路标志设计与应用的现实需求，结合我国城市道路、立交桥设计以及标志使用的特点，从主观认知、效用分析、静态视认复杂度评估、动态视认复杂度评估、复杂图形优化评估等方面，获得对该标志的全面认识。通过基于视认特性和驾驶行为的标志效能及标志视认复杂度研究，发现适合图形指路标志特点的实验评估方法。探索驾驶人与图形标志交互的特性规律，解决示意图形复杂度分类、实验设计、指标选取、评价方案设计等关键问题。研究成果基于对立交桥图形指路标志的全面认识，形成设计导则和优化方案，为工程实践、标准规范和后续发展提供支持。

1.2.2 理论和实践意义

立交桥图形指路标志及其示意图形设计与评估研究，从驾驶人视认特性和驾驶行为特性的角度，探索指路标志图形在功能效用与视认复杂度等方面的问题，提高标志的设计效率和表达效果，在理论方法和实践工作方面具有重要意义。

(1)能够从主观认知和驾驶模拟实验两个方面，分析立交桥图形指路标志的效用，推进基于主观认知和人机效用的立交桥图形指路标志效用分析方法构建。研究有助于全面认识立交桥图形指路标志效用，包括驾驶人对标志有效性、可理解性及交互效率的主观认知和立交桥图形标志对驾驶行为和车辆运行的影响程度，对立交桥图形指路标志的后续研究和实际工程设计决策，同样具有重要意义。

(2)能够建立立交桥图形指路标志视认复杂度实验评估方法，用于标志设计效果的评价和验证。利用该方法获取立交桥图形指路标志定量评价和分类结果，为制定规范导则提供技术支持，提升图形指路标志精细化设计水准，有助于完善国内城市快速路指路标志设计技术规范，促进城市快速路建设品质提升。

(3)能够探索以同类标志为核心对象，以实验为核心方法，以视认特性和驾驶行为特性为核心数据驱动，集标志内在和外在复杂度为一体的标志视认复杂度综合研究范式，为交通标志复杂度研究提供通用的实验评价方法，为后续研究提供借鉴。

1.2.3 主要内容

针对城市快速路立交桥图形指路标志认知不足,缺少科学评价方法等问题,研究标志效用和示意图形视认复杂度实验评价方法,具体研究内容包括:

1. 基于主观认知调查的立交桥图形指路标志效用研究

采用调查法对立交桥图形指路标志的效用进行研究,获取广大驾驶人对标志可用度的主观认知结果。调查内容包括标志的使用频率、有效性、可理解性、交互效率、主观满意度 5 个方面,获取总体主观评价。调查结论用于指导后续基于驾驶模拟实验的立交桥图形指路标志效能分析与静、动态实验评价方法设计。

2. 基于驾驶模拟实验的立交桥图形指路标志效用研究

从驾驶行为出发,对立交桥图形指路标志的效用进行分析。通过驾驶模拟实验,对快速路常见的右转定向匝道、左转非定向匝道和左转环形匝道设置不同的标志组,研究立交桥图形标志在单独设置和与其他预告标志组合设置条件下,对驾驶人在横向换车道行为和纵向速度控制行为上的影响。

3. 立交桥示意图形视认复杂度静态实验评价方法研究

研究立交桥图形指路标志核心部分的静态视认复杂度和实验评价方法问题。根据立交桥设计理论和北京市立交桥图形指路标志实际应用情况,以 37 种立交桥示意图形为研究对象,以静态实验的方式获取图形在整体、局部和细节上的视认数据,并提取评价指标,实现示意图形视认复杂性的分析、验证、量化评分和分类。

4. 立交桥示意图形视认复杂度动态实验评价方法研究

从静态实验评价结果中选择 5 个图形,采用驾驶模拟实验获取动态视认特性和驾驶行为特性数据,进一步挖掘驾驶人在立交桥示意图形视认过程中的驾驶行为特性,并将动态视认和驾驶行为作为主指标,对示意图形动态视认复杂度进行打分和分类,研究以驾驶模拟实验为核心的动态实验评价方法的可行性,并验证静态实验评价结果的分类精度。

5. 立交桥图形指路标志设计导则研究

将静态、动态实验评价方法进行归纳集成,对立交桥示意图形的多维综合实验评价方法进行探索。归纳实验评价的流程、方法,并结合实际提出方法应用建议。根据效用和综合评价结果提出设计使用导则,为我国相关标准规范的完善提供依据。

研究中需要解决的关键内容包括:

1. 基于效用分析结果,构建实验评价方法

立交桥图形指路标志是一种特殊的交通管理设施,图形复杂多样,对其效用评价难以在实际道路环境中开展,以往的调查问卷方法也不足以全面评价该标志效用,因此本研究提出了实验评价方法的构想,以基于动、静态实验的评价思路为逻辑主线,以视认及驾驶行为影响分析为突破口,关键是解决示意图形视认复杂度的动、静态实验评价方法构建过程中的实验方法设计和评价方法设计问题。

2. 基于人机交互,挖掘图形标志视认特性及对驾驶行为特性影响规律

图形指路标志具有多决策点、多方向的特征,其视认规律和对驾驶行为的影响规律区别于普通指路标志。基于实验数据和图形特征分析行为特性并挖掘内在规律,是图形指路标志认知研究的关键问题。

3. 基于实验评价方法的图形复杂度多维综合评价

图形复杂度是影响标志效用的重要原因,也是驾驶人主观认知评价的重要依据。在研究中,通过对比考察不同示意图形的视认特性指标和驾驶行为特性指标,利用因子分析、TOPSIS 综合评价法、聚类分析法对图形进行综合评价和分类。其中,确定静态、动态评价维度与动静态综合评价维度,得出合理的评价和分类结果是研究的关键。

1.2.4 技术路线

立交桥图形指路标志及其示意图形设计与评估研究内容,属于多学科交叉融合,采用交通工程学、人体工程、心理学、统计学等多学科理论和方法,以示意图形为研究对象核心,以实验为评价方法核心,以视认特性和驾驶行为特性数据为驱动核心,实现标志综合评价与复杂度分类,最终形成实验评价方法和设计使

用导则,技术路线图如图 1-3 所示。

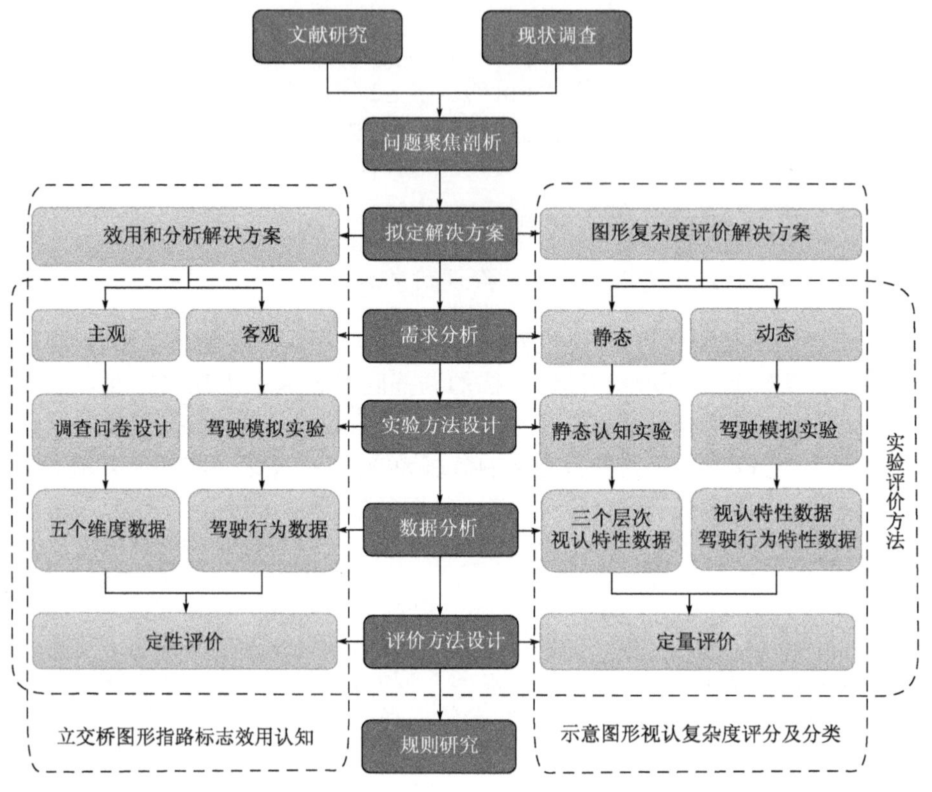

图 1-3　技术路线图

首先,通过文献与调查研究,全面认识立交桥图形指路标志发展特点、设计与设置问题、效能及复杂度评价需求,清晰界定本研究的边界和焦点,深入研究问题之间的逻辑关系和解决思路。

其次,以问卷调查和驾驶模拟实验的方法,从主、客观不同维度对立交桥图形指路标志效用进行全面分析。主观认知调查方面,有效设计调查问卷,确定调查对象、调查维度,确保内容全面且对后续研究方案设计具有指导意见。驾驶模拟实验方面,严格控制实验因素和实验流程,获取驾驶人在不同指路标志设计方案下的驾驶行为数据,正确进行数据预处理,确保实验数据的可信度,为研究的开展奠定基础。

再次,以静态视认实验、驾驶模拟实验方法获取视认特性、驾驶行为特性数据,以此作为实验评价方法中实验部分设计的主要内容。

同时，运用因子分析、TOPSIS 综合分析、聚类分析等方法进行综合评价及分类，以此作为实验评价方法中评价部分设计的主要内容。

最后，通过归纳集成，形成一般性普适性方法，研究制定立交桥图形指路标志设计使用导则。

1.3 本章小结

本章立足国内城市快速路及其指路标志系统建设精细化发展，聚焦立交桥图形指路标志规模化应用的背景，介绍了立交桥图形指路标志在使用过程中遇到的问题及对设计和评估研究的迫切需求。从指路标志效用评估、视认特性研究和评估方法设计角度出发，阐述了标志及其示意图形设计与评估研究的目的意义、主要内容和技术路线等内容。

本章参考文献

[1] 高丽梅.北京市快速路互通立交出入口安全分析研究[D].北京:北京工业大学,2009.

[2] 北京交通发展研究中心.2022 北京市交通发展年度报告[R].北京:北京交通发展研究中心:2022.

[3] 北京交通发展研究中心.2020 北京市交通发展年度报告[R].北京:北京交通发展研究中心:2020.

[4] 北京交通发展研究中心.2018 北京市交通发展年度报告[R].北京:北京交通发展研究中心:2018.

[5] 北京交通发展研究中心.2016 北京市交通发展年度报告[R].北京:北京交通发展研究中心:2016.

[6] 北京交通发展研究中心.2014 北京市交通发展年度报告[R].北京:北京交通发展研究中心:2014.

[7] 北京交通发展研究中心.2012 北京市交通发展年度报告[R].北京:北京交通发展研究中心:2012.

[8] 北京交通发展研究中心.2010 北京市交通发展年度报告[R].北京:北京交通发展研究中心:2010.

[9] 北京交通发展研究中心.2008 北京市交通发展年度报告[R].北京:北京交通发展研究中心:2008.

[10] 王毅.我国城市快速路发展综述[J].综合运输,2003(08):52-54.

[11] 廖涌泉,孙晓亮,贾利民,等.基于道路负荷度的北京城市快速路交通状态评价[J].物流技术,2012,31(03):87-89.

[12] 孙为珊.上海中心城快速路事件及事故诱因分析[J].交通与运输(学术版),2012(01):160-163.

[13] 黄韬.论新时期下的城市快速环路提升改造设计[J].城市道桥与防洪,2018(11):14-17+7.

[14] 陈洪亮,丁立亚.京沪高速与五环路立交改造工程设计方案研究[J].城市道桥与防洪,2017(03):10-13+20+5-6.

[15] 金春林.重庆城市快速路既有立交现状评估与改造方案研究[D].重庆:重庆交通大学,2017.

[16] 彭庆艳.大城市快速路交通矛盾分析与改善方案研究——以苏州市内环快速路为例[J].城市道桥与防洪,2017(11):6-9+5.

[17] 徐洪亮,唐伯明,张太雄.重庆人和立交指路标志问题分析及整改对策[J].公路,2010(11):141-144.

[18] 周蔚吾.道路交通标志标线设置技术手册[M].北京:知识产权出版社,2007.

[19] 丛涛.北京地区指路标志系统分析与优化设计研究[D].北京:北京工业大学,2014.

[20] 韦栋.广州市内环路指路标志系统存在问题及改善[J].公路交通技术,2006(03):123-126.

[21] 李宝峰.完善上海市主要道路交通指路标志系统[J].交通与运输,2001(05):5-7.

[22] 徐扬.城市道路交通指路标志系统设置方法——以武汉城区为视角[J].湖北警官学院学报.2004(04):55-60.

[23] 徐洪亮.重庆市内环高速公路指路标志设置问题分析与对策研究[D].重庆:重庆交通大学,2010.

[24] 吕丹.高速公路与城市道路衔接区域的指路标志系统设计研究[D].重庆:重庆交通大学,2013.

[25] 陈林.城市快速路交通指引系统的设计[J].广东科技,2011,20(16):212-213.

[26] 北京市公安局公安交通管理局,北京市质量技术监督局.道路交通管理设施设置规范.第1部分:道路交通标志:DB11/T 493.1—2007[S].北京:北

京市质量技术监督局,2007.

[27] 广州市公安局交警支队.广州市道路交通指路标志系统设计技术指引研究[R].广州:广州市公安局交警支队,2009.

[28] 天津市质量技术监督局.天津市城市道路交通指引标志设置规范:DB12/445—2011[S].天津:天津市质量技术监督局,2011.

[29] 重庆市质量技术监督局.重庆市城市道路交通管理设施设置规范:DB50/T 548.1—2014[S].重庆:重庆市质量技术监督局,2014.

[30] 中华人民共和国住房和城乡建设部,中华人民共和国国家质量监督检验检疫总局.城市道路交通标志和标线设置规范:GB 51038—2015[S].北京:中国计划出版社,2015.

[31] 中华人民共和国国家质量监督检验检疫总局,中国国家标准化管理委员会.道路交通标志和标线 第2部分 道路交通标志:GB 5768.2—2009[S].北京:中国标准出版社,2009.

[32] 中华人民共和国国家质量监督检验检疫总局,中国国家标准化管理委员会.道路交通标志和标线 第2部分 道路交通标志:GB 5768.2—2022[S].北京:中国标准出版社,2022.

第 2 章

立交桥指路标志标准

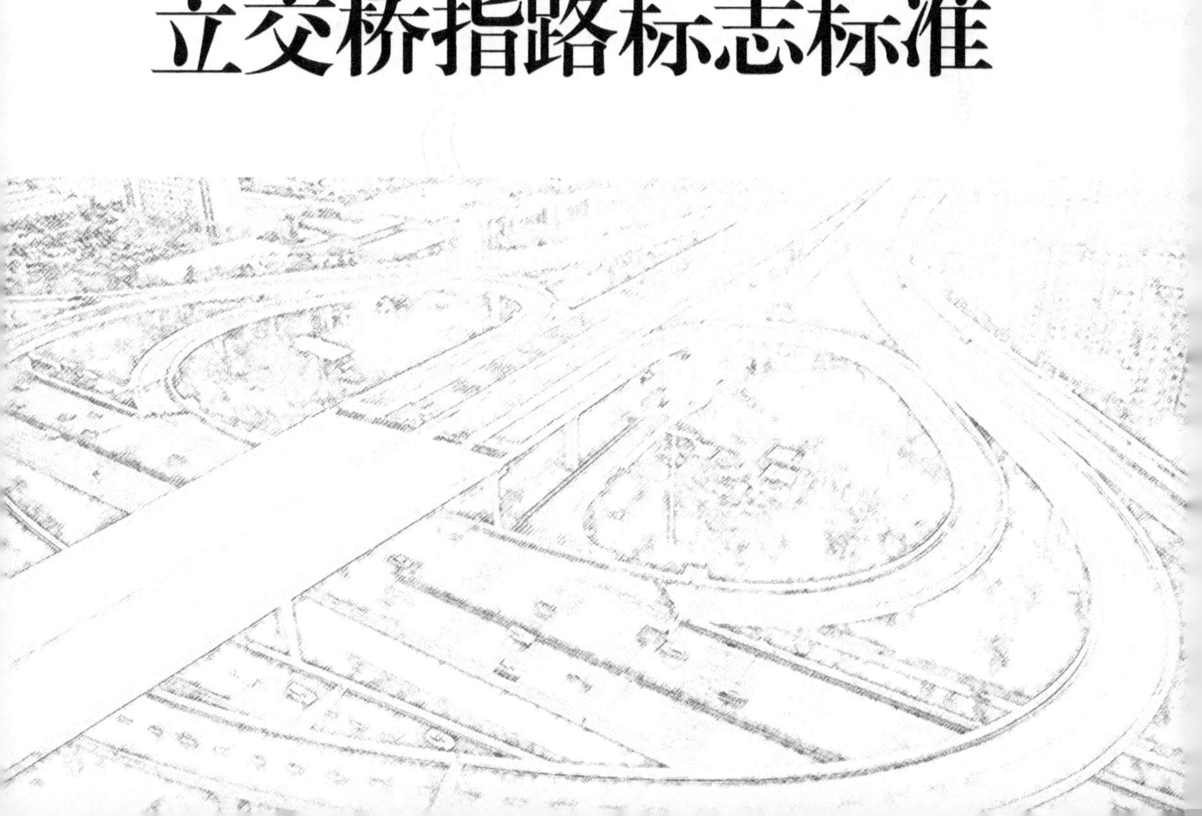

立交桥作为道路重要构件,在缓解交通冲突、提高通行能力、降低交通事故发生率、提高行车舒适性等方面发挥了重大的作用。然而,随着机动车保有量、出行量的不断增长,作为节点枢纽的立交桥承受的交通压力成倍增加,拥堵情况日益严重。设置立交桥指路标志有助于驾驶人从容选择行驶路线、减少相互干扰,有助于弥补立交设计缺陷,有助于保障交通流顺畅安全,有助于实现立交桥分散车流、缓解拥堵的设计功能,从而更好地提高实际通行能力和安全水平。然而,我国道路交通管理设施标准的研究起步较晚,标志设置在某些方面仍存在不足。特别是针对具体道路基础设施与典型道路场景的交通设施规范设置标准仍需完善。本章在对比国内外交通设施标准中有关立交桥指路标志规定的基础上,介绍了我国道路标志标线标准有关立交桥指路标志设置规范在针对性、标志设置系统性、版面设计的精细化以及特殊情况规定方面存在的不足,指出了我国立交桥指路标志标准在系统构建、标志配套使用、针对措施等方面需研究的内容。

2.1 国内外标准主要内容

美国从 1923 年开始制定交通控制设施相关标准,现行的美国交通工程设施手册(Manual on Uniform Traffic Control Devices,MUTCD)(2009 版)历经了多年完善得以形成,具有较高的参考价值。日本在道路建设体系、设施设置理念与我国更为相似,其标准值得借鉴。我国《道路交通标志和标线》(GB 5768.2—2022)中对立交桥指路标志的规定较少,但在交通发展的需求下,各省市地方标准中新增了部分和立交桥指路标志有关的内容。

2.1.1 美国立交桥指路标志标准

MUTCD(2009 版)中关于立交桥指路标志的规定共包含 36 个章节,各章节内容彼此独立,相互衔接,形成了一套完整的体系。标准中列举的示例涵盖了道路交通常见的立交桥类型,能够有效地指导方案设计和标志设置。

在一般道路指路标志部分,2D.45 部分详细介绍了由一般道路经过立交桥通往相交道路的指路标志设置方法。

在高速路指路标志部分,2E.19 ~ 2E.53 部分详细介绍了高速路或快速路立交桥出口前一系列指路标志的设置方式以及各类标志的版面设计和设置要求。其中 2E.20 ~ 2E.24 部分、2E.44 ~ 2E.50 部分分别规定了指路标志在出口处不同车道划分情况、不同立交类型情况下的设置方法,其他部分则分别规定了对立交桥的分类、立交桥指路标志的结构、设置位置、组成标志的功能样式等内容,如图2-1所示。

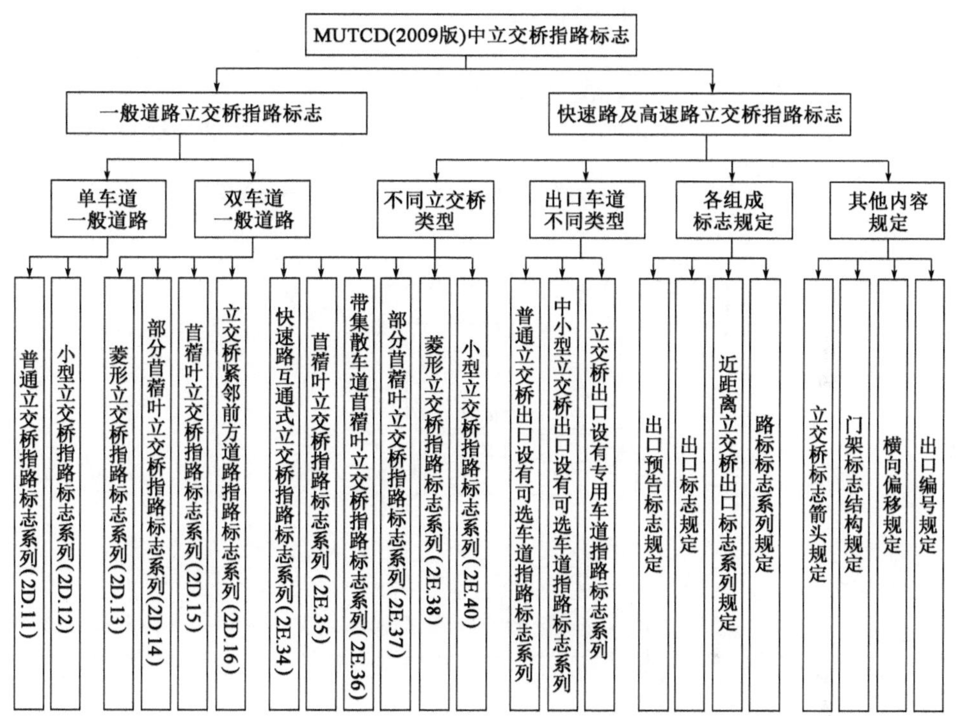

图2-1 MUTCD(2009版)立交桥指路标志标准内容结构图

2.1.2 日本立交桥指路标志标准

《日本道路标识手册》(2004版)中关于指路标志的规定也分为一般道路和高速公路两个部分。标准规定一般道路路口指路标志由预告标志、交叉口标志和确认标志三部分组成,并在预告标志和交叉口标志部分规定了立交桥路口指路标志的设置内容和组合设置方式,如图2-2所示。在高速公路指路标志部分,标准对交叉口文字或图形标志、出口预告标志、分流点地点及方向标志做出了规定,如图2-3所示。在出口预告标志部分中还具体规定了该类标志的设置方式、表示内容、照明要求和版面尺寸。与MUTCD相比,标准并未针对所有立交桥类型给出指路标志设置示例。

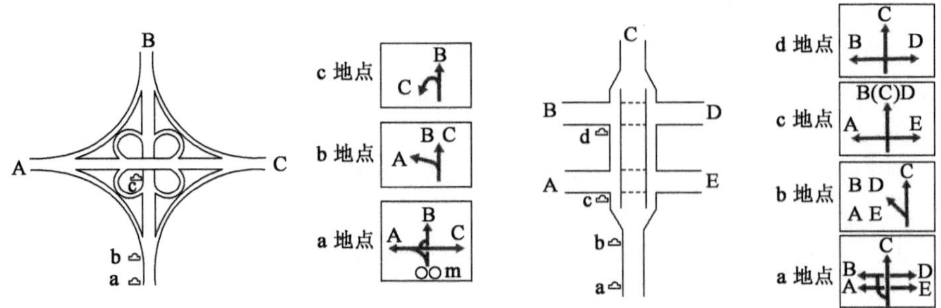

图 2-2　日本一般道路复杂立交路口指路标志设置示意图

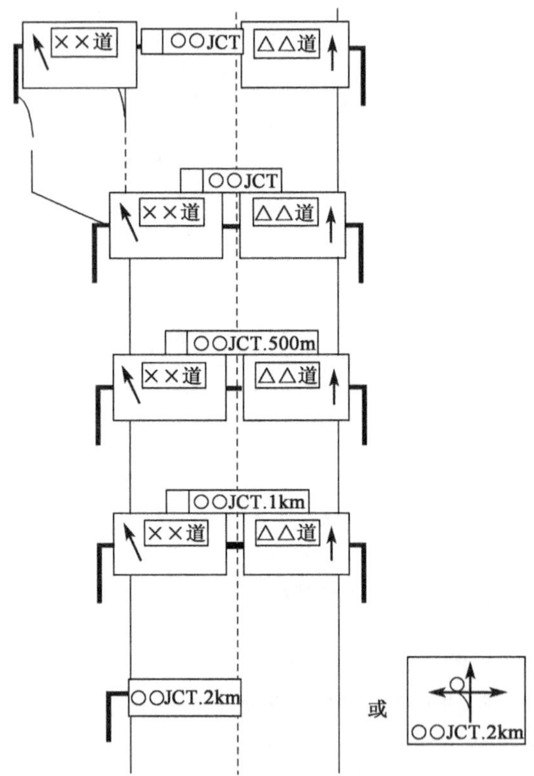

图 2-3　日本高速路立交图形标志示例

2.1.3　国内立交桥指路标志标准

尽管《道路交通标志和标线》(GB 5768)标志部分在 2009 版和 2022 版，从国内实际需求出发，在两次修订过程中，借鉴了国外标准关于指路标志的部分条款和内容,较以往标准做出了较大的改进,但在立交桥指路标志方面仍有不足。2009 版在一般道路路口指路标志部分仅规定了互通式立体交叉标志的名称、定义和图例,如图 2-4 所示。2022 版在高速公路和城市快速路指路标志部分,对出口预告及出口方向标志规定中,增加了立交图形指路标志的示例,如图 2-5 所示。

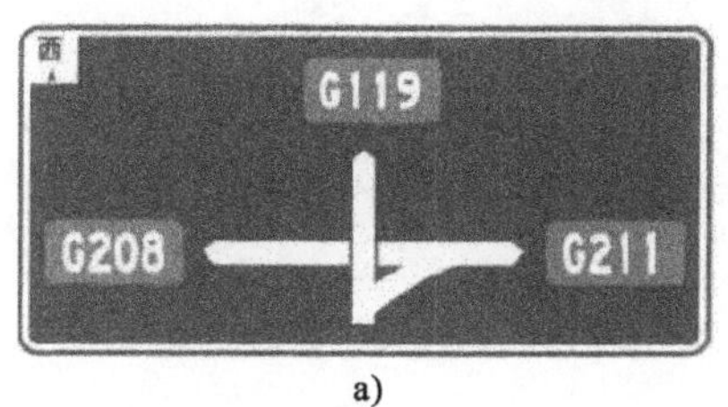

a)

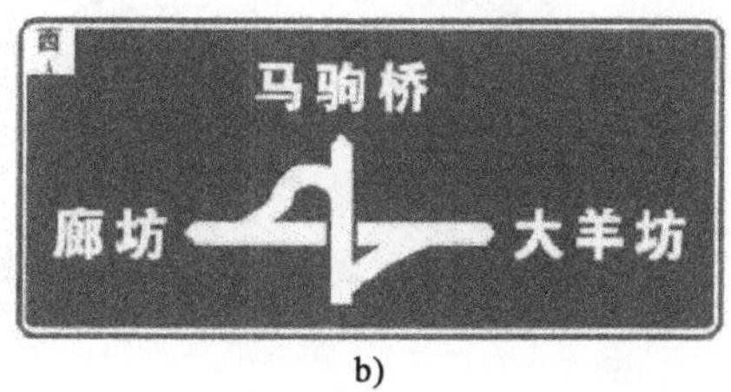

b)

图 2-4 《道路交通标志和标线 第一部分:总则》(GB 5768.1—2009)互通式立体交叉标志规定内容

a)道路分岔预告(路49)

b)双出口枢纽式互通立体交叉的出口预告(路50)

c)出口匝道为2条车道枢纽式互通立体交叉的出口方向(路51)

图 2-5 《道路交通标志和标线》(GB 5768—2022)出口预告和出口方向图形示例

近年来,以北京、上海、广州、江苏、浙江为代表,部分省市为满足城市发展和交通管理需要,陆续发布了交通设施设置的地方标准。与国标相比,其内容规定更加细致、示例更加丰富,如图 2-6、图 2-7 所示。但各地方标准中关于立交桥指路标志的规定,在内容详细程度、标志设置形式、功能解释等方面均与国外标志标准存在较大差距。各地方标准在内容上的不同,还造成了各地在立交桥指路标志设置的差异性。

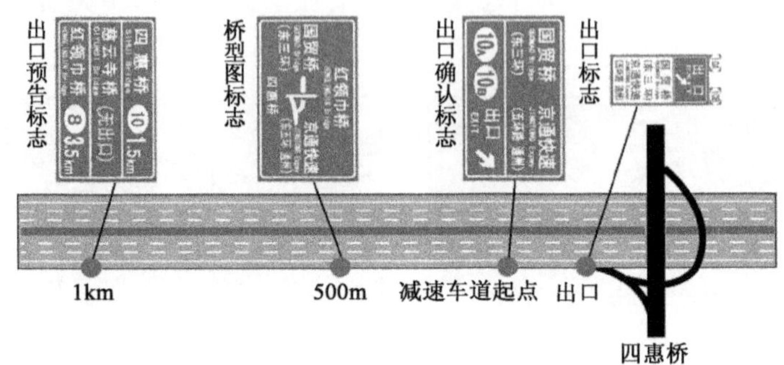

图 2-6　北京地方标准立交桥指路标志设置示例

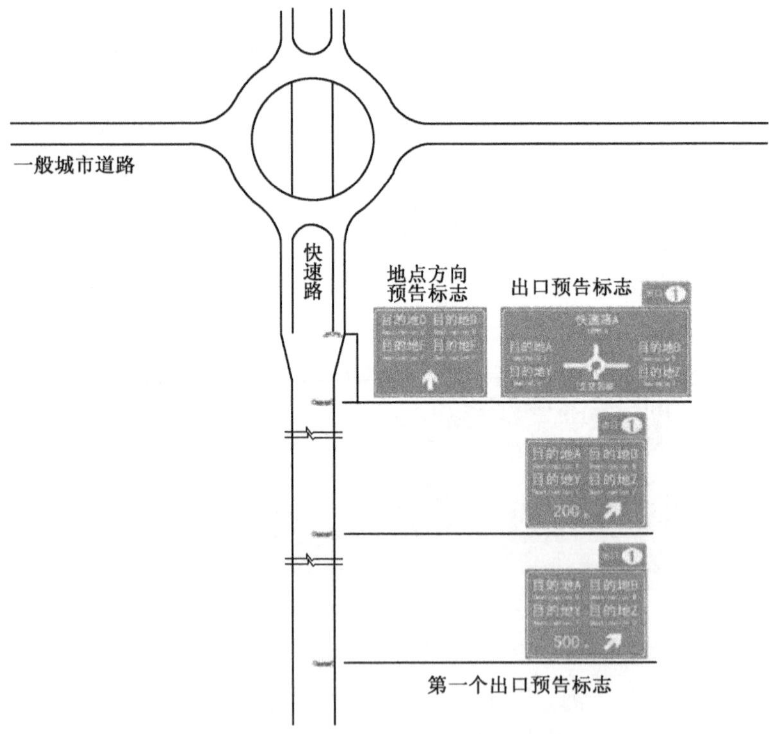

图 2-7　广州地方标准立交桥指路标志设置示例

2.2 国内外标准差异性

2.2.1 标准制定针对性的差异

实际经验表明,即使是相同类型的立交桥,由于几何设计、交通组织、所处环境等因素不同,对指路标志的设置需求也存在差异,标准应针对各种情况分别予以规定,尽可能地有利于工程操作与管理实践。

美国和日本立交桥指路标志标准具有很强的针对性,体现在以下四个方面:

(1)针对不同立交桥构造配置指路标志,如图 2-8 所示;

(2)针对不同立交桥体量配置指路标志,如图 2-9 所示;

(3)针对主路不同车道数量配置指路标志,如图 2-10 所示;

(4)针对出口车道功能配置指路标志,如图 2-11 所示。

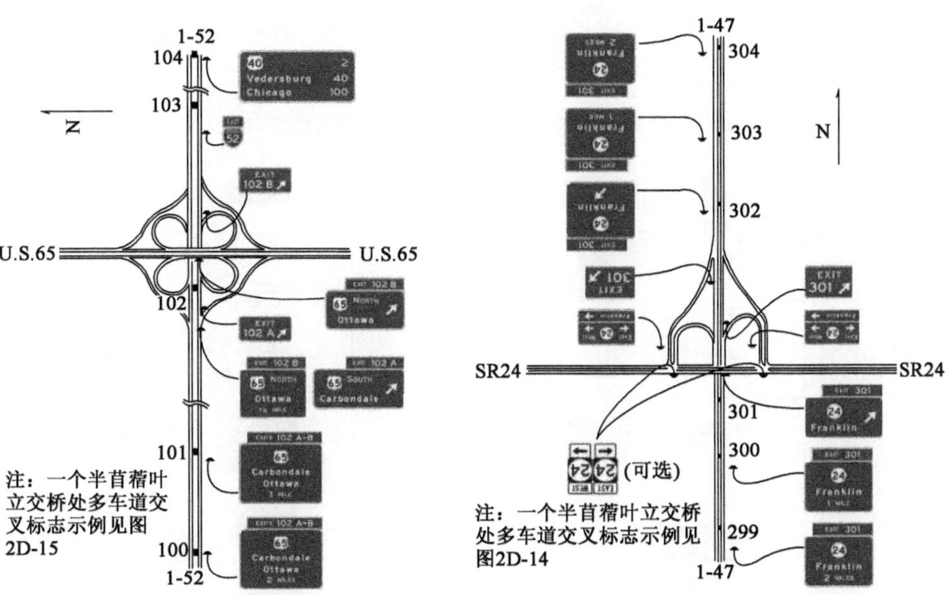

a)全苜蓿叶立交桥指路标志设置示例

b)部分苜蓿叶立交桥指路标志设置示例

图 2-8 MUTCD 中不同构造立交桥指路标志设置示例

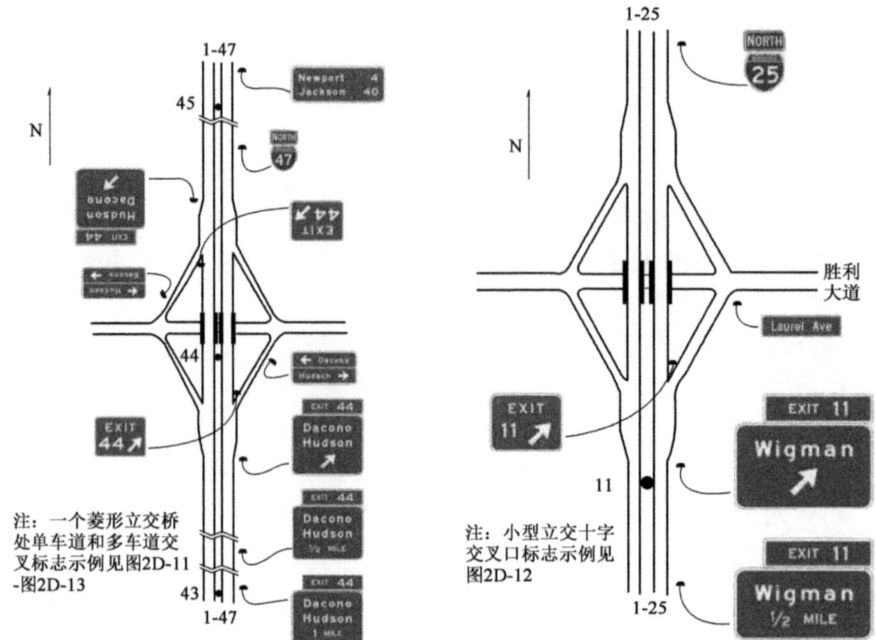

图 2-9　MUTCD 中不同体量立交桥指路标志设置示例

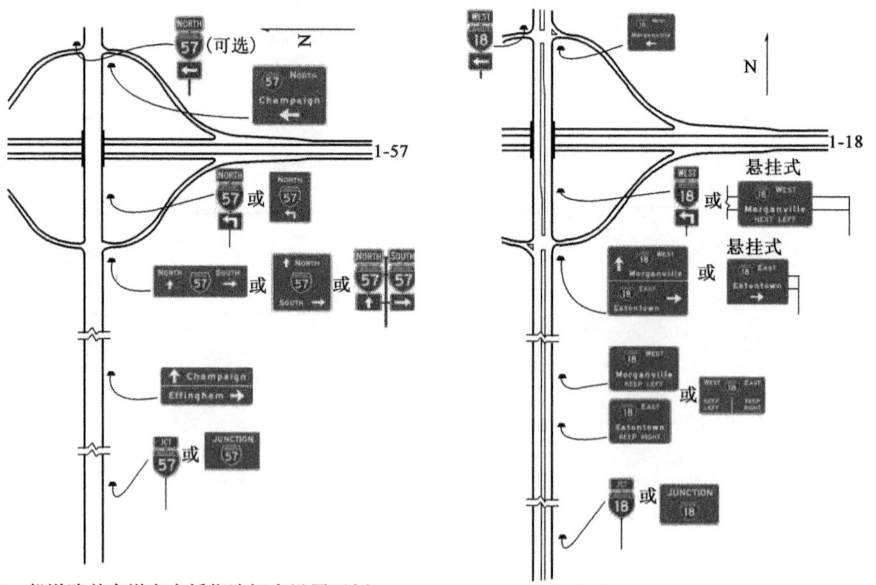

图 2-10　MUTCD 中不同车道数量立交桥指路标志设置示例

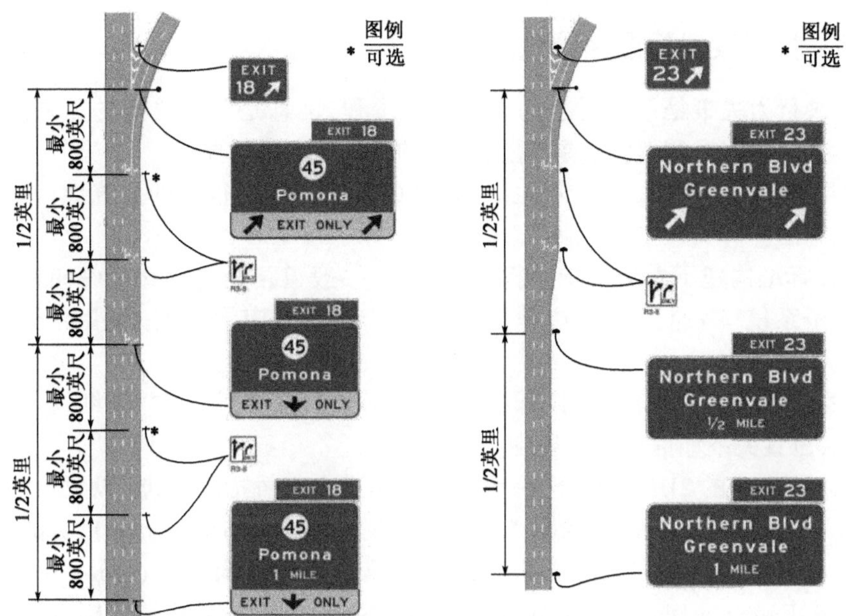

a)可选车道与专用车道立交桥指路标志设置示例　　b)可选车道与专用附加车道立交桥指路标志设置示例

图2-11　MUTCD中不同出口车道功能立交桥指路标志设置示例

国外标准中强调立交桥指路标志标准的针对性主要有两个原因。

(1)通过有针对性的标志设置描述立交桥的匝道转向方式和车道使用方法;

(2)通过区别化的标志设置为驾驶人预先判断立交类型、出口形式、车道组成,进而采取正确驾驶操作提供有效的辨别信息。

国内交通管理设施相关标准注重各类设施的定义和样式,缺少对交通设施设置的针对性,即缺乏在何种情况下应以何种方式设置何种设施或设施组合的可操作性规定。国内相关标准中还缺少针对立交桥指路标志的规定,与国外标准还存在较大差距。标准针对性的不足直接造成标志设置针对性的不足。近年来,关于立交桥指路标志设置问题的报道和研究逐渐增多。这些标志的设置都符合标准的规定,但驾驶人仍会感到标志信息缺失,指示不清。究其原因,就是立交桥指路标志设置缺乏针对性,无法帮助驾驶人感知前方道路建筑物整体情况,无法获取有效的参照位置和沟通信息造成的。

随着对问题认识的深入,我国在标准针对性方面也不断实现进步。现有标准中已经按照不同道路属性对指路标志进行了分别规定,在地方标准中也出现了针对不同类型立交桥的设置规定,但仍需不断完善。

2.2.2 标志设置标准系统性差异

驾驶行为决策是一个复杂的动态决策过程，信息是影响决策的重要因素。为了达到平稳安全的驾驶效果，指路标志的系统性尤为重要。

美国和日本标准关于立交桥指路标志的规定体现了很强的系统性，体现在以下三方面：

(1)标准构建了立交桥指路标志系统，由一般道路经过立交桥驶向快速路的指引子系统、高速公路和快速路经过立交桥通往其他道路的指引子系统构成。

(2)在每个子系统内针对不同导向目标建立了标志系列，并详细规定了标志组成，位置关系和信息传递规则。

以 MUTCD 的 2D.45 部分"一般道路单车道立交桥指路标志"设置为例，其规定此种情况下指路标志必须由"路口标志集合(Junction Assembly)、目的地标志(Destination Sign)、方向标志集合或首个匝道入口方向标志(Directional Assembly or Entrance Direction Sign for the First Ramp)、前方道路转向标志集合或带转向箭头的前方入口方向标志(Advance Route Turn Assembly or Advance Entrance Direction Sign with An Advance Turn Arrow)以及方向标志集合或第二个匝道入口方向标志(Directional Assembly or Entrance Direction Sign for the Second Ramp)"组成，如图 2-10 所示。

(3)标准规定了标志系列的一致性，这些一致性体现在标志的版面样式、信息内容、指示方式、标志结构等方面。

尽管修订后的《道路交通标志和标线》(GB 5768.2—2022)增加了标志综合设置示例的内容和篇幅，但仍缺少针对立交桥指路标志的配套使用和信息传导的规定。现有服务于立交桥的各类标志单独设置、信息孤立，经常出现标志数量多而效果差，信息内容多但使用者却易迷惑的现象。

随着我国道路交通设施在规划设计、标准制定方面系统性意识不断提高，各地方标准中已体现了系统化设置立交桥指路标志的初步构想，但仍需要尽快统一，形成一致性标准规范。

2.2.3 标志版面设计内容精细化差异

在标志版面内容和设置方式等细节方面，国外标准的规定十分细致。MUTCD 中，针对每类标志都给出了定义、版面内容设置指导、不同情况下可选择方式等具体规定。日本道路交通标识中对箭头、图形、文字、出口编号等组成部分也进行了详细的规定，对一些容易混淆的标志，标准中也有列举出正确与错误的示例，如图 2-12 所示。

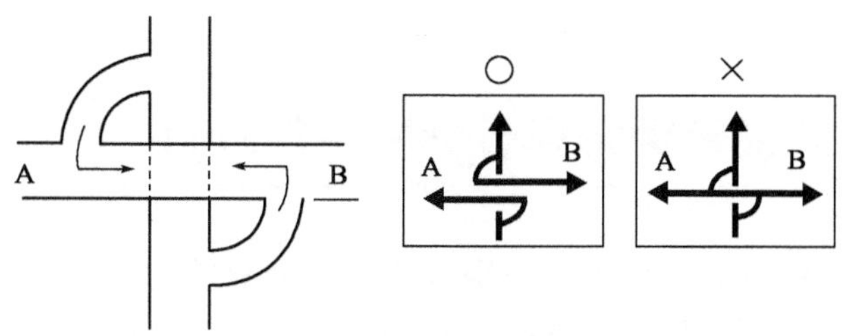

图 2-12　日本立交桥指路标志图形部分设计示例

与国外相比，国内标准仅给出了标志的定义和示例。一方面，很难满足标准使用者的需求。另一方面，容易造成设计者、使用者对设施的设置内容和设置目的理解不一致。国内各城市立交桥指路标志设置中，此问题尤为突出。

2.2.4　针对特殊情况规定的差异

工程实践中，难免遇到一些特殊情况，国外标准在对特殊情况下立交桥指路标志设置规定方面值得国内借鉴。美国 MUTCD 标准中针对一般道路立交桥出口前存在邻近道路及城市地区立交桥间距较短等特殊情况进行了规定，如图 2-13所示。

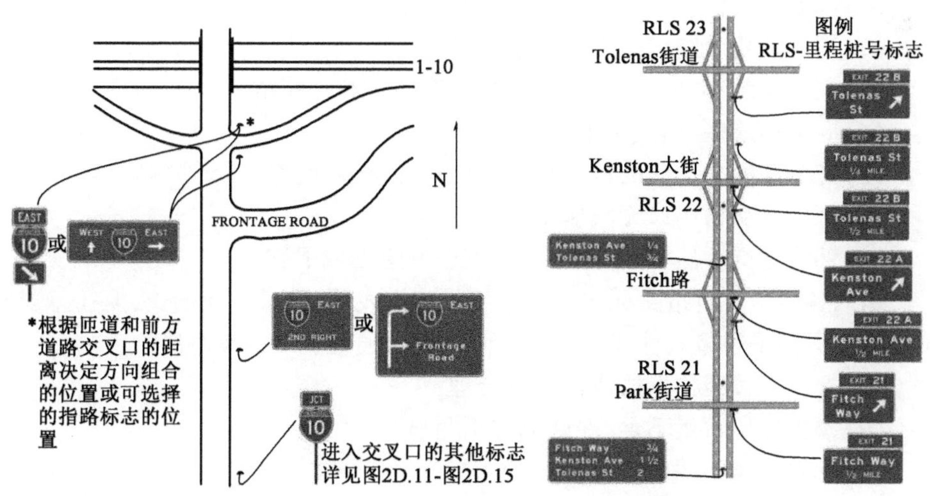

a)紧邻前方道路示例　　b)立交间距过短示例

图 2-13　MUTCD 关于特殊情况下立交桥指路标志设置的规定示例

国内在立交桥指路标志建设过程中，也经常遇到类似的特殊情况。由于国内标准中尚无相应的规定，各地方交通设施的设计、建设和管理部门仍缺少统一的标准参考和操作依据。

2.3 国内立交桥指路标志标准完善方向

目前国内指路标志的设置存在很多不尽如人意的地方。其中，在比较复杂的立体交叉区域内指路标志设置问题最为突出。通过对国内外标准的比较，归纳了我国立交桥指路标志标准研究的重点方向。

2.3.1 国内立交桥指路标志标准研究所面临的问题

我国正处于交通领域跨越式发展的阶段，道路基础设施和交通管理设施快速增长，交通问题更为复杂，这给交通设施标准制定工作带来极大的挑战，立交桥指路标志标准研究亟待开展。

城市立交区域中，立交桥自身的复杂性对立交桥指路标志标准制定提出了更高的要求。由于历史原因，部分立交桥因受到占地空间、周边构造物、建设投资、施工工艺及设备等因素的影响，尽管实现了部分功能，但实际行驶路径可能存在与驾驶人的驾驶经验和心理预期不符的现象。具体存在以下几种情况：

(1)部分立交桥因空间限制未能实现全互通；

(2)周边道路或路口与立交桥距离过近；

(3)立交间距小，出口距离过近，存在连体桥和跨线桥；

(4)立交样式多，形式不连续；

(5)部分互通式立交的转向功能需通过辅路实现；

(6)部分立交桥出口无减速车道；

(7)部分立交桥出口位置不明显，位于弯道处或下坡处。

国内各地立交桥指路标志经过多年的建设发展，数量迅速增长，但在急速发展过程中遇到了很多共性问题。这些问题急需通过统一标准解决。

(1)标志设置结构形式或位置不合理；

(2)预告标志数量不足，确认标志不明显；

(3)标志功能不明确，针对性不足；

(4)信息选取不科学，信息过载或不连续；

(5)复杂路径、唯一路径指引缺少特殊提示。

2.3.2 立交桥指路标志标准制定的研究方向

目前,国内交通设施标准的研究迅速增多,研究的广泛性、专业性,深入程度也较以往更强。针对不同实地场景条件下交通设施设置的标准研究已取得了一定的成果。为了提高我国立交桥指路标志的科学化、精细化、规范化设置水平,缩短与发达国家的差距,需从以下几个方面加以研究。

1. 立交桥指路标志体系规划及标准研究

立交桥指路标志标准研究的首要任务应以立交桥的构造特点和交通特性为对象,从驾驶人的需求出发,开展立交桥指路标志系统的体系综合规划与标准研究。该标准应包括立交桥指路标志体系的框架规定和各组成标志的相关规定。纵向上,立交桥指路标志系统应由一系列不同层次和不同功能的标志组成,既要从宏观上将立交桥节点进行引导,又要对立交桥内部结构进行微观指引。通过各类标志的组合使用实现不同对象信息的分级告知与连续指引,这些对象包括立交桥、车道、出口、目的地等。横向上,该标准体系应包括高速路、快速路、城市道路、乡村道路等多种道路条件下,立交桥指路标志设置标准;菱形、苜蓿叶、环形等不同立交指路标志设置标准;典型立交桥与非典型立交桥指路标志设置标准等。

2. 立交桥指路标志系统各组成标志标准研究

立交桥指路标志系统各组成标志的研究内容包括标志的功能、样式、信息内容、设置位置、设置形式等。对国标中已有的出口预告标志、分流点确认标志、出口标志等规定需根据立交类型、几何设计、出口车道功能分配的区别进行细化,避免细小差别对驾驶人的误导。对国标中尚未规定,而实际应用普遍存在的立交路口预告、立交桥图形等标志需在实地调研、实验分析的基础上,逐步制定相应标准。此外,对各组成标志之间的相互影响也应作为标准研究的重要组成部分。

3. 不同类型立交桥指路标志设置标准研究

与国外相比,我国主要城市立交数量众多,种类复杂。以北京为例,五环内快速路立交桥已达245座,基本涵盖各种立交类型。因此,研究制定不同种类立交桥指路标志的标准至关重要。研究需对比立交桥在桥梁结构、车道走向、主辅路衔接关系及桥下道路走向等方面的差异,调查驾驶人在不同行驶路线上的信息需求,分析相交道路在信息衔接过程中预告和确认关系,针对性地确定指路标志的标准设置方式。

4. 特殊情况下非典型立交桥指路标志设置标准研究

结合我国道路交通特点,特别是立交桥设置特点和现存问题,研究非典型立交桥或立交桥区存在特殊情况条件下指路标志设置标准问题。相比典型立交桥而言,指路标志对非典型立交的作用更为明显。针对驾驶人的调查结果表明,经常发生拥堵或驾驶失误的地点多发生在复杂立交桥区域。研究内容应包括道路距离过近、连体立交等特殊情况下立交桥指路标志的配套设置方法、因桥梁设计或交通组织造成的复杂路径或唯一路径的指路标志设置方法以及强化指路标志指引功能的措施等层面。

2.4 本章小结

指路标志系统是交通设施设置中的重要问题,本章从标准研究的角度,阐述了服务于城市快速路立交桥区机动车驾驶人的指路标志设置问题。通过中外立交桥指路标志标准的研究和对比,指出我国在立交桥指路标志系统、系统内各组成标志、典型与非典型立交桥指路标志设置标准方面亟待解决的诸多问题,值得深入研究。《道路交通标志和标线》(GB 5768.2—2022)在我国交通发展以及城市建设过程中发挥了重要的作用,但在不断完善交通设施标准,以更好地适应交通环境变化和服务社会经济发展方面仍然任重道远。

本章参考文献

[1] 孙家驷. 道路立交规划与设计[M]. 北京:人民交通出版社,2009.

[2] 熊燕,魏中华,郭瑞利,等. 中外道路交通标志设置的差异性研究[J]. 交通标准化,2013(4):82-85.

[3] FHWA,USDOT . Manual on Uniform Traffic Control Devices(2009)[M]. Baton Rouge:Claitor's Law Books and Publishing,2010.

[4] 日本全国道路标识、标示业协会. 道路标识手册[M]. 东京:日本建设省道路局,警察厅交通局,2004.

[5] 王丙兴. 国外交通标志设置技术研究[J]. 交通与运输,2011(z1),45-47.

[6] 国家市场监督管理总局,国家标准化管理委员会. 道路交通标志和标线

第2部分 道路交通标志:GB 5768.2—2009[S]. 北京:中国标准出版社,2009.
[7] 国家市场监督管理总局,国家标准化管理委员会. 道路交通标志和标线 第2部分 道路交通标志:GB 5768.2—2022[S]. 北京:中国标准出版社,2022.
[8] 周蔚吾. 道路交通标志标线设置技术手册[M]. 北京:知识产权出版社,2007.
[9] 徐洪亮,唐伯明,张太雄. 重庆人和立交指路标志问题分析及整改对策[J]. 公路,2010(11):141-144.

第 3 章

立交桥图形指路标志

立交桥图形指路标志作为立交桥出口预告标志的一个特殊种类,是立交桥指路标志系统的重要组成标志之一。本章阐述了立交桥指路标志系统、出口预告标志的概念,并根据 MUTCD 中图形指路标志的定义及标志主要用途给出立交桥图形指路标志的定义。本章还介绍了该标志的功能界定、应用特征和相关研究动态。

3.1 概念

3.1.1 立交桥指路标志系统

驾驶行为决策是一个复杂的动态决策过程,信息是影响决策的重要因素。为了达到平稳安全的驾驶效果,指路标志的系统性尤为重要。MUTCD 中针对不同导向目标建立标志系列,并详细规定了标志组成,位置关系和信息传递规则。可见,立交桥指路标志系统应定义为以立交桥出口为导向目标的标志系列,该系统在标志组成,位置关系和信息传递方面遵守明确的规则,在版面样式、信息内容、指示方式、标志结构等方面保持某种程度的一致性。

《道路交通标志和标线》(GB 5768—2022)路径指引标志部分规定出口指引标志包括下一出口预告标志、出口预告标志、出口标志和地点、方向标志,并在注释中提到从互通式立体交叉被交道路驶入高速公路,至下一互通式立体交叉出口,指路标志的设置应按一定的顺序设置。《城市道路交通标志和标线设置规范》(GB 51038—2015)规定快速路出口指引宜按出口预告标志→出口标志和下一出口预告标志→出口处地点、方向标志顺序设置。北京市在国内最早提出立交桥指路标志系统的概念,并在《道路交通管理设施设置规范》(DB11/T 493.1—2007)中将立交桥出口指路标志分为“三级预告标志”“互通式立交指路标志”“出口指示标志”和“出口标志”。2016 年北京市交通委员会又颁布《城市快速路指路标志设置指南》,作为国内首个针对城市快速路指路标志设置的技术文件,其规定内容反映了国内城市快速路指路标志系统的应用水平。其中将立交桥指路标志系统分为预告标志和告知标志,由“出口预告标志”“桥形标志”“出口标志”及“地点方向标志”构成,如图 3-1 所示。

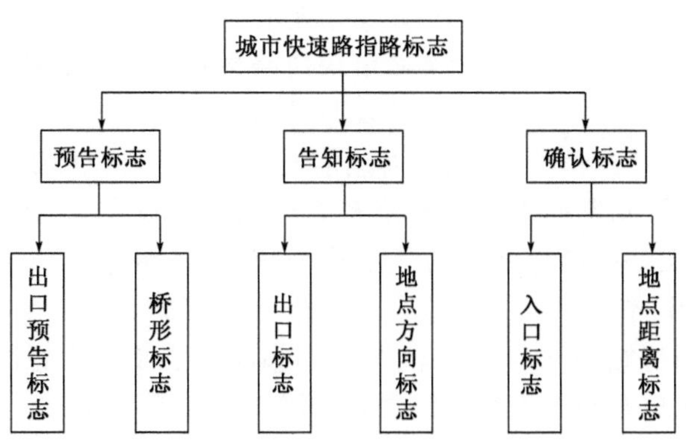

图 3-1 城市快速路指路标志分类

3.1.2 立交桥出口预告标志

《道路交通标志和标线》(GB 5768—2009)中规定出口预告标志用于预告前方出口在距离高速公路或城市快速路减速车道的渐变段起点 2km,1km、500m 和起点处应分别设置 2km,1km,500m 出口预告标志和出口预告(行动点)标志。出口预告标志中包括路名、地名、距离、箭头等不同信息。《城市道路交通标志和标线设置规范》(GB 51038—2015)规定"在快速路上需对下游出口名称、方向、距离进行预告,使驾驶人提前判别前方出口,安全、顺利地完成驾驶行为改变时,应设置出口预告标志。"立交桥出口预告标志是在立交桥出口(分流)前按照一定距离提前设置,起到预告驾驶人前方出口位置、通达地点的指路标志,使驾驶人提前做好准备或采取行动的作用。

3.1.3 立交桥图形指路标志

MUTCD 中给出图形指路标志的定义为显示出口布局与主要道路之间关系的简要示意图的指路标志。定义中未明确立交桥位置,但在必要条款中规定图形图文必须是表示立交桥出口匝道布局的平面图。

国内标准中对立交桥图形指路标志的名称尚未统一。在《城市道路交通标志和标线设置规范》(GB 51038—2015)中的快速路出口预告标志中采用了图形指路标志的名称。《道路交通标志和标线》(GB 5768—2009)称为互通式立体交叉标志。《道路交通管理设施设置规范》(DB11/T 493.1—2007)中也采用了互通式立体交叉标志的名称,但二者都没有给出该标志的明确定义。《天津市城市道路交通指引标志设置规范》(DB12/445—2011)中称为桥梁指路标志,设置在互通式立交桥梁上桥处，标识桥梁名称信息，立交形式及通达主要道路名称、距离等信息。2016 年北京市《城市快速路指路标志设置指南》中命名为桥形标志，定义用于预告前方出口的立交形式及各个通达方向，版面内容包括直行方向路名、直行通达信息、左右转通达信息、本地名、方位标识及桥形图案。可见国内立交桥图形指路标志的称呼和定义十分混乱，没有统一的名称和定义。

在国内，立交桥图形指路标志可用于一般道路指路标志，也可作为立交桥出口预告标志使用，本书中所指的立交桥图形指路标志为后者。根据 MUTCD 定义及标志主要用途做如下定义：立交桥图形指路标志是以示意图形表达立交桥在行车方向上出口布局与主要道路之间连接关系的指路标志。

3.2 功能界定

3.2.1 指路标志功能

指路标志系统的重要作用是给车辆驾驶人指示通往目的地的正确行驶路线和方向，使不熟悉本市道路系统的驾驶人能够依循指路标志系统的引导驾车前进，并能顺利到达目的地。城市道路指路标志系统应具有的功能包括：

(1)传递道路信息。这是指路标志系统最基本的功能，它可以为驾驶人提供明确、及时、直观和清晰的交通信息。

(2)实现交通组织意图。指路标志与警告、禁令、指示等标志共同组成法规式的交通语言，在城市交通运行中起到指挥、协调和组织的作用，有效提高道路通行能力。调整运行秩序，使道路达到安全、畅通、低公害和节约能源的目的。

(3)提示前方路况。城市道路网络错综复杂，平面交叉、立体交叉、环岛等设施随处可见，指路标志除了传达文字信息外，还通过图形符号向驾驶人传递道路走向、立交形状等信息，帮助驾驶人提前做好心理准备，合理控制车速，保证行车安全。

(4)均衡路网流量。通过对指路标志信息的合理设计或调整，可以根据实际需求引导车流，按照管理者的设计进行路网流动，使饱和度高的路段流量递减。

(5)点缀城市环境。指路标志系统不只是无声的向导，还是一道亮丽的风景线，是城市风貌。城市文明的重要组成部分。由图案、文字、颜色所构成的色彩鲜艳、图文明快的指路标志在一定程度上反映了城市的文化底蕴，人文生活。

3.2.2 立交桥图形指路标志功能

立交桥图形指路标志应具有指路标志的一般功能。此外,城市快速路的交通运行特性和道路几何条件特殊,还需要立交桥图形指路标志具有独特的功能。一般城市快速路的特点包括主线道路由多车道组成,道路车流量比较高,互通立交的出入口车流量都较高,互通立交之间的空间距离比较近。国内城市快速路立交桥由于历史原因,部分立交桥因受到占地空间、周边构造物、建设投资、施工工艺及设备等因素的影响,行驶路径往往与驾驶人的经验和预期存在一定的差异。具体情况在第2章已经列举。

我国立交桥图形指路标志应用发展迅速,主要原因是图形更适合表述复杂的路况环境,可以有针对性地满足不同的指路需求。通过梳理文献内容和分析设计者的初衷,立交桥图形指路标志设计需提供以下功能:

(1)空间定位功能:帮助驾驶人明确其在快速路上的位置,判断与立交桥及其出口的距离关系。

(2)车道定位功能:帮助驾驶人判断通往目的方向的正确车道,便于提前判断采取合理的操作。

(3)出口选择功能:帮助驾驶人在距离较近的出口间做出正确选择,这种选择是无法通过直接观察出口位置和方向获得的,因为多数左转匝道的出口是反向的。

(4)车速控制功能:体现在驾驶人在标志效用范围内,提前控制车速,以满足变换车道或匝道安全驾驶的要求。

(5)预期确认功能:熟悉或不熟悉道路的驾驶人会凭借经验对前方立交各方向的行驶路线进行预判,在脑中预设出线路,图形标志正好满足了驾驶人进行对比确认的想法。

(6)浓缩信息功能:与文字出口预告标志对单出口的指示相比,立交桥图形指路标志浓缩了多个出口的指示信息,以及每条路径上的多个决策点的信息。

(7)符号化信息和暗示功能:随着驾驶经验的增长,图形指路标志的规律被驾驶人掌握和记忆,标志还可以起到符号化信息和暗示功能,这些信息可能是超出标志本身的。

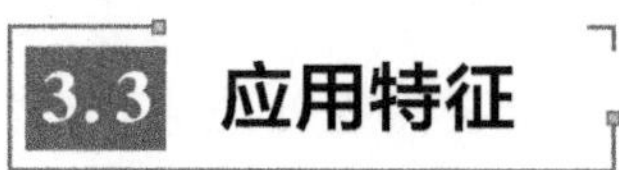

3.3 应用特征

立交桥图形指路标志在各个国家和地区都有使用,而由于设计者在标志设置理念、图形认知、基础条件等方面的不同,立交桥图形指路标志在样式和应用上存在差异。各国的技术规范体现了基本的设计要求和应用特征。了解这些差异有助于我们更好的认识我国的图形指路标志。从美国、英国、日本等发达国家的技术规范内容中可以发现图形标志的发展历史和应用特征。

3.3.1 美国

美国交通工程设施手册(MUTCD)一直是道路交通控制设施研究的标志性成果。在80余年的时间跨度里,MUTCD已经先后更新了10个版本。将各个版本的相关内容进行对照可以探寻出立交桥图形指路标志及其示意图形发展演变的过程。

MUTCD中的示意图形最早用于路口标志。1961版的MUTCD中指出路口图形优于字母消息,可以被驾驶人即刻识别。在路口警告标志部分,标准强调可以在图形中用较粗的笔画显示更重要的线路。

1971版的MUTCD首次将图形指路标志(Diagrammatic Signs),特指立交桥图形指路标志,作为独立的单元阐述。首先,标准指出图形标志不仅适用于警告和禁令类标志,而且适用于高速公路指路标志。其次,示意图形提供了一种快速的立交桥指路方式,可以方便驾驶人选择操作,尤其在大型复杂立交处具有更高的价值。第三,如果使用立交桥示意图形,应尽可能简单明了。只是彼时的立交桥图形指路标志仍处于起步阶段,标准中除了给出了两个示例图形外,没有具体的规范内容,如图3-2所示。但为了推动示意图形指路标志发展,标准鼓励公路部门进行图形的开发、试验和评估。

图3-2 1971版MUTCD中的立交桥图形指路标志示例

标准还指出城市快速路的运营条件和道路环境通常需要特殊处理,其中之一就是在交叉路口和立交桥前使用示意图形标志,并给出了示例,如图3-3所示。

图 3-3 1971 版 MUTCD 中城市快速路路口和立交桥示意图形指路标志示例

1978 版的 MUTCD 中关于立交桥图形指路标志及其示意图形的内容显著增多,规定也更加详细。一是,给出了图形标志的定义,它是显示出口布局与主要公路之间关系的简要示意图的指路标志。二是,强调了图形指路标志在某些立交处优于传统标志,并对其适用性进行了规定。三是,提出了图形标志的设计标准,包括图形形式、图形表达内容等。四是,增加了关于示意图形尺寸规格的要求,包括图形中描述车道笔画的宽度、箭头的样式、箭头与路名的间隔等。五是,丰富了各种设置示例,其中大部分示例一直延续至今,图 3-4 所示为连续重复设置的图形指路标志的示例。可见,这一阶段关于图形标志的研究在各方面取得了众多的成果。

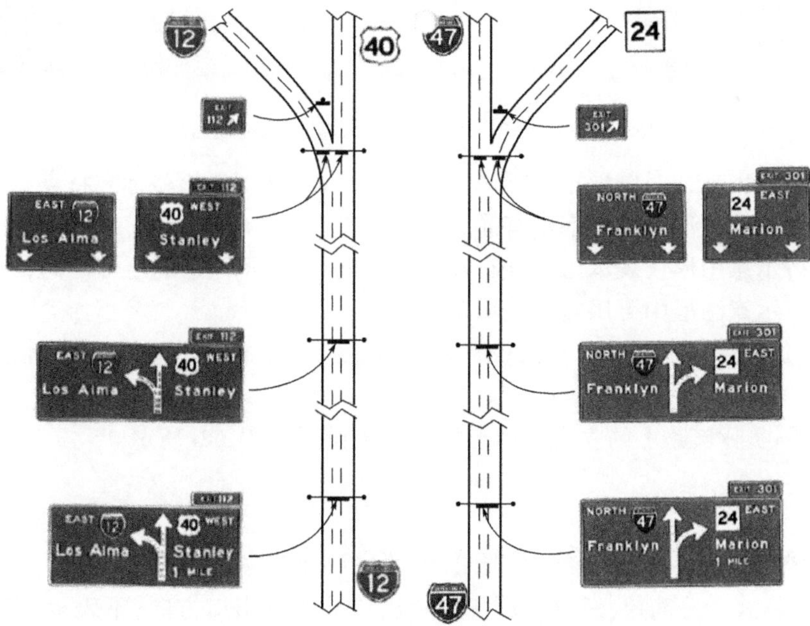

图 3-4 1978 版 MUTCD 中连续重复设置的图形指路标志

经过卓有成效的研究和应用后,尽管2000版的MUTCD针对标准框架进行了修订,但关于图形标志的规定仍然延续1978版的内容。2009版则将图形标志更名为"Diagrammatic Guide Signs",并增加了其与悬挂式车道指路标志对不同道路环境的适用性规定,并对图形示例进行了更换,图3-5所示为MUTCD中改进后带有可选车道的图形指路标志的示例。

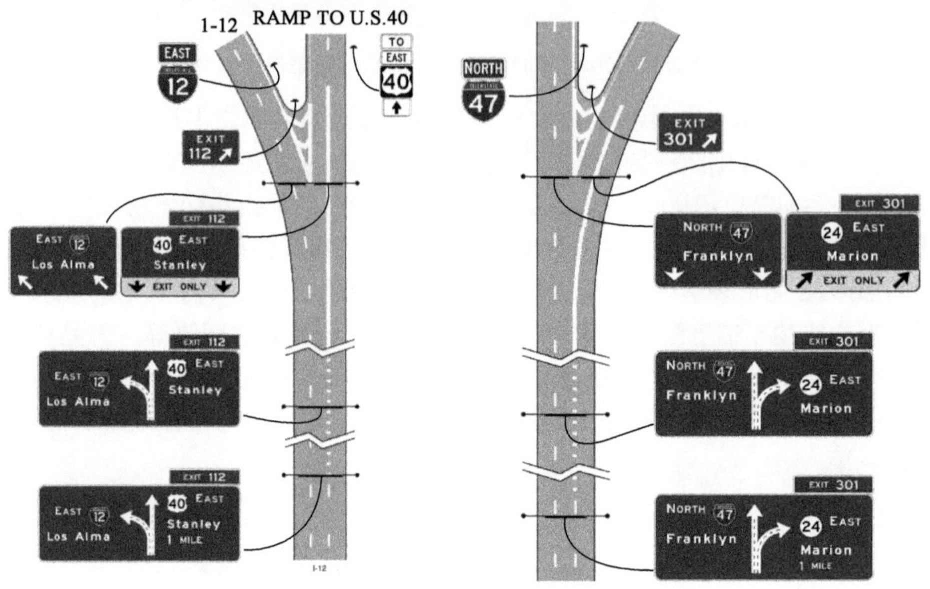

图3-5 2009版MUTCD中带有可选车道的图形指路标志

美国MUTCD对图形指路标志规定最为全面,其图形指路标志特点如下:

(1)示意图形简单且都带有箭头;

(2)示意图形仅表示出口分布及出口方向,不表示匝道的全部走向;

(3)示意图形中可用虚线表示车道划分;

(4)图形指路标志作为预告标志时单独使用,重复设置时预告标志形式统一。

美国实际道路上的立交桥图形指路标志设置如图3-6所示。

3.3.2 欧洲

欧洲国家道路建设标准高,要求严,所以快速路立交桥的形式简单且一致性强,图形样式十分简单,示意图形仅表示出口分布及出口方向,不表示匝道的全部走向。

图 3-6 美国车道划分的图形指路标志

英国交通信号手册(British Traffic Signs Manual)第七章对指路标志进行了规定。英国使用的指路标志分为四类,分别是堆栈标志、地图类标志、专用车道标志和龙门架安装标志。其中地图标志是带有图形的标志,不过这种标志主要用在平交路口上。英国在快速路上使用的图形标志如图 3-7 所示,用以表示两个临近的出口。

图 3-7 英国图形指路标志

欧美发达国家在高速公路及城市快速路采用对应车道的指路标志设置方式，文字指示更清晰，且驾驶人已形成视认习惯，所以对图形标志的使用需求不高。这方面与国内有较大差别。

其他欧美国家图形指路标志如图 3-8 ~ 图 3-10 所示。

图 3-8　德国立交桥图形指路标志

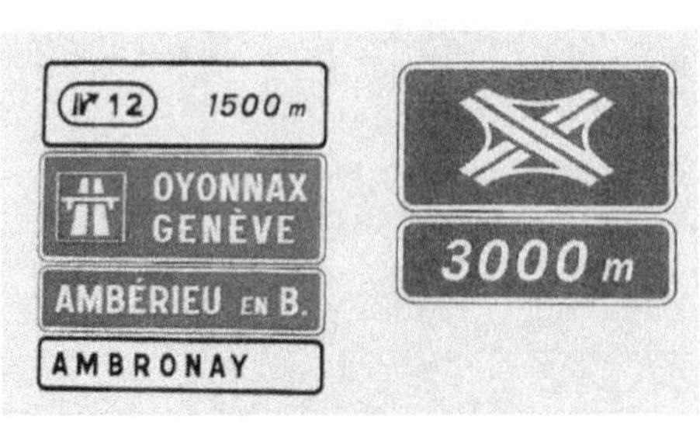

图 3-9　法国立交桥图形指路标志

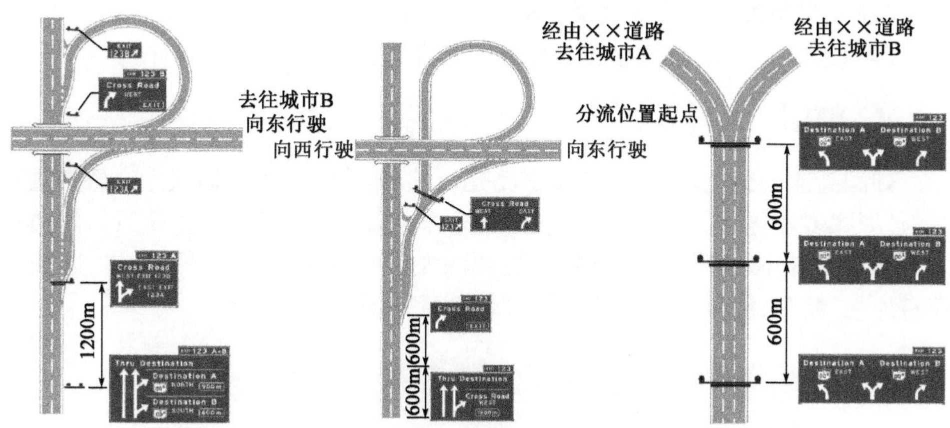

图 3-10 加拿大立交桥图形指路标志

3.3.3 日本

日本道路标识设置规范在高速公路和城市快速路指路标志中明确了图形型预告标志和文字性预告标志,并规定在复杂立交桥前设置以图形表示的指路标志。图 3-11 是日本立交桥图形指路标志的设置示例。

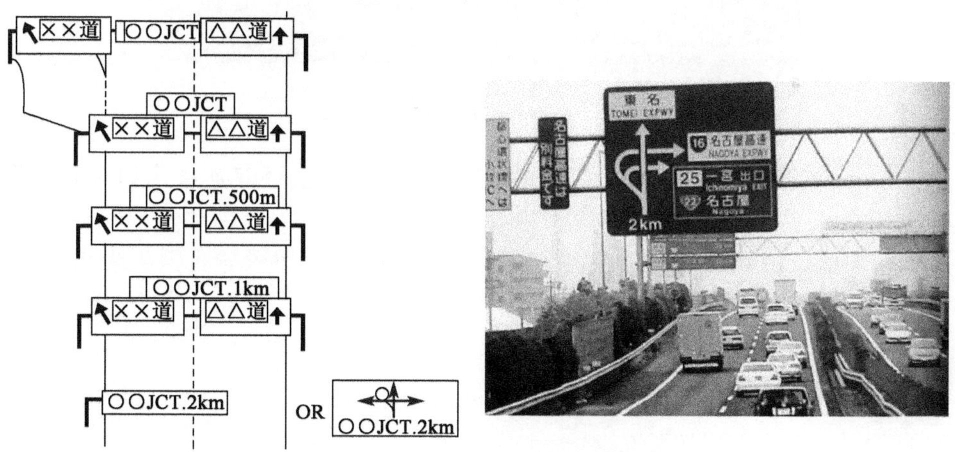

图 3-11 日本立交桥图形指路标志

日本图形指路标志具有如下特点:

(1)示意图形简单带有箭头;

(2)示意图形表示出口分布、出口方向和匝道的全部走向;

(3)作为预告标志与文字预告指路标志同时使用;

(4)设在 2km 处,在文字预告标志前方设置,远离出口。

3.3.4 韩国

韩国高速公路比较发达,城市道路建设发展较快,全国互通式立交桥数量不少,且形式多样化,因此立交桥图形指路标志也出现在一些立交桥附近。这类标志内容很丰富,除图形外,还有特别强调的左转行驶图,成为“图中图”,版面上还有地名、路名、编号、距离、韩文英文对照等,如图 3-12 所示。

图 3-12　韩国城市快速路图形指路标志

另外,在韩国城市中平交路口,也有图形标志,并且还有连续出口预告图形标志等。

东亚国家因在文化背景、道路建设体系、设施设置理念与我国更为相似,其标准和应用实例更值得借鉴。

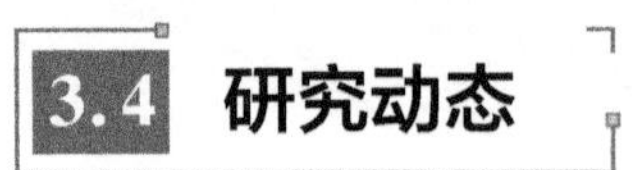

3.4 研究动态

3.4.1 图形指路标志效用研究

国内关于图形指路标志的研究甚少,可参考的主要研究成果全部来源于国外。国外关于图形指路标志的研究较为系统。早期研究重点为图形指路标志与传统标志的比较、图形指路标志对不同立交桥的适用性,到后期则转变为不同改进图形样式、标志构成内容、设置位置及设置方式的对比等。由于欧美发达国家道路体系、交通设施体系形成较早，因此，该方面的研究主要成果集中在20世纪70年代和21世纪初，研究对推动图形指路标志在美国的发展起到了关键的作用，很多成果被写入MUTCD的内容中。其中重要的3次研究分别在1972年、2000年和2007年，研究都采用了多阶段，综合性的方法。

1972年，Mast和Kolsrud等人进行了一项研究，旨在为高速公路图形指路标志的使用设定标准并给出指路标志评估技术和方法上的建议。他们对图形指路标志开展了系统性研究，并编写了名为“Diagrammatic Guide Signs for Used on Controlled Access Highways”的研究报告。该报告包括三个部分，分别是图形指路标志研究的摘要、关于图形和传统标志的对比研究(采用实验室研究方法和现场带仪器车辆的实地研究方法)以及实地研究的细节详细介绍。此次研究的结果为丰富MUTCD中图形指路标志规定做出重大贡献。

2000年，Helmut和Thomas调查了地面安装图形指路标志在通往高速公路的城市多车道主干道环境中的有效性。在美国俄亥俄州的哥伦布地区选择了六处高速公路立交桥，以确定图形指路标志在这些地点的有效性。研究在标志安装前后进行了视频录像，利用计算机程序自动分析车辆，速度和车头时距等数据并进行对比。分析结果表明，使用图形指路标志时，驾驶人能够更早地执行所需的换车道行为，换道成功率更大。在夜间进行了眼动测试结果表明，驾驶人对图形标志的注视时间和注视频率没有明显变化，注意力没有被分散，驾驶人首次注视图形指路标志的位置平均值为标志前125米。在问卷调查中，绝大多数驾驶人对图形指路标志的设置表示可以接受。研究还提供了一套图形指路标志的应用指南。

2007年Susan T. Chrysler等人研究测试了四种不同的出口匝道类型下，驾驶人对图形指路标志及文字标志替代方案的理解。其中静态实验方案通过使用高速公路场景中的预告指路标志的数字编辑照片来进行模拟测试。实验向参与者提供了路线编号和城市名称作为目的地，可以通过直通路线或出口路线到达。由被试者指出到达目的地的车道。动态实验部分采用驾驶模拟器，其呈现由两个预告标志和出口标志组成的标志系列，测试所需车道变换的距离以及车道变换的次数。该研究包含了对该领域先前工作的广泛文献的综述，对测试方法的讨论以及对未来研究的建议。

此外，还有一些关于图形指路标志效能的研究，通过对图形指路标志安装前后驾驶人的驾驶行为的对比结果，评价图形指路标志的效能。

1971年，Hanscom的研究结果表明图形指路标志在美国华盛顿特区环城公路上的应用取得成功。研究通过对比包括交织、犹豫、停车和倒车以及部分交织现象在内的“不稳定操作”类型和频率评估图形指路标志使用前后的效果。结果显示使用图形标志的4个月内,车辆交织大幅减少,交通行为模式更加一致,区域内没有发生新的交通事故,停车和倒车的次数减少很多。研究同时指出由于有别于研究时期广泛使用的标志形式,图形标志在使用初期可能会引起驾驶人的困惑。

1981年,Opland和密歇根州交通局在高速公路上I-96分流点处实施了积极引导示范项目。这个分流点存在高事故率以及更高频率的不稳定操作和车道变换。由于实施了以图形化处理为主的积极引导形式,指路标志系统得以改善,交通事故数量减少。“前后对比”评估结果显示4项有效性指标中“不稳定操作”和“制动行为”在统计上显著减少。

2003年,David在美国华盛顿特区某一视距受限的高速公路立交桥安装图形标志前后,通过对比交通流和错误驾驶行为的变化情况评价图形化标志的作用和效果,结果显示安装图形化标志后驾驶人决策时间提前,制动或停车的次数减少,而犹豫和交织的次数增多。

国外在图形指路标志研究中会同时采用多种方法,使得指标更加丰富,评价更加全面。目前主要用到研究方法有观察法、调查法、实验法,其中实验法又包括静态模拟实验、动态模拟驾驶实验和实车实验。

观察法:在心理和行为学研究中占有重要地位,通过对行为的详述和界定,观察不同的行为类别获得描述性结果,和控制性强的实验法相比,观察法成本低,灵活。

调查法:是交通行业用来掌握态度、意向等常用方法在人因工程相关的研究中,往往需要鉴定某些变量对行为的影响,因此实验法是驾驶行为的重要研究方法。

实验法:核心是保持控制变量恒定,操作自变量,观察因变量。

静态模拟实验:利用个人计算机和低级工作站或软件进行仿真,通常将显示器作为被试者观察虚拟环境,完成认知理解层面任务的载体,对信息识读时间、标志内容的理解、车道选择等进行研究,静态模拟试验是一个较有效经济的方法,主要缺点是缺乏真实情况推断的效力。

模拟驾驶实验:利用仿真驾驶模拟技术,建立道路驾驶环境的模拟场景,通过搭载多种检测设备可以连续地监控和观察驾驶行为数据,相较于静态认知试验,驾驶行为与真实驾驶环境更为符合,比较适用于对多个连续设置的交通标志对驾驶人系统性影响的研究,并且可以完全控制实验所需因素,保证实验人员的安全性,因此越来越多地应用于指路标志相关的各种实验研究。

实车实验:选取真实道路环境进行实验,优点是驾驶环境、操作条件以及被试者的特性均与真实情况较为相符,缺点是成本较高、受试者较有安全风险,试验控制较难做好以及缺乏重复进行足够次数的机会。通常作为模拟实验的标定、补充和验证。

3.4.2 指路标志认知研究

驾驶人行驶时对指路标志认知过程包括觉察-识别-认读理解-决策-动作5个环节。可见,标志认知对标志效用有很大的影响。相较国外直接基于驾驶行为的标志效用研究,国内更多是通过标志认知研究,间接判断标志的效用。国内研究以文字指路标志为对象,从标志自身属性因素,对视认特性和视认效果进行研究,这些因素包括标志尺寸、亮度、背景,指路标志的字体、字高、照明和反光等。

美国从1930年开始对不同字体和字高、反光性能、颜色和亮度、白天和夜间不同时段的交通标志视认性进行了一系列研究,给出了文字设计要求,并开发了专门用于高速公路指路标志的字体,成果被美国MUTCD吸纳。日本土木研究所通过实验和调查建立了标志判读距离与文字有效字高的数学模型和文字有效字高度修正系数,最后建立了文字字高与标志设置位置的数学模型关系,为设计规范提供了依据。

1990年我国交通部公路科学研究院承担国家"七五"攻关项目"高速公路标志汉字视认性及标志形式的研究",研究了汉字的字体、字高、笔画粗、高宽比、字间距、行间距等对标志易读性和视认性的影响,该项目的研究成果为《道路交通标志标线》(GB 5768—1999)的修订提供了依据。

1996年赵炳强也从人的视觉因素角度研究了标志上图形符号、文字和数字的具体设计原则,保证标志在不良的视觉环境条件下能被驾驶人发现并迅速认读,以确保行车安全。

2000年刘喜平等在《高速公路交通标志版面设计》中考虑交通标志的形状、颜色、图案、文字以及标志版面的尺寸、反光材料的选择方面进行分析,指出了我国高速公路标志版面设计中存在的问题,并提出了较为合理的标志版面设计方法。

2003年刘西将对标志信息获取过程与广义通信系统模型相类比,建立了道路交通标志的信息传输模型。

2006年曹鹏利用信息论也建立了交通标志的信息传输模型,并运用信息熵方法将标志信息量进行量化,通过该信息度量方法可以有效地衡量标志的设计质量,有助于设计人员从认知角度出发,改善交通标志的工效性。

2008 年杜志刚运用眼动仪,在室内静态模拟实验的基础上分析了交通指路标志信息量与视认反应时间的定量关系,对比了目标路名指路标志与非目标路名指路标志视认性。结果发现:指路标志的路名数与视认反应时间呈显著线形正相关,目标路名标志视认时间明显小于非目标路名,指路标志路名数以不超过5 个为宜。

2009 年长安大学的王建军从信息论和驾驶人视认心理角度出发,通过静态标志视认实验的方法得出了标志信息量过载阈值为 6 条,信息密度过载阈值为18 条/km 的结论。

2018 年西南交通大学赵淑婷运用 After Effects 视频软件和 E-Prime 心理学软件,模拟驾驶人在驾驶过程中,视野中的交通标志牌由远及近的过程,得出信息量阈值为 7 条,通过交通标志密度阈值实验,得到合理的密度阈值为 38 条/公里,对设置不合理的交通标志给出了建议布设间距。

实际上,除了信息条目,文字指路标志的信息形式、布局组合和设置位置等对标志的理解和驾驶预期有着重要影响,信息的布局和显示方法与认知效率是有密切关系的。Yung-Ching Liu 建议当道路标志上的信息过多时,可以使用纵向信息分解的方式;梁红彦研究了绕城高速公路高信息量指路标志分版面设计的效果;崔正虎等人研究了城市道路指标版面布局形式对驾驶人认知的影响进而优化版面设计;2018 年北京工业大学许亚琛通过室内视认试验,以信息量及信息在指路标志内的位置为控制因素,以标志视认时间为指标,确定信息量及视认时间,和信息量、版面布局方式及视认时间两个关系模型,当信息布局方式的变化会引起信息量范围的变化,当信息以矩阵式排列时,可增大信息量的极限范围。

3.4.3 示意图形复杂度研究

“复杂”是一个难以定量描述的客观存在的事物或事件的内在特征。“复杂度”(即“复杂程度”)是对复杂的一种程度描述。对事物的复杂度有定性的了解,不仅有利于对事物形成一个整体概观,而且便于进一步把握相关处理与分析。而对事物的复杂度进行定量分析,有助于更加准确地把握执行相应工作所存在的内在的困难程度,以便指导工作进行合理的设计与实施。图形复杂度是对图形内在的复杂程度的描述。它能反映是否可完成和完成某些操作的内在的困难程度。以此推论,定性的描述立交桥示意图形的复杂度,不仅有利于更好地指导和把握示意图形的分析与设计工作，而且对示意图形指路标志中的应用具有极其重要的意义。

目前国内外并没有针对立交桥示意图形或某类标志复杂度的研究。已有研究仅是对不同图形进行比较和评判，方法主要采用图形标志设置方案的效果对比，并未对图形复杂度进行评定。1972 年美国国家公路交通安全管理局（NHTSA）进行了一次实验研究。研究人员向 102 名受试者展示了一系列采用不同视角绘制的立交桥示意图形并比较了基于这些图形设计的指路标志的效果，图 3-13所示为实验使用的图形。2008 年，Gary 等人以标准图形、加强图形、改进图形、加强改进图形、车道箭头图形为对比，通过对不同年龄驾驶人对图形的视认情况的对比，提出图形选择和改进方面的建议。

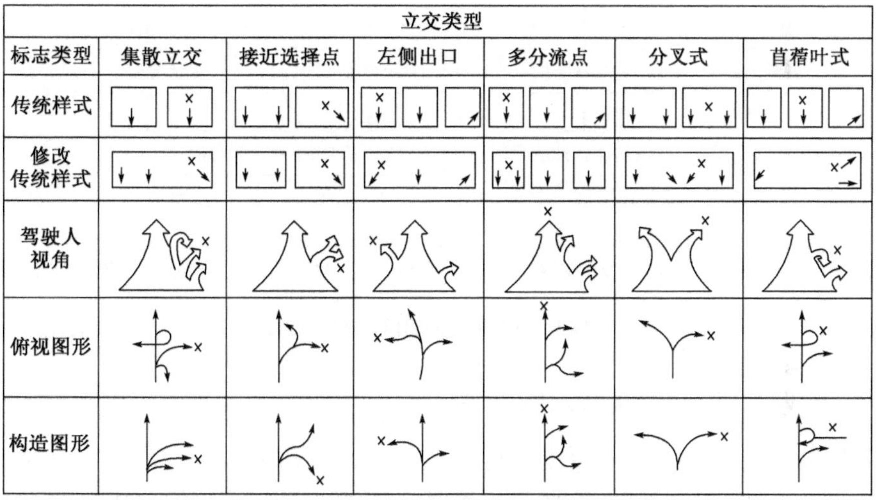

	立交类型					
标志类型	集散立交	接近选择点	左侧出口	多分流点	分叉式	苜蓿叶式
传统样式						
修改传统样式						
驾驶人视角						
俯视图形						
构造图形						

图 3-13　美国早期研究中的图形方案

目前图形、图像复杂度的研究成果多集中在计算机科学领域。早期国内外学者主要从图形自身研究图形复杂度的计算算法，如利用图形的顶点、面积周长比、曲率等计算，参考性不强。但随着学科融合，图像复杂度描述方法逐渐丰富，部分研究成果值得借鉴。如张晶等人提出了基于认知分层的图形复杂度研究。研究假设图像复杂度是伴随人在认知过程中不同阶段的认知行为出现的，可以分为图像外在复杂度和内在复杂度。基于认知层面将内、外在复杂度进一步分为呈现复杂度、语义复杂度和记忆复杂度，如图 3-14、图 3-15 所示。

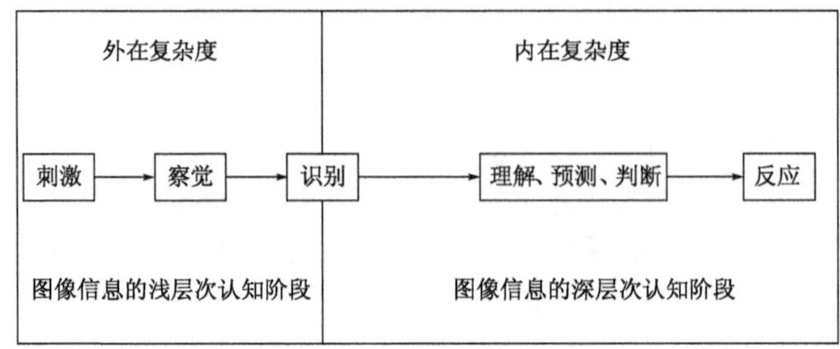

图 3-14　认知过程图像复杂度示意图

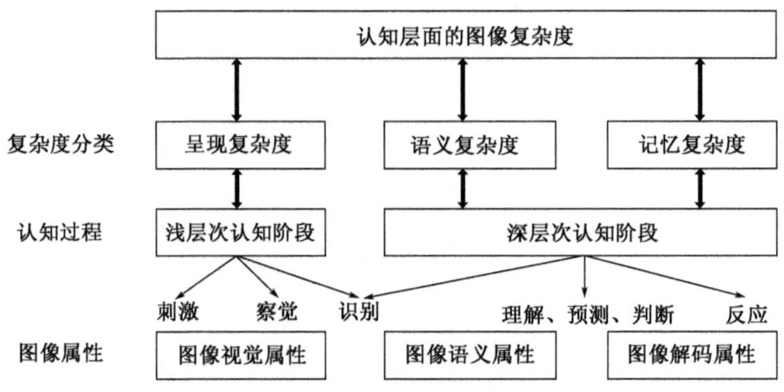

图 3-15　认知层面的图像复杂度示意图

3.4.4　研究现状评价及突破方向

总体来讲,国内外关于立交桥图形指路标志的研究很少。发达国家对图形指路标志的研究开展较早,在图形指路标志诞生、发展、演变过程中进行了多次综合性研究,获得了大量的研究成果,相关成果被国家技术规范吸纳。

相较之下,我国立交桥图形指路标志发展较晚,研究仍处于起步阶段。尽管可以借鉴国外图形指路标志的研究成果,但我国城市快速路立交桥的构造更复杂,立交桥设计受周边道路影响更大,示意图形的样式更多、更复杂,需要开展针对性的研究。基于此,本研究将国内图形指路标志的特性研究作为突破方向。选取我国常见立交桥图形指路标志,对图形标志认知、视认特性、对驾驶行为影响、图形视认复杂度及分类进行研究。

在评价方法方面,国外在图形标志的研究中通常使用多阶段研究评价方法。包括采用调查法获取驾驶人主观感受、采用静态实验获取较大样本驾驶人的视认判断,采用动态实验获取较小样本驾驶人的驾驶行为。而国内对指路标志的研究中多为单一的实验方法,评价方法基于文字指路标志获得,没有适用于图形指路标志的评价方法或可复制的研究范式。研究借鉴国外多阶段研究方法的经验,拟在寻找立交桥图形指路标志多阶段实验评价方法和复杂标志效用研究范式方面获得突破。文字指路标志形式简单,变化规律性强,且行动决策点和指向出口单一,在视认和驾驶行为上容易做出判断,评价指标清晰。然而立交桥图形指路标志在图形变化性强,具有多个指示方向,每个方向的路径上存在多个决策点,与文字指路标志有很大差别。因此,在实验方法设计和评价方法设计上存在很多难题。研究动、静态场景下图形在整体、局部和细节的视认差异尤为重要。

在评价结果方面,现有国外研究多为方案对比评价,国内研究仍以文献分析、理论研究、现状影响和主观评价层面为主,评价结果多为方案优劣的定性结果,在部分指标结果上是定量的,缺少整体定量评价和等级划分。而在实际使用中,应根据不同标志的效用程度进行精细化、差别化的设计。研究将立交桥图形指路标志作为一个标志类别进行效用和复杂度评价,旨在针对不同的评价结果制定相应的标志设计规则。因此,研究将立交桥图形指路标志复杂度的多维量化评价和分类作为第三个突破方向。

3.5 本章小结

立交桥图形指路标志是以示意图形表达立交桥在行车方向上出口布局与主要道路之间连接关系的指路标志。它除了具有指路标志的一般功能外,还需要满足空间定位、车道定位、出口选择、车速控制、预期确认、信息浓缩、符号化信息暗示等功能需求。一些发达国家在立交桥图形指路标志应用和研究方面具有较为完整的体系,基于调查和实验等方法的研究成果为完善图形标志相关标准、促进标志应用起到重要的支撑作用,值得国内同行借鉴。

本章参考文献

[1] U. S. Department of Commerce Bureau of Public Roads. Manual on Uniform Traffic Control Devices for Streets and Highways[M]. Washington, D. C: U. S. Department of Commerce Bureau of Public Roads, 1961.

[2] U. S. Department of Transportation Federal Highway Administration. Manual on Uniform Traffic Control Devices for Streets and Highways[M]. Washington, D. C: U. S. Department of Transportation Federal Highway Administration, 1971.

[3] U. S. Department of Transportation Federal Highway Administration. Manual on Uniform Traffic Control Devices for Streets and Highways[M]. Washington, D. C: U. S. Department of Transportation Federal Highway Administration, 1978.

[4] FHWA, USDOT. Manual on Uniform Traffic Control Devices (2001) [M]. Baton Rouge: Clayton's Law Books and Publishing, 2001.

[5] FHWA, USDOT. Manual on Uniform Traffic Control Devices (2009) [M]. Baton Rouge: Clayton's Law Books and Publishing, 2010.

[6] United Kingdom Department for Transport Traffic Signs Manual, Chapter 7 Design of Traffic Signs, 2018. https://www.gov.uk/government/publications/traffic-signs-manual.

[7] 日本全国道路标识、标示业协会. 道路标识手册[M]. 东京: 日本建设省道路局, 警察厅交通局, 2004.

[8] Mast, Truman M. and Kolsrud, Gretchen S. Diagrammatic Guide Signs for Use on Controlled Access Highways Vol. 1, 2, 3. Report for Traffic Systems Division, Office of Research[R]. Federal Highway Administration, 1972.

[9] Helmut. T. Zwahlen, Thomas Schnell. Evaluation of Ground Mounted Diagrammatic Entrance Ramp Approach Signs[R]. Ohio: Human Factors and Ergonomics Laboratory Ohio Research Institute for Transportation and the Environment, 2000.

[10] Susan T. Chrysler, Alicia A. Williams, Dillon S. Funkhouser, et al. Driver Comprehension of Diagrammatic Freeway Guide Signs: Final Report[R]. Research Report 0-5147-1, Texas Transportation Institute, October 2006.

[11] Hanscom, F. R. Evaluation of Diagrammatic Signing at Capital Beltway Exit 1, In Highway Research Record 414[R]. Highway Research Board, National Research Council, Washington, D. C., 1972, pp. 50-58.

[12] Opland, William H., A Positive Guidance Evaluation of a Diagrammatic Signing System[R]. Report to the State of Michigan State Transportation Commission, 1981.

[13] David Shinar, Roberte. Dewar, Heikki Summala and Lidia Zakowska. Traffic Sign Symbol Comprehension: A Cross-cultural Study [J]. Ergonomics, 2003, 46(15): 1549-1565.

[14] 科兹比, 贝茨. 心理与行为科学研究方法[M]. 北京: 机械工业出版社, 2014.

[15] 戴维.G.埃尔姆斯,等著.心理学研究方法[M].马剑虹译.北京:中国人民大学出版社,2011.

[16] 朱祖祥,葛列众,张智君.工程心理学[M].北京:人民教育出版社,1999:109.

[17] Mitchell A,Forbes,T. W. Design of Sign Letter Sizes[C]// Proceedings of the American Society of Civil Engineers. Washington D. C:Transportation Research Board of the National Academies,1942:479-486.

[18] 杨久龄,刘会学. GB 5768—1999《道路交通标志和标线》应用指南[M].北京:中国标准出版社,1999.

[19] 交通运输部公路科学研究院.高速公路标志汉字视认性及标志形式的研究[R].国家七五攻关课题,1992.

[20] 赵炳强,桑有亚.交通标志设计中若干视觉工效问题[J].人类工效学.1996,2(4):58-60.

[21] 刘喜平,张于良,靳航.高速公路交通标志版面设计[J].山西交通科技,2000(3):48-50.

[22] 刘西,张侃.道路交通标志的量化评价方法[J].人类工效学,2003,(04):23-26.

[23] 曹鹏,吴文静,隽志才.基于信息度量的交通标志视认性研究[J].公路交通科技.2006,23(9):118-121.

[24] 杜志刚,潘晓东,郭雪斌.交通指路标志信息量与视认性关系[J].交通运输工程学报,2008(1):118-122.

[25] 王建军,王娟,吴海刚.道路交通标志信息过载阈值研究[J].公路,2009(4):174-180.

[26] 赵淑婷.城市主干路交通标志版面信息量阈值和密度阈值研究[D].重庆:西南交通大学,2018.

[27] Annie W. Y. Ng and Alan H. S. Chan, Cognitive Design Features on Traffic Signs[J]. Engineering Letters,2007(08):2-12.

[28] David Shinar, Roberte. Dewar, Heikki Summala and Lidia Zakowska. Traffic sign symbol comprehension: a cross-cultural study [J]. Ergonomics,2003,46(15):1549-1565.

[29] Liu Bohua, Sun Lishan, Rong Jian. Analysis on the Influence of Traffic Guide Sign Information to Driving Behavior[J]. ICCTP,2011:2513-2522.

[30] Yung-Ching Liu. A simulated study on the effects of information volume on

traffic signs, viewing strategies and sign familiarity upon driver's visual search performance [J]. International Journal of Industrial Ergonomics, 2005 (35): 1147-1158.

[31] 梁红彦. 绕城高速公路指路标志优化设计研究[D]. 西安:长安大学,2014.

[32] 崔正虎. 城市道路指路标志文字排版方式及信息量对路网空间表征的影响[D]. 杭州:浙江理工大学,2015.

[33] 许亚琛,吕柳璇,黄利华,等. 指路标志版面信息量与布局设计关系研究[J]. 公路交通科技,2018,35(02):109-114.

[34] 戴凌宸,张佳婧,彭韧,等. 图标形状复杂度的计算度量[J]. 计算机辅助设计与图形学学报,2017,29(10):1786-1793.

[35] Eberhard, J. W. and W. G. Berger. Criteria for the Design and Deployment of Advanced Graphic Guide Signs. In Highway Research Record 414, TRB, National Research Council, Washington, D. C., 1972.

[36] Gary Golembiewski Bryan J. Katz. Diagrammatic Freeway Guide Sign Design Final Report [R]. McLean: Science Applications International Corporation Turner-Fairbank Highway Research Center, 2008.

[37] Brinkhoff T., Kriegel H P., Schneider R., el al. Measuring the complexity of polygonal objects [C]//Proceedings of the 3rd ACM International Workshop on Advances in Geographical Information Systems. New York: ACM Press, 1995:109-117.

[38] Psarra S, Grajewski T. Describing shape and shape complexity using local properties[C]//Proceedings of the 3rd International Space Syntax Symposium. Atlanta: Georgia Institute of Technology Press, 2001, 1:28. 1-28. 16.

[39] Page D L., Koschan A F., Sukumar S R., et al. Shape analysis algorithm based on information theory[C]//Proceedings of International Conference on Image Processing. Los Alamitos: IEEE Computer Society Press, 229-232.

[40] Feldman J, Singh M. Information Along Contours and Object Boundaries[J]. Psychological Review, 112(1):243-252.

[41] Su H, Bouridane A, Crookes D. Scale adaptive complexity measure of 2D shapesl[C]//Proceedings of the 18th International Conference on Pattern Recognition. Los Alamitos: IEEEComputer Society Press, 2006, :134-137.

[42] 吕丹. 高速公路与城市道路衔接区域的指路标志系统设计研究[D]. 重庆:重庆交通大学,2013.

[43] 国家市场监督管理总局 国家标准化管理委员会.道路交通标志和标线 第2部分 道路交通标志:GB 5768.2—2009[S].北京:中国标准出版社,2009.

[44] 国家市场监督管理总局 国家标准化管理委员会.道路交通标志和标线 第2部分 道路交通标志:GB 5768.2—2022[S].北京:中国标准出版社,2022.

[45] 高振宇,杨晓梅,龚剑明,等.图像复杂度描述方法研究[J].中国图象图形学报,2010,15(01):129-135.

[46] 张晶,薛澄岐,沈张帆,等.基于认知分层的图像复杂度研究[J].东南大学学报(自然科学版),2016,46(06):1149-1154.

[47] 陈永权,张亮.浅析标志用图形符号国家标准中的概念混淆[J].世界标准化与质量管理,2004(06):47-49.

[48] 邓兴栋,贺崇明.城市道路语言:指路标志系统的研究与实践[M].北京:中国建筑工业出版社,2008.

第 4 章

立交桥图形指路标志主观认知

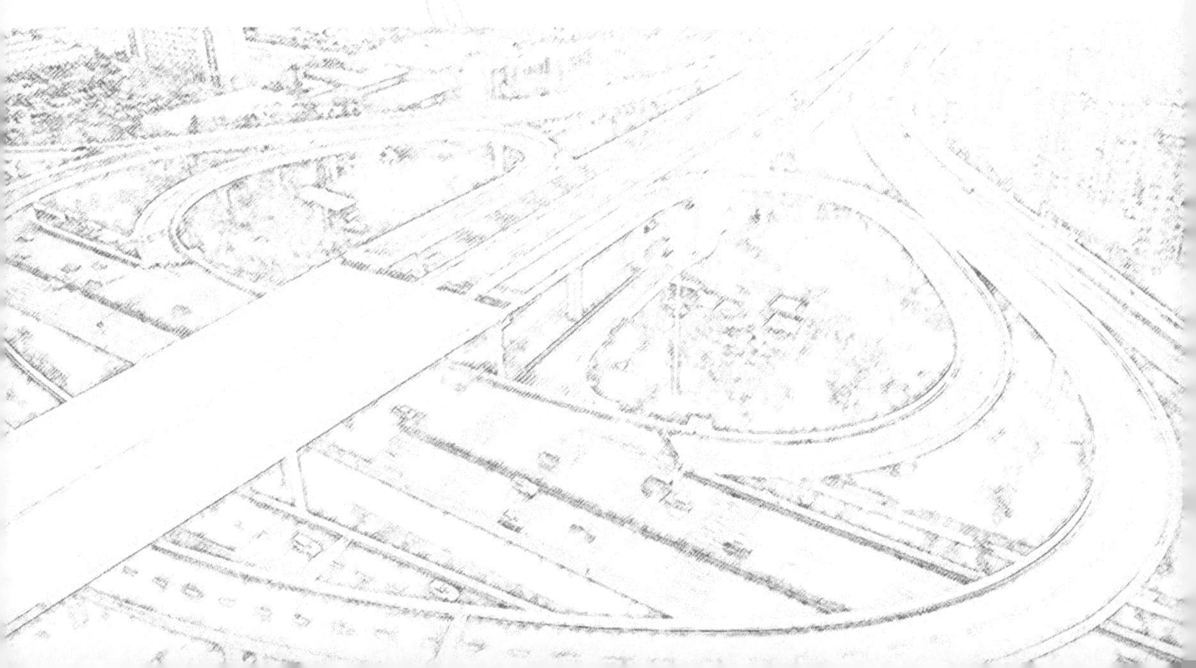

我国城市快速路立交桥图形指路标志应用规模不断扩大，样式不断丰富，实际应用中交通管理者、设计者给予很高的评价，但广大驾驶人对该标志功能效用的接受、理解与熟知程度有待明确。只有认知准确，才能更好发挥该标志的作用。本章重点介绍了驾驶人对立交桥图形指路标志的主观认知研究过程和结果。研究选取了5个维度的问题开展认知调查和结果分析。调查结论对指导立交桥图形指路标志设计使用具有参考价值，也为后续立交桥图形指路标志效用分析与静、动态实验评价方法设计奠定基础。

4.1 研究方法

4.1.1 调查目的

立交桥图形指路标志调查的主要目的是为研究驾驶人对该标志的主观认知提供数据，也可作为后续研究的指引和验证。目的主要有三个方面。一是了解驾驶人对立交桥图形指路标志的使用和了解程度，包括使用频率、功能认知等。二是了解立交桥图形指路标志的可理解性，并获知交互过程中标志对驾驶人的影响，为研究提供支持。三是了解驾驶人对标志的满意度，相关意见和建议，可以为标志的研究提供方向。

4.1.2 调查材料

调查采用自编《立交桥图形指路标志主观认知》问卷。调查问卷根据两个方面进行设计，一方面是驾驶人对标志视认的感受，包括标志的有效性、易理解性等。另一方面是标志在使用过程中对驾驶人的影响，包括理解的困惑、心理感受、行为影响等。问卷由基本信息和主观认知两部分构成。基本信息部分主要包括驾驶人的性别、年龄、职业、驾龄以及对北京市道路的熟悉程度等。主观认知部分是需要了解和掌握的主要调查内容，包括五个方面，共19题，分别是标志使用频率方面5题、标志有效性方面3题、标志易理解性方面5题、标志交互效率方面5题和主观满意度方面1题。除满意度外，每个方面的题目都由总体打分和相关问题组成。其中总体打分采用0～10打分，0表示低水平，10表示高水平，相关问题采用单项或多项选择的方式。问卷参考北京市历次指路标志系统的调研内容和结果，相关技术标准规范及驾驶人日常反应的焦点问题进行设计。

为验证问卷的有效度和可实施性,问卷设计后组织人员进行了小范围调查试访,根据对试访结果的分析并征询专家意见,进一步调整问卷的形式和内容后正式施测。

4.1.3 调查对象

调查对象包括驾驶人,交通工程设计师、交通管理工作者、出租车驾驶人或代驾驾驶人、在校大学生及公司职员。调查共发放问卷300份,对首次回收中的无效问卷,进行了补充调查,保证了问卷数量。

本次调查样本人群中,男性为252人,占总被访人数的84%,女性被访者48人,占被访人数的16%。年龄范围18~55岁,其中,主要年龄分布为30岁到45岁之间,占到总被访人员的55%。样本人群的年龄分布比例如图4-1a)所示。驾龄为2年以内的人群比例为10%,2年以上的人员比例为90%,其中驾龄为5年以上被访人群比例为59%,从数据可以看出,大部分被访人员均不属于新手的行列。样本人群的驾龄构成如图4-1b)所示。

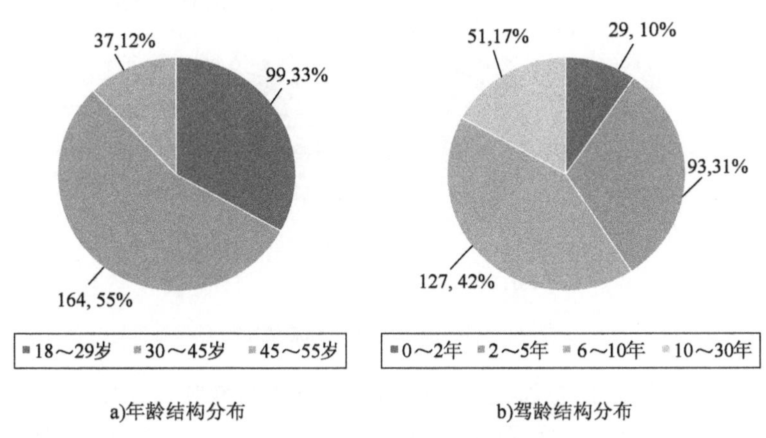

a)年龄结构分布　　b)驾龄结构分布

图4-1　被访人员年龄及驾龄结构分布

出行频率方面,每周出行1~2次的人数为69人,占总被访人数的23%;3~5次为136人,占总比例的45%;6~7次为95人,占总比例的32%。道路熟悉程度方面,表示熟悉的人数为56人,占总被访人数的19%;对道路比较熟悉的人数为210人,占总比例的70%;对道路不熟悉的人数为34人,占总比例的11%。

4.2 结果分析

4.2.1 标志使用频率

在调查中,以给出标志图片的方式询问被访者在快速路开车时使用立交桥图形指路标志的频率,以 0 ~ 10 打分代表驾驶人从“使用频率为 0”到“使用频率为 100%”的认可程度,统计结果如图 4-2 所示。72.33% 的人打分在 8 分以上,表示他们经常使用立交桥图形指路标志,25.67% 的人打分在 5 ~ 7 分之间,表示他们有时会使用,仅有 2% 的人打分在 4 分及 4 分以下,表示他们极少使用。使用频率打分的平均值为 8.16,标准偏差 1.94。结果表明驾驶人在快速路节点行驶过程中需要依赖立交桥图形指路标志。因此,在立交桥前设置图形指路标志对驾驶人合理选择路径是十分必要的。

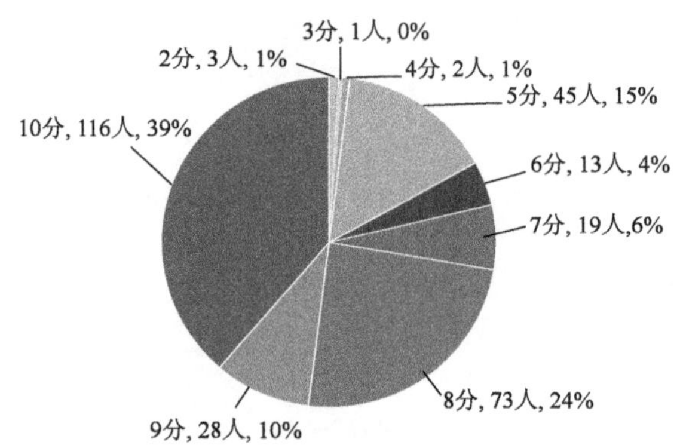

图 4-2　立交桥图形指路标志使用频率

立交桥图形指路标志如此高的使用频率可能与驾驶人在立交桥前的错误驾驶经历有关,调查结果证实了这个假设。300 名被访者中,96% 的驾驶人都有走错路的经历,走错路的位置集中在“立交桥出口”,选择人数占总比的 51.00%,其次为快速路主辅路出口,占总比的 22.67%,如图 4-3 所示。如果考虑到部分立交桥的转向功能需要经过辅路实现,则驾驶人在立交桥出口处发生路径选择错误的概率将远高于其他地方。而关于“立交桥出口处驾驶难度高,经常走错路的原因”的统计结果显示,驾驶人对“桥型不熟悉”“立交桥匝道出口多”“出口顺序与预想不一致”“匝道走向与预想不一致”位于选择结果的前四名,选择人数占总人数比例分别达到 62.67%、60.67%、58.67% 和 54.33%,如图 4-4 所示。而在这些信息的表达和传递效率方面，立交桥示意图形的优势明显大于文字的形式。

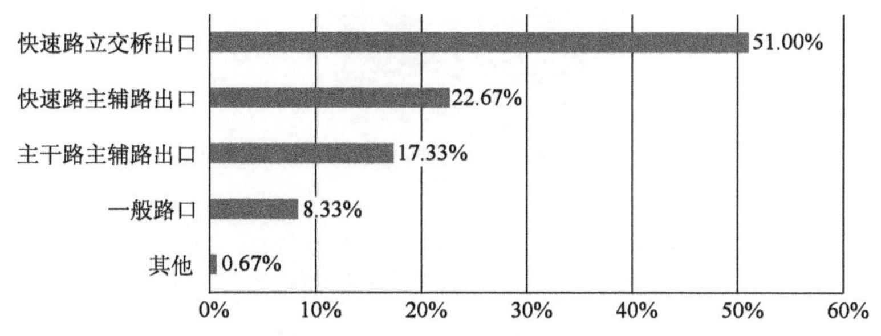

图4-3　易发生路径选择错误的位置

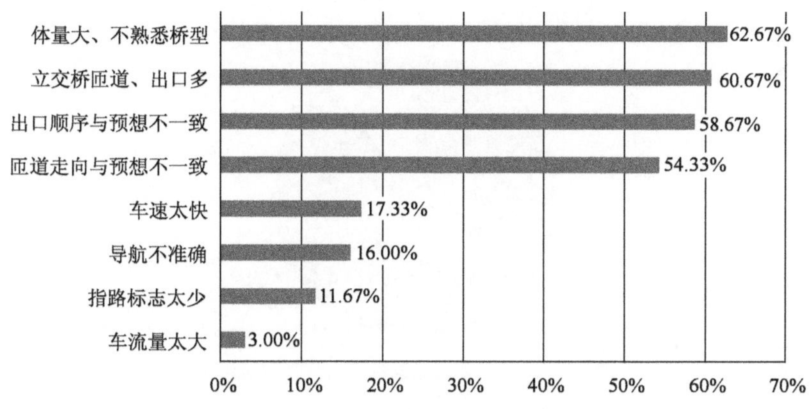

图4-4　立交桥出口路径选择错误率高原因

在驾驶人的使用习惯上，即"处于何种情况下，会使用图形指路标志"的问题选择结果如图4-5所示，68.00%的人选择"遇到不熟悉的立交桥时就会使用"，30.00%的人选择"遇到立交桥就会使用"，而2.00%的人选择"在走错路的情况下才会使用"。可见，设置立交桥图形指路标志对不熟悉立交桥的驾驶人更重要。

4.2.2　标志有效性

驾驶人对立交桥图形指路标志有效性进行打分，以0～10的数字表示从"根本没用"到"非常有用"间的认可程度。统计结果如图4-6所示，69%的驾驶人给出10分，认为立交桥图形指路标志非常有用，做出8分及8分以上评价的驾驶人比例达到86%，有效性打分的平均值为9.01分，标准偏差1.80。

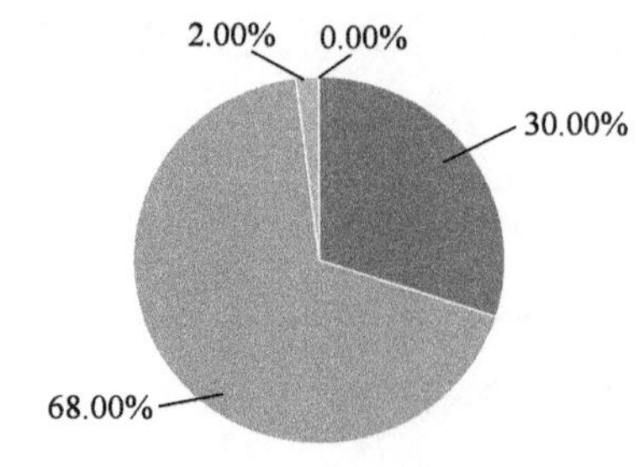

图 4-5　立交桥图形指路标志使用习惯

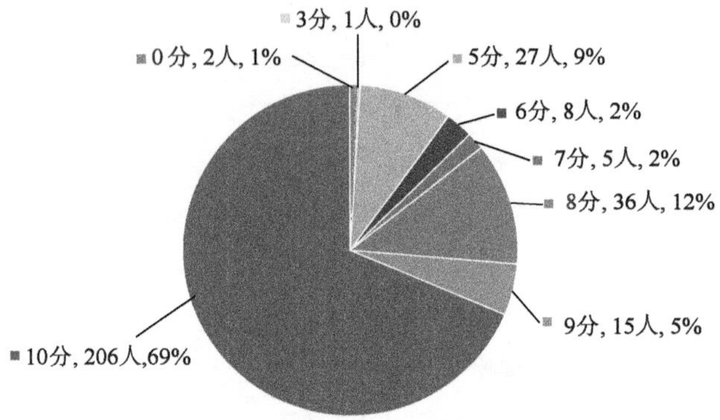

图 4-6　立交桥图形指路标志有效性打分结果

“目的地的行驶路径清晰”是驾驶人认为立交桥图形指路标志有效的主要原因,选择该选项的人数占到总人数比例的 76. 00% ,其次为“立交桥类型易于辨别”选择比例达到 46. 33% 和“出口位置表示明显”选择比例达到 40. 67% 。全部选项所占比例如图 4-7 所示。

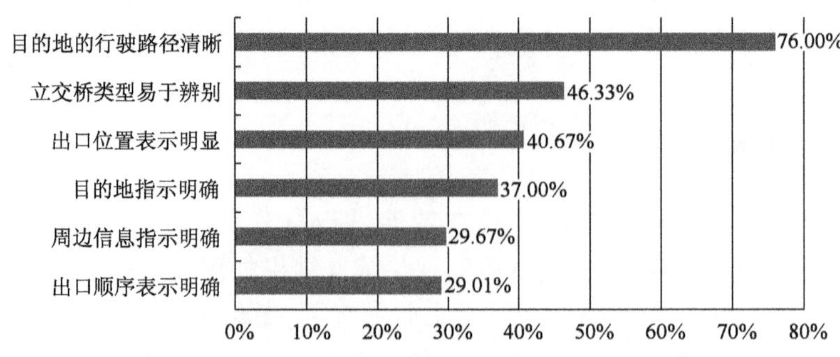

图 4-7　驾驶人认为立交桥图形指路标志有效的主要原因

此外,如图4-8所示,在与城市快速路指路标志系统中其他指路标志的效用对比中,有45.67%的驾驶人认为立交桥图形指路标志在指路过程中作用最佳。

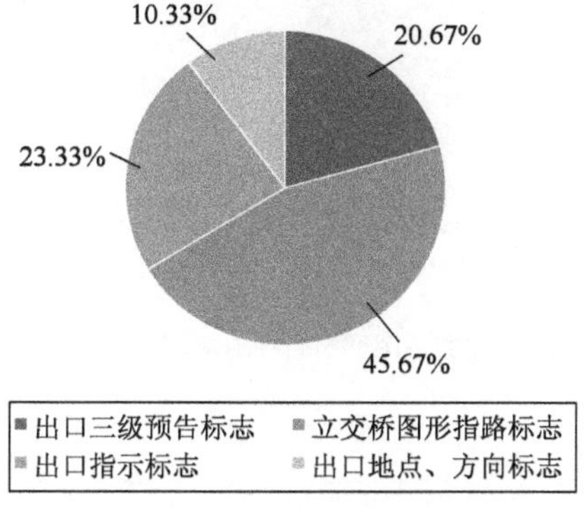

图4-8 立交桥图形指路标志与其他指路标志的效用对比

有效性调查结果显示,驾驶人对立交桥图形指路标志在寻路过程中发挥的作用十分认可。与其他标志相比,在有效性上表现出一定程度的偏好,这可能与北京市立交桥图形指路标志使用早、数量多、覆盖面广有关,大部分驾驶人已经养成借助图形指路标志辨别路径的习惯。驾驶人普遍将图形对行驶路径的清晰表达作为标志有效的主要原因,这与驾驶人在面临快速路立交桥密集的决策点时感到的困难相吻合,驾驶人的体会也从侧面说明他们曾在立交桥图形指路标志的指示中受益。

4.2.3 标志可理解性

驾驶人对立交桥图形指路标志可理解性进行打分,以0~10的数字表示从"非常不容易理解"到"非常容易理解"间的认可程度。统计结果如图4-9所示,35%的被访者打分在5分及5分以下,该部分人员认为立交桥图形指路标志不容易理解或很难讲,有20%的被访者选择10分认为标志非常容易理解,可理解性打分的平均值为7.03分,标准偏差2.25。从打分情况来看,与标志有效性相比,大多数驾驶人在对立交桥图形指路标志内容的理解方面遇到问题。

选择不能理解立交桥图形指路标志的驾驶人中,54%的人将首要原因归结为"立交桥示意图形"的难以理解。全部被访者都认为图形存在难易程度的差别。而"图形笔画的走向"是他们判断图形理解难易程度最主要的依据,在首选项中的比例最高,达到37%,如图4-10所示,图中"1""2""3"分别代表了不同判断依据在排序选择中的位置 。更有81.8%的人认为"图形左转方向的笔画"在所有方向笔画中更难以理解。

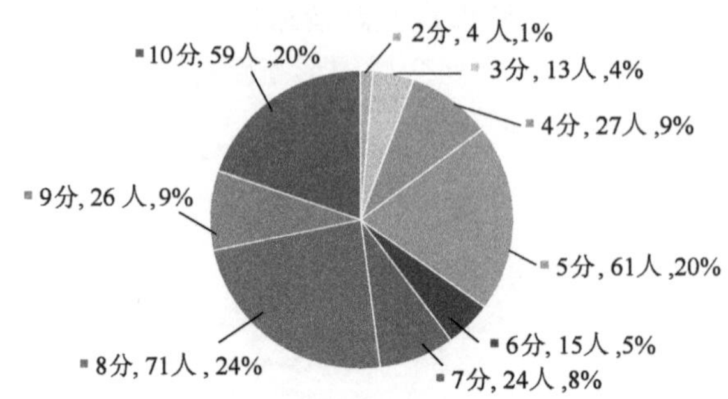

图 4-9　立交桥图形指路标志可理解性打分结果

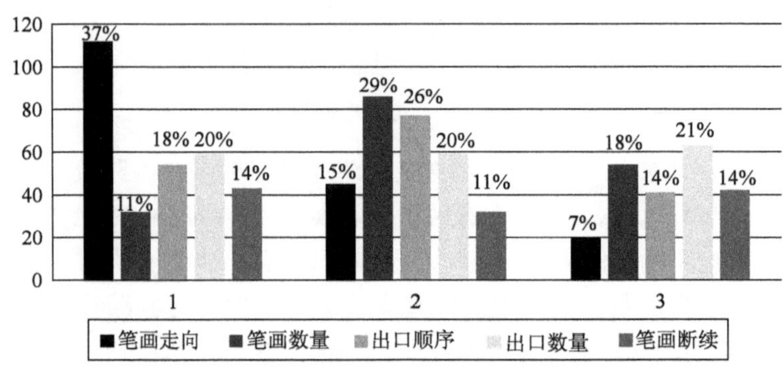

图 4-10　驾驶人判断图形理解难易程度最主要的依据

在驾驶人主观认知中,“目的地的行驶路径清晰”是立交桥图形指路标志有效的最主要原因,“图形笔画的走向”又是示意图形理解难易程度判定的最主要依据。可见,在立交桥示意图形设计时要处理好笔画语义的问题,尽量做到简洁清晰,而在示意图形视认复杂性的研究中,应重点关注图形的笔画走向和行驶路径判断的问题。

4.2.4　标志交互效率

交互效率指的是视认标志过程中给驾驶人造成的负担和影响,以及驾驶人成功完成视认与所消耗的资源的比。整体打分方面,以 0 ~ 10 的数字表示驾驶过程中从“感觉视认过程非常困难”到“感觉视认过程非常容易”间的认可程度。统计结果如图 4-11 所示,20% 的被访者打分在 5 分以下,该部分人员认为立交桥图形指路标志不容易视认或在视认中受到了负面影响,仅有 9% 的被访者选择 10 分认为标志非常容易视认,打分的平均值为 6. 44 分,标准偏差 2. 14。立交桥图形指路标志的交互效率评分不高,表明在驾驶人主观认知中,视认示意图形对于他们来说并不是一件轻松愉悦的事情,可能在驾驶过程中感到压力和紧张。

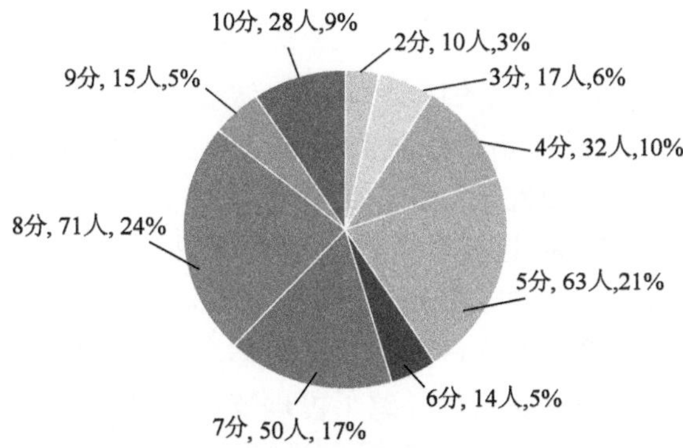

图 4-11 立交桥图形指路标志交互效率打分结果

以 0 ~ 10 分的范围代表影响由低到高的主观感受,对视认过程中可能产生的负面影响进行打分,结果显示驾驶人感到"眼睛不够用""车速有点快""手脚总在动""心里有点急",对应的平均分为 7.62 分、7.23 分、6.80 分、5.57 分。所有驾驶人都表示图形越复杂这种感受越强烈。

4.2.5 主观满意度

整体打分方面,以 0 ~ 10 的数字表示驾驶过程中从"非常不满意"到"非常满意"间的认可程度。统计结果如图 4-12 所示,其中 32.3% 的人打分在 5 分及 5 分以下,表示对立交桥图形指路标志不满意或说不好。比较满意,即 8 分及 8 分以上的占 58.3%,仅有 7% 的人表示非常满意。打分的平均值为 7.01,标准偏差1.88。总体来讲,驾驶人对立交桥图形指路标志的满意度不高。

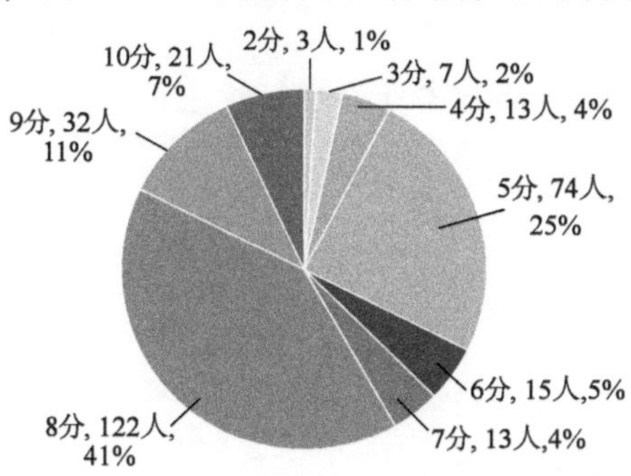

图 4-12 立交桥图形指路标志主观满意度

4.3 本章小结

本章介绍了主观调查研究的过程和结果,通过问卷调查的方法,从五个方面了解了驾驶人对立交桥图形指路标志的主观认知。首先,立交桥图形指路标志具有较高的使用频率,驾驶人在立交桥出口走错路的概率最高,72.33% 对图形标志的依赖程度更高,特别是在不熟悉立交桥桥型的时候。其次,在驾驶人看来,立交桥图形指路标志有效性很高,原因是图形对行驶路径的明确表示,而在整个指路标志系统中,更多的人认为图形指路标志的有效性高于其他指路标志。再次,立交桥示意图形的难易差别导致了可理解性打分不高,部分驾驶人表示不能完全理解图形的含义,特别是复杂标志的笔画走向更容易引起他们的困惑。第四,驾驶人感觉视认标志的过程中并不轻松,在与标志的交互过程中,驾驶的视认行为、驾驶行为受到负面影响,心理和生理也因此发生变化。最后,驾驶人对立交桥图形指路标志仅达到比较满意的程度,还有很大提升的空间。

驾驶人主观认知结果表明,立交桥图形指路标志在驾驶人寻找快速路立交桥出口时起到了有效的作用,但示意图形的复杂度对这种作用的发挥影响较大。应针对标志的效用程度和示意图形的复杂程度进行研究,对图形复杂度进行评价和分类。

本章参考文献

[1] 朱荔,熊坚.驾驶人对城市指路标志认知需求研究[J].昆明理工大学学报(自然科学版),2019,44(04):143-150.

[2] 黄小勇.高速公路互通式立交出口标志优化研究[D].长沙:长沙理工大学,2017.

[3] 胡同晶.城市快速路指路标志及管理性标志设计研究[D].西安:长安大学,2014.

第 5 章

立交桥图形指路标志效用评估

本章主要阐述在主观认知研究的基础上,对立交桥图形指路标志的效用进行实验研究的过程和结果。通过驾驶模拟实验,在城市快速路常见的右转定向匝道、左转非定向匝道和左转环形匝道环境下,以无预告标志和三级预告标志为对比组,考察立交桥图形标志在单独设置和组合设置下,在横向换车道行为和纵向速度控制行为上的影响,得出标志效用的分析结果和定性评价。研究成果为后续章节对其核心组成部分立交桥示意图形的评价研究奠定了基础。

5.1 实验总体方案

5.1.1 实验目的

实验以立交桥图形指路标志的设置效用为着眼点,利用驾驶模拟舱技术,获取驾驶人在不同标志组合下的驾驶行为和车辆状态数据,具体目标如下:

(1)探索基于驾驶模拟技术城市快速路立交桥图形指路标志效用实验方法的可行性。

(2)观察并记录驾驶人在无预告标志、仅设置立交桥图形指路标志、仅设置三级预告标志、设置全部预告标志四种状态下的驾驶行为。

(3)获取速度、加速度、制动次数、换道位置等数据,为精细化分析在无预告标志和仅设置三级预告标志两种情况下,增加立交桥图形指路标志设置的对比变化,为评估其效用提供支撑。

5.1.2 实验对象

驾驶人是本次研究的实验对象,招募合适的驾驶人参与本次课题的研究是课题的关键。根据中心极限定理,大于或等于30的样本均值会是标准正态分布,充分考虑我国机动车驾驶人性别和年龄分布特点进行比例控制,共招募被试人员31名,其中包括25名男性和6名女性,被试人员年龄分布在20~52岁(Average = 29.90,SD = 9.24);考虑学历水平及驾驶熟练程度对图形视认的影响,对被试人员职业分布特点进行比例控制,其中职员、学生、职业驾驶人各占29%、32%、39%,均有2年以上驾龄(Average = 7.16,SD = 5.90);身体状况良好,无色弱、色盲。为确保被试人员实验当天有良好的精神状态,实验前禁止被试饮用茶或咖啡等刺激性饮品,以减少其他因素对被试造成的影响。

5.1.3 实验器材

实验采用的主要器材为北京工业大学驾驶行为模拟实验平台。实车驾驶模拟舱为平台核心设备,由挪威 AutoSim 公司生产、韩国 INNO-Simulation 公司升级改造、北京工业大学引进。经过多年的发展完善,该平台已可以广泛支持各类驾驶行为相关研究并在其中发挥重要的支撑作用,平台效果图如图 5-1 所示。基于平台的研究应用领域包括交通安全设施效用及设置规范评价、危险驾驶行为(如醉酒、分心、疲劳等)、生态驾驶与节能减排等。平台模拟驾驶环境的真实性和有效性在驾驶人视觉、行为、生心理状态、主观评价和车辆运行状态层面多次得到验证与标定,能够满足实验要求,具有可信度。

图 5-1 AutoSim AS 模拟系统

模拟系统主要由三部分组成:控制系统、显示系统和车辆系统。控制驱动系统负责实现对实验系统的设计、控制、监控、记录等功能。显示系统是系统运行主要结果的体现,即向驾驶人显示虚拟 3D 道路交通场景。车辆系统负责实现人机对接,为驾驶人提供逼真的车辆驾驶感受,同时提供驾驶人驾驶操作的平台。驾驶车辆为丰田 Yaris 手自一体车型,具备转向盘、加速踏板、制动踏板、离合等各种驾驶操作项目。

平台功能方面:能够为驾驶人提供包括道路、标志、标线、护栏等安全设施、丰富的路侧场景等虚拟驾驶场景。能够提供不同天气和时间段的模拟和控制。可以实现车辆振动信息和发动机、车辆制动、车辆振动、转弯侧滑等常见音效信息的输出，实现在驾驶人操作情况下虚拟场景的动态运行。为驾驶人提供前方130度水平视野和40度垂直视野，以及左右后视镜和后方30度水平视野、40度垂直视野。能实现对车辆驾驶过程的实时监控和记录，对车辆运行状态、驾驶人操作特征、车辆运行环境周边特征等可以20Hz的频率进行记录输出。

实验主要面向快速路立交桥出口前、指路标志作用范围内驾驶行为的感知和记录。在现有平台基础上，根据立交桥几何设计参数、周边环境、指路标志设置方案模拟了城市快速路场景；设置城市快速路交通条件参数，包括车速控制、交通流量等；设置数据记录参数，采样频率为30Hz，提取行驶速度、加速度、偏移中心线位置等车辆行驶状态数据和制动、加速踏板、方向盘转角等操控行为数据。另外，为驾驶人佩戴眼动仪等相关仪器，并要求其填写主观调查问卷，采集反映驾驶人外在表现、生理指标、心理指标和主观评价方面的信息。

5.1.4　控制因素和水平

实验过程中通过人为控制输入影响实验评价指标的量称为控制因素，水平是控制因素的不同取值。在综合考虑实验目的、实验复杂程度及代表性的基础上，为了较为全面地了解图形指路标志的效用，将立交桥匝道类型和指路标志设置形式确定为实验控制因素，其中定义立交桥匝道3个水平，定义指路标志设置形式4个水平，详见表5-1。

立交桥图形指路标志效用研究实验因素与水平　　表5-1

因素	水平
立交桥匝道类型	右转定向匝道
	左转半定向匝道
	左转环形匝道
指路标志设置形式	无预告标志
	立交桥图形预告标志
	三级预告标志
	全预告标志

1. 立交桥匝道类型

立交桥匝道是实现不同道路间交通转换的重要构造物，也是立交桥最重要的组成部分和立交桥图形表达的重要指路信息。国外研究表明，由于匝道形式不同，在不同类型的立交桥前设置图形指路标志，对驾驶人认知的影响是存在差异的。因此,选择具有不同匝道形式的立交桥作为设计依据,既可以减少模型构建的工作量,降低实验复杂度,又可以较为全面地测试多种匝道下立交桥图形指路标志的效用。经过统计,目前城市快速立交桥出口匝道中右转定向匝道、左转半定向匝道和左转环形匝道使用频率最高,可定义为3个水平,如图5-2所示。

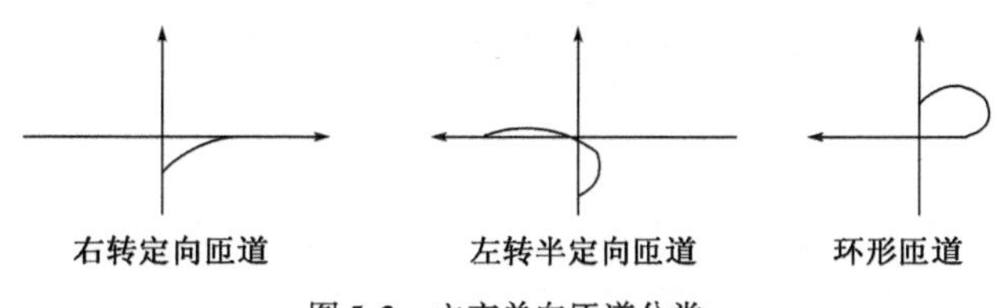

图5-2　立交单向匝道分类

2. 指路标志设置方式

考察立交桥图形指路标志设置的影响,将不同指路标志设置方式作为控制因素。参照2016年北京市交通委员会颁布的《城市快速路指路标志设置指南》,采用出口三级预告标志、立交桥图形指路标志、出口指示标志及出口地点、方向指路标志构成系统方案。为获取立交桥图形指路标志单独设置及与其他预告标志共同设置对驾驶人的影响,共设计了4种水平。

水平1:无预告标志组,即未设置任何预告标志,仅设置出口指示标志、出口地点、方向标志。

水平2:立交桥图形指路标志组,即设置立交桥图形指路标志、出口指示标志和出口地点、方向标志。

水平3:三级预告标志组,即仅设置出口三级预告标志、出口指示标志和出口地点、方向标志。

水平4:全预告标志组,即设置出口三级预告标志、立交桥图形指路标志、出口指示标志以及出口地点、方向标志。

5.1.5 实验场景设计

1. 参考立交桥选取

经过考察,北京市北四环路与京承高速(城市路段)相交的望和桥为互通式立交桥,具有实验研究的3种匝道类型和较为完善的指路标志系统,因此,选择其作为实验场景设计参考对象。

望和桥为快速路与快速路衔接立交桥,其西向东方向出口为右转定向匝道与左转半定向匝道组合,东向西方向出口为右转定向匝道与左转环形匝道组合,能够满足实验确定的3种匝道类型需求。

北四环路与京承高速(城市路段)均为双向8车道,望和桥各方向出口数量、类型及对应车道统计详见表5-2。

北京市望和桥立交桥各出口统计情况 表5-2

望和桥	东			西		
	右出口			右出口		
	个数	匝道类型	车道数量	个数	匝道类型	车道数量
	2	右转定向	1	1	右转定向	1
		左转环形	1		左转半定向	1
	北四环路,双向8车道(3.5m/车道),中间隔离					
	南			北		
	右出口			右出口		
	个数	匝道类型	车道数量	个数	匝道类型	车道数量
	1	右转定向	2	1	右转定向	1
		左转半定向	1		左转半定向	1
	京承高速,双向8车道(3.5m/车道),完全隔离					

该立交相交道路均为城市快速路并设有较为完整的立交桥出口指路标志系统,这一点也为指路标志模型设计提供了便利。望和桥由西向东进入定向和半定向匝道前城市快速路出口指路标志系统设置状况如图5-3所示,符合实验所需标志系统设计要求。

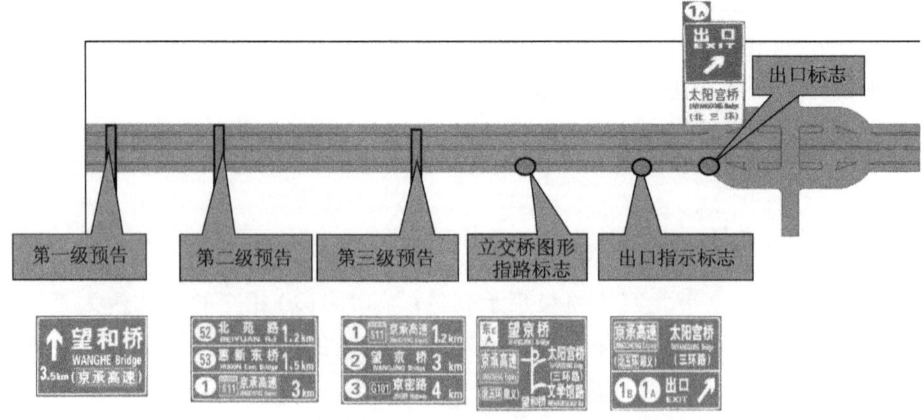

图5-3 望和桥立交出口指路标志实际设置情况

2. 基础场景设计

实验模拟场景以望和桥及其周边环境为原型搭建，结合交通工程设计图纸，采集立交桥道路线形、道路交通标志、道路设施、特征建筑物、绿化植物等图片和信息，利用腾讯街景地图进行校准与完善。模拟场景并非对实景的绝对复制，为保证实验的效果，减少干扰因素，实验场景进行了部分修改。具体内容包括以下几个方面。

(1)道路线形调整为直线，避免曲线对驾驶人视线的影响。

(2)建立完整的右转定向、左转半定向、左转环形匝道模型，简化其他方向的模型精度，减少对场景运行速度的影响。

(3)将进入环形匝道前城市快速路出口指路标志设置与定向、半定向匝道前设置情况相同，减少指路标志上不同地名信息对驾驶人的影响。

(4)增加2.5km的城市主干道路段模型，与城市快速路连接，确保驾驶人以正常驾驶状态进入模型的测试区域。

(5)根据以往研究的成果，适当放大标志版面，使模拟效果与真实道路场景更加贴近。

(6)为减少其他因素影响，行驶线路中均无同向交通流。

3. 线路设计

根据匝道类型和实际道路情况，设计3种线路，如图5-4所示。

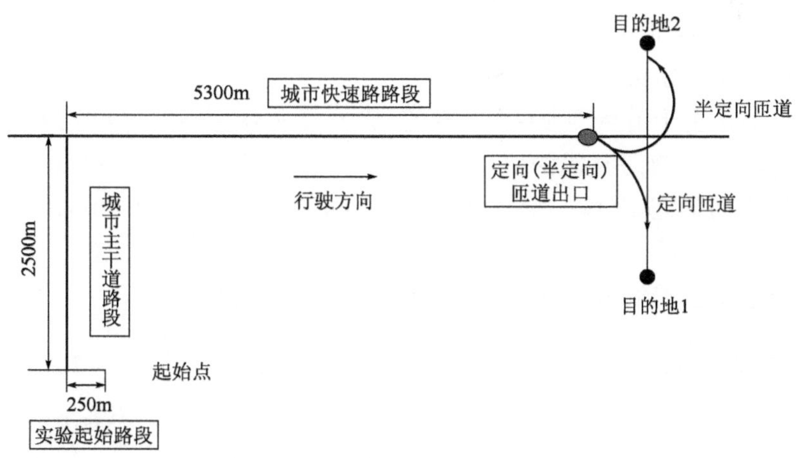

a)实验线路1、实验线路2

图 5-4

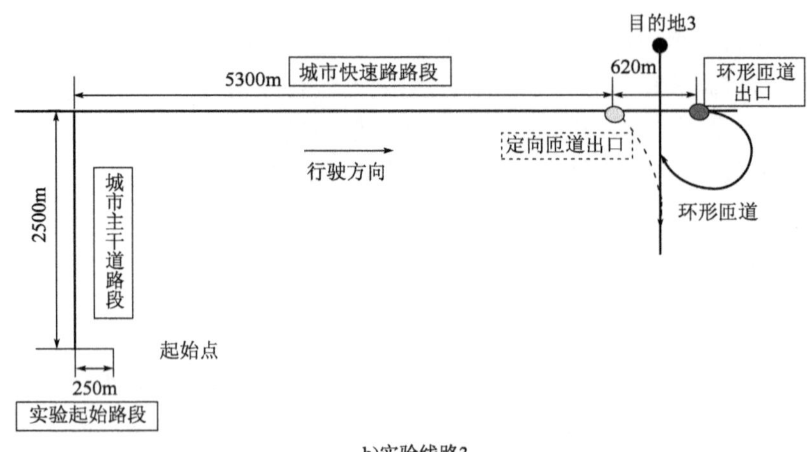

b)实验线路3

图 5-4　3 类实验线路

线路 1:包含实验起始路段、城市主干路段、城市快速路段、右转定向匝道,对应通往目的地 1,总长 8.6km。

线路 2:包含实验起始路段、城市主干路段、城市快速路段、左转半定向匝道,对应通往目的地 2,总长 8.8km。

线路 3:包含实验起始路段、城市主干路段、城市快速路段、左转环形匝道,对应通往目的地 3,总长 9.5km。

线路各组成部分特征设定如下:

(1)实验起始路段,长 0.25km。

(2)城市主干道路段为双向 6 车道,长 2.5km,限速 60km/h,车道宽 3.5m。

(3)城市快速路路段为双向 8 车道,定向/半定向匝道出口前长 5.3km,定向/半定向匝道出口与环形匝道出口间距 620m,限速 80km/h,车道宽 3.5m。

(4)立交匝道限速 30km/h,均为单向单车道道路类型。

4. 指路标志设计

指路标志设计内容包括标志样式及设置位置。实验根据标准内容及望和桥出口指路标志设置实际情况进行标志设计,并控制因素水平将标志设置方案分为 4 种。

其中三级预告标志信息包含预告出口信息、行驶方向、与出口的距离、出口编号，按照行车方向，分别设置在出口前 0.5km ~ 4km 的不同地点，用于对出口的多次预告；立交桥图形指路标志含有立交桥示意图形，直观反映立交匝道走向，设置在立交出口前 500m；出口指路标志是对临近立交桥出口的指示；出口标志设置在出口处，为确认性标志。

4 种立交桥指路标志设置方案设计，如图 5-5 所示。

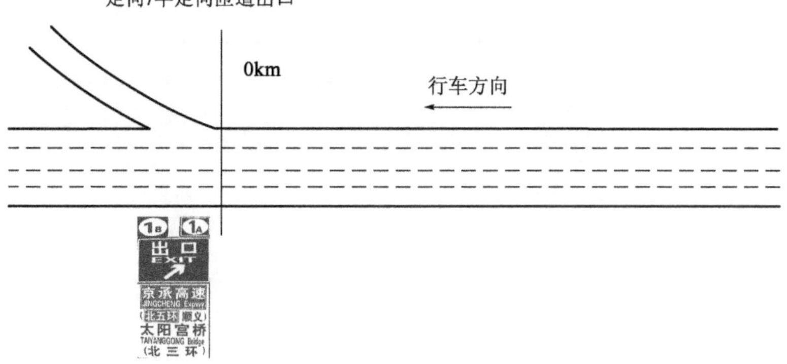

a)无出口预告标志设置方案

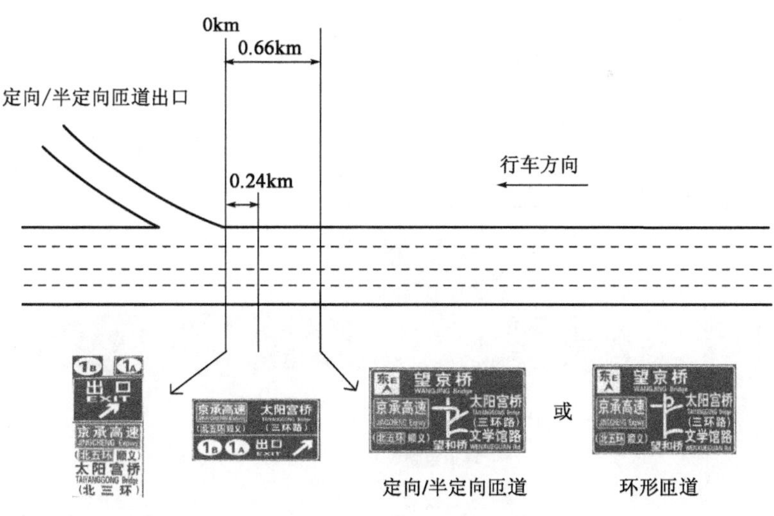

b)立交桥图形指路标志设置方案

图 5-5

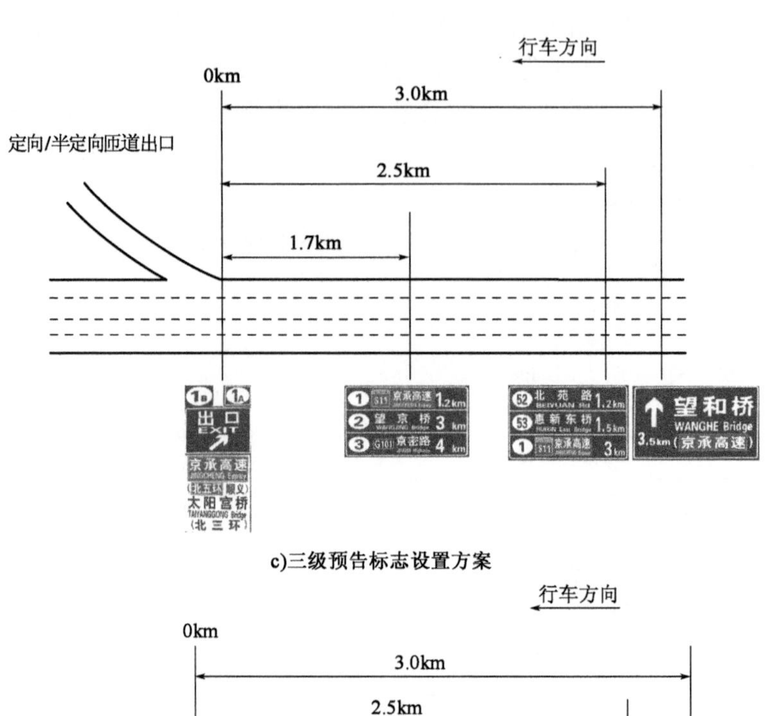

c)三级预告标志设置方案

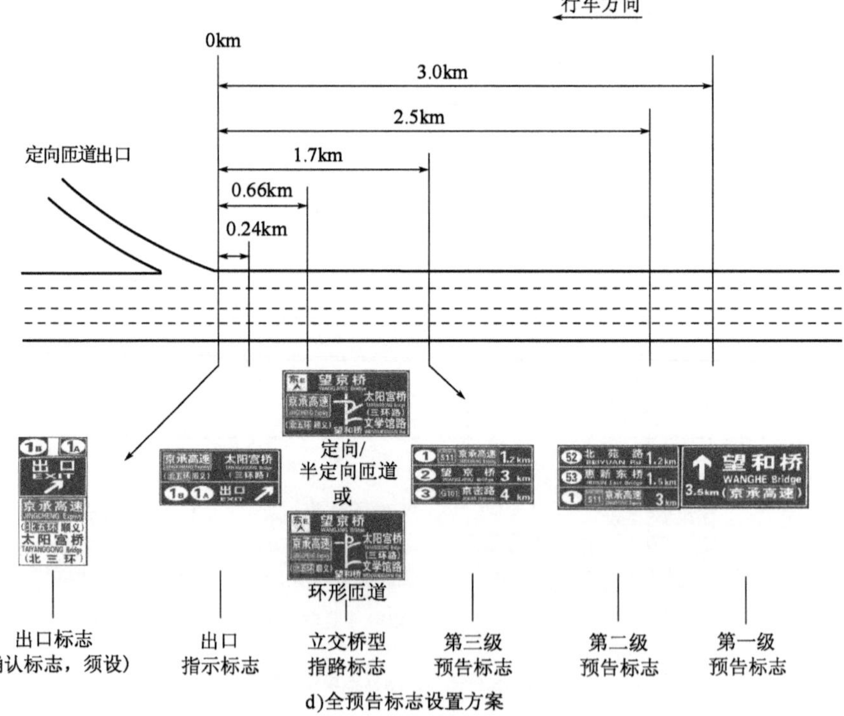

d)全预告标志设置方案

图 5-5　实验场景中指路标志设置方案

5.1.6 实验流程

实验由预实验和正式实验组成。通过预实验测试被试是否适应驾驶模拟实验。正式实验中，每位被试需驾驶12个场景。实验安排了三个时间段以避开人的疲劳时间：上午为8:00—12:00，下午的实验时间为13:00—17:30，晚上的实验时间为18:30—21:30。

在每名被试人员的首次实验前，需进行预实验，通过5~10分钟的试驾，使其熟悉驾驶模拟环境和操作，试驾后被试人员填写驾前调查问卷，包括个人基本信息、寻路习惯和身体精神状况等内容，供工作人员评估。如评估结果具备实验条件，随即开始正式实验。

正式实验中，驾驶人需完成所有场景驾驶任务。每个场景驾驶时间约为10分钟，为避免长时间驾驶造成的疲劳效应，每位被试1次只驾驶3个场景，共驾驶4次，每2次驾驶至少间隔3天。12个场景的驾驶顺序随机排序，以避免次序对结果的影响。

每次驾驶由5个步骤组成，具体流程：

(1)填写个人信息表，除首次为填写全部信息外，后续参加实验只需填写身体精神状况，经评估具备条件后，可开始正式实验。

(2)填好调查问卷后，被试人员回到驾驶模拟舱，开始5分钟左右的自由场景驾驶适应练习，熟悉设备并使身心放松。

(3)实验员告知被试人员目的地并开始实验，驾驶人按照目标信息，根据指路标志完成寻路任务，行驶过分流点后一定距离，实验员下令停车。首次实验中，实验员需向被试宣读实验导语，讲解实验任务、流程、要求和注意事项，提示被试按照自身驾驶习惯进行实验，如有异常及时告知实验员，听从实验员口令。

(4)一次场景驾驶完成后，被试休息3~5分钟，同时实验员记录任务完成的正确性，保存驾驶模拟系统的数据，然后进行下一个场景的实验。三个场景的实验全部完成后，被试离开驾驶模拟舱。

(5)驾驶人填写驾后调查问卷，内容包括实验环境有效性评价以及身体精神状态等。填好调查问卷后，驾驶人离开实验室，下一名驾驶人就位。每位驾驶人将4次驾驶即12个场景全部完成后，填写与实验相关的主观问卷，包括对立交桥出口指路标志设置形式的主观理解、认知立交桥指路标志的难易程度等。

5.2 数据预处理

实验过程历时1个月,共采集了31名驾驶人在12个场景的车辆运行数据和驾驶行为数据。为研究分析不同匝道形式下立交桥指路标志作用效果提供了数据支撑。驾后调查问卷结果表明,100%的被试人员注意到了立交桥图形指路标志,有78.3%的驾驶人认为城市快速路立交桥出口指路标志系统中“立交桥图形指路标志”指路作用最佳,所占比例最多。驾驶人对驾驶模拟系统的场景环境的真实感和各项操作的感受进行打分,在10分为最优的设定下,总体评估均值为8.57分,一定程度上反映了实验获取数据的有效性。

研究表明不同行驶车速条件下驾驶人开始视认标志的位置不同,即驾驶人受标志影响的起始位置不同。结合实验道路条件,经过对虚拟实验场景中立交桥型指路标志视认位置的反复测试,将立交桥图形指路标志前方200m位置至通往目的地的匝道出口作为研究范围。

采用Microsoft Excel 2013工具,对31名驾驶人,截取研究范围内有效样本数据,对场景坐标数据与实际里程数据进行换算,进行结构化整理,对应场景和被试顺序,建立车辆运行、驾驶行为和问卷调查等数据表格,并以控制因素和水平命名后存储。

5.3 横向换车道行为影响分析

确保驾驶人在由快速路主路行驶到目的地出口的过程中,安全合理地完成车道的转换,是立交桥出口指路标志在车辆横向运动上的重要效用。国外学者利用车辆换车道运行过程、驶入立交出口前换车道位置、换车道行为合理性等指标分析指路标志对驾驶人的指引效果,并将统计结果直接用于标志的效能分析。研究将换车道运行轨迹、换车道行为统计和最后一次换车道位置作为重点分析内容,对比在无预告标志和只设置三级预告标志状态下,添加立交桥图形指路标志前后,对驾驶行为的影响效果及车辆运行横向运动的合理性。

5.3.1 换车道运行轨迹影响

换车道运行轨迹分析采用运行轨迹图的方式进行立交桥图形指路标志影响范围内的车辆换车道运行轨迹描绘,查看驾驶人换车道行为过程。轨迹图以立交桥图形指路标志前200m位置为原点，以车辆横向位置为横坐标，以车道位置为纵坐标。横坐标以20m为间隔，将定向/半定向匝道下标志的影响范围划分为43段，将环形匝道下标志的影响范围划分为74段。纵坐标由最外侧车道至最内侧车道的4车道右侧边界编号依次为0、1、2、3、4，将每车道进行10等份划分，以车辆偏离最外侧车道边界（0）的等份数为车辆换车道运行轨迹图纵坐标。

1. 定向匝道

定向匝道条件下，驾驶人在各组方案立交桥图形指路标志作用范围内换车道运行轨迹如图5-6所示。

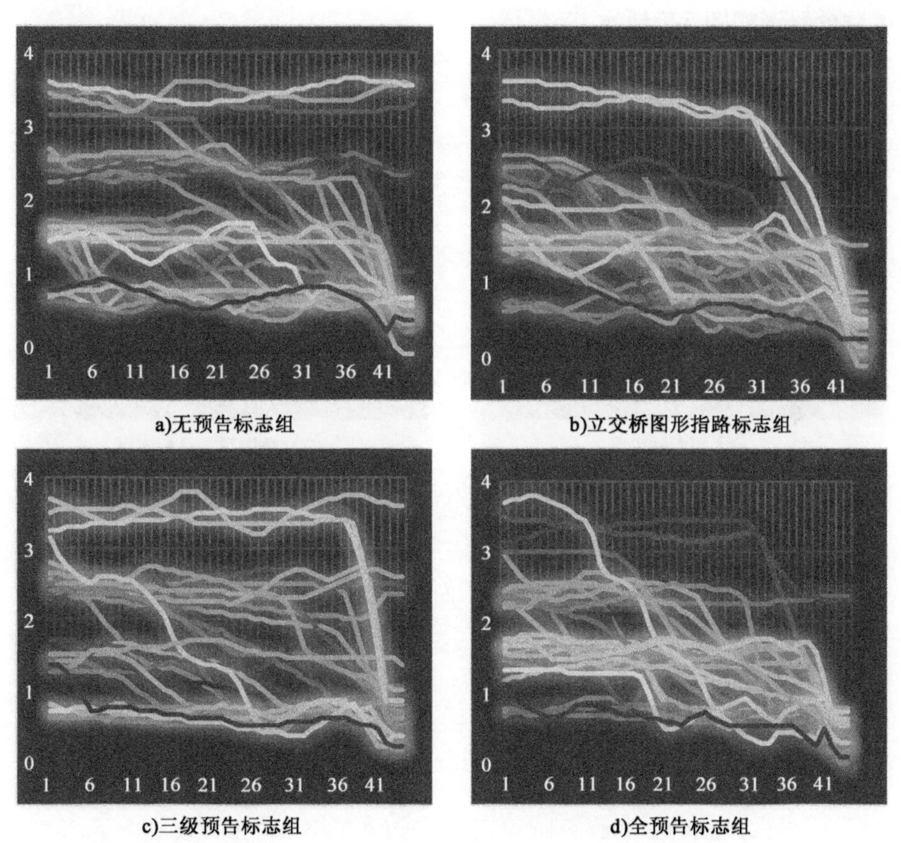

a)无预告标志组　b)立交桥图形指路标志组

c)三级预告标志组　d)全预告标志组

图5-6　定向匝道立交桥图形指路标志影响范围内车辆换车道运行轨迹

从图 5-6 中可以看出：

（1）无预告标志组运行轨迹分布成长方形，右上区域曲线较密集，出口附近短距离内多次换车道行为较多；设置立交桥图形指路标志后车辆换车道运行轨迹呈三角形，曲线主要分布在左下区域，车辆换车道运行轨迹更合理。

（2）三级预告标志组运行轨迹分布成长方形，右上区域曲线较密集，出口附近短距离内多次换车道行为较多；增设立交桥图形指路标志后，右上区域曲线稀疏，主要分布在左半部分及下部分区域，车辆换车道运行轨迹更合理。

2. 半定向匝道

半定向匝道条件下，驾驶人在各组方案立交桥图形指路标志作用范围内换车道运行轨迹如图 5-7 所示。

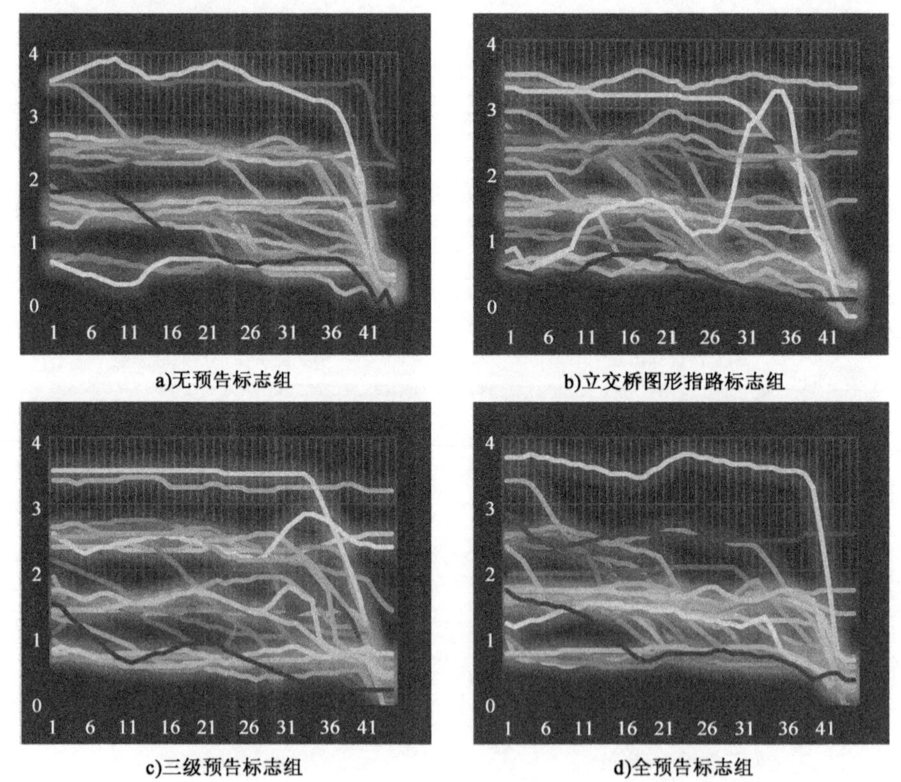

a)无预告标志组

b)立交桥图形指路标志组

c)三级预告标志组

d)全预告标志组

图 5-7　半定向匝道立交桥图形指路标志作用范围内车辆换车道运行轨迹

由图5-7中可以看出：

(1)无预告标志组中各车道车辆换车道运行轨迹较集中，右上区域曲线较密集，出口附近短距离内多次换车道行为较多；增设立交桥图形指路标志后，驾驶人运行轨迹分布散乱，轨迹波动幅度明显较大($p<0.05$)。

(2)三级预告标志组中运行轨迹分布成长方形，部分驾驶人直线行驶，未能找到正确立交出口；增加立交桥图形指路标志后，曲线主要分布在图中左下部分，右上区域曲线稀疏。

3. 环形匝道

环形匝道条件下，驾驶人在各组方案立交桥图形指路标志作用范围内换车道运行轨迹如图5-8所示。

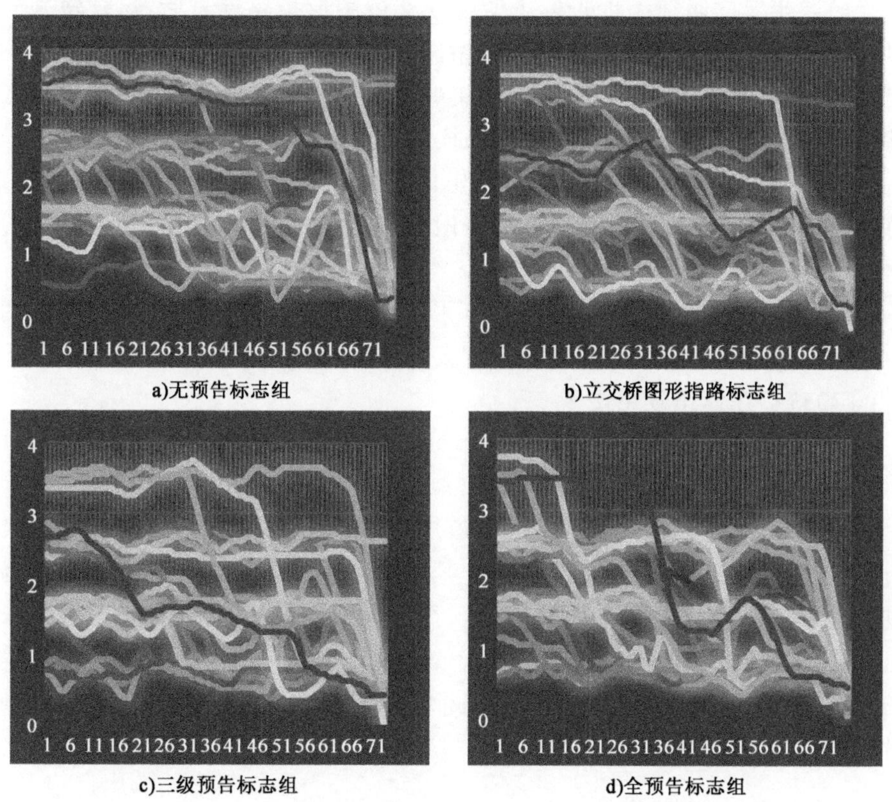

a)无预告标志组 b)立交桥图形指路标志组

c)三级预告标志组 d)全预告标志组

图5-8 环形匝道立交桥图形指路标志作用范围内车辆换车道运行轨迹

由图5-8中可以看出：

(1)无预告标志组中车辆换车道运行轨迹呈长方形分布，右上区域曲线较多，出口附近短距离内多次换车道行为较多；增设立交桥图形指路标志后，车辆换车道运行轨迹分布散乱，右上区域曲线相对较少。

(2)三级预告标志组增设立交桥图形标志前的运行轨迹分布成长方形，增设后的行车轨迹波动幅度显著较大($p<0.05$)。

4.整体分析

轨迹运行图可直观反映出不同标志作用下，驾驶人在标志影响范围内到出口前全过程的换车道行为。轨迹分布特征在一定程度上从宏观层面体现出立交桥图形指路标志的设置效能。三种匝道类型下的对比结果表明：

(1)除半定向匝道无预告标志增设立交桥图形指路标志后，运行轨迹分布变化不明显外，其余情况下，增设立交桥图形指路标志，整体运行轨迹分布均表现出由长方形分布向左下区域曲线密集的三角形的变化趋势。表明立交桥图形指路标志在提高出口选择成功率、延长换道距离方面的效用。

(2)增设立交桥图形指路标志前，出口附近短距离内多次换车道行为较多，增设后，车辆换车道运行轨迹分布变得散乱，表明驾驶人换道位置存在改善，但因轨迹密集难以统计变化程度。

(3)半定向匝道无预告标志组和环形匝道三级预告标志组增加立交桥图形指路标志后，行车轨迹波动幅度明显较大($p<0.05$)，表明立交桥图形指路标志对行车轨迹存在修正效用。

5.3.2 换车道行为影响

换车道行为包括正常驶入正确匝道换车道行为、非正常驶入正确匝道换车道行为和未驶入正确匝道换车道行为，其中非正常驶入正确匝道换车道行为包括反复换车道行为、短距离连续换车道行为、临近出口换车道行为，三者与未驶入正确匝道行为均存在行车安全隐患。这些指标既可以反映换道行为的正确性与安全性，也可以反映立交桥图形指路标志对驾驶人出口选择正确性与驾驶安全性的效能。

1.具体行为描述及对应行为人员的百分比

(1)驶入正确匝道换道行为和人员百分比(√%)：

指驶入正确匝道，到达正确匝道出口的行为。其人员百分比指该行为人数占被试总人数的百分比，比值越高，表明标志引导效果越好，效能越高。

(2)未驶入正确匝道换道行为和人员百分比(×%)：

指未驶入正确匝道的换道行为，通常与实际道路驾驶中，在快速路上违法倒车、逆行等违法行为相对应，易造成重大交通事故。其人员百分比指该行为人数占被试总人数的百分比，比值越高，说明标志引导效果越差，效能越低。

(3)正常驶入正确匝道换车道行为和人员百分比(C%)：

指到达目的地过程中驾驶人依次由外侧车道换道至正确的出口车道的换道行为，有助于提高驾驶安全性。其人员百分比为该行为人数占被试总人数的百分比，比值越高，说明标志引导效果越好，效能越高。

(4)反复换车道行为和人员百分比(IC%)：

指正确驶出出口前反复变换车道的行为(如从第3车道换至第2车道，之后又换回至第3车道)，反复变换车道易引起车辆剐蹭，降低道路通行效率。其人员百分比为该行为人数占到被试总人数的百分比，比值越高，说明标志设置更合理，效能更高。

(5)短距离连续换车道行为和人员百分比(CLC%)：

指正确驶出出口前，具有仓促连续变道的行为(如100m内发生两次及以上变道行为)。在实际行驶过程中，驾驶人常因指路信息滞后或视认障碍导致操作安全距离不足，而急速连续变换车道，该行为为违法行为，危险性很强，易造成重大交通事故。其人员百分比为该行为人数占被试总人数的百分比，比值越高，说明标志引导效果越差，效能越低。

(6)临近出口换车道行为和人员百分比(CEC%)：

指正确驶出出口前，距离导流岛位置很近的变道行为(如最后一次换车道位置距离出口小于50m的变道行为)。该行为也是由操作安全距离不足引起，常与短距离连续换车道行为同时发生；实际行驶过程中，通常表现为跨越分流点导流带换道，在导流带停车观望，均属于违法行为，存在很大的安全隐患。其人员百分比为该行为人数占被试总人数的百分比，比值越高，说明标志引导效果越差，效能越低。

2. 换车道行为统计

为全面查看设置立交桥图形指路标志的作用效果，本书对3类匝道中驾驶人换车道行为进行统计，详见表5-3。其中正确换道行为、反复换道行为与未驶入正确匝道行为在统计上不存在交叉关系;短距离连续换道行为、临近出口换道行为与正确换道行为、反复换道行为可同时发生,在统计上存在交叉关系。

3 类匝道中换车道行为统计结果 表 5-3

定向匝道	√%				×%
	C%	IC%	CLC%	CEC%	
无预告标志组	67.74%	12.90%	6.45%	3.23%	12.90%
立交桥图形指路标志组	77.42%	9.68%	3.23%	9.68%	6.45%
差值	**9.68%**	**-3.23%**	**-3.23%**	**6.45%**	**-6.45%**
三级预告标志组	77.42%	3.23%	9.68%	19.35%	16.13%
全预告标志组	83.87%	9.68%	3.23%	3.23%	6.45%
差值	**6.45%**	**6.45%**	**-6.45%**	**-16.13%**	**-9.68%**
半定向匝道	√%				×%
	C%	IC%	CLC%	CEC%	
无预告标志组	77.42%	6.45%	19.35%	12.90%	16.13%
立交桥型指路标志组	80.65%	3.23%	16.13%	3.23%	12.90%
差值	**3.23%**	**-3.23%**	**-3.23%**	**-9.68%**	**-3.23%**
三级预告标志组	77.42%	9.68%	9.68%	9.68%	6.45%
全预告标志组	80.65%	9.68%	6.45%	6.45%	6.45%
差值	**3.23%**	**0.00%**	**-3.23%**	**-3.23%**	**0.00%**
环形匝道	√%				×%
	C%	IC%	CLC%	CEC%	
无预告标志组	80.65%	9.68%	19.35%	29.03%	9.68%
立交桥型指路标志组	80.65%	12.90%	3.23%	12.90%	6.45%
差值	**0.00%**	**3.23%**	**-16.13%**	**-16.13%**	**-3.23%**
三级预告标志组	67.74%	22.58%	19.35%	38.71%	3.23%
全预告标志组	77.42%	19.35%	6.45%	19.35%	0.00%
差值	**9.68%**	**-3.23%**	**-12.90%**	**-19.35%**	**-3.23%**

通过 6 组数据的对比可以看出,立交桥指路标志在改善驾驶行为方面具有明显的效用。在三种主要匝道类型下,驾驶人在寻找匝道出口过程中,驾驶行为

准确性与安全性均有所提升。

(1)正常驶入正确匝道换车道行为:除环形匝道无预告标志组在增加立交桥图形指路标志后,该行为人员比例(C%)无变化外,其余对比组的差值均为正值。其中定向匝道无预告标志组与环形匝道三级预告标志组,在增设图形标志后,差值较大,均为9.68%。结果表明,立交桥图形指路标志可以对驾驶人进行有效引导,使得驾驶人出口选择和换道行为准确率更高。

(2)未驶入正确匝道行为:除半定向三级预告标志组在增设立交桥图形指路标志后,该行为人员百分比(×%)无变化外,其余对比组的差值均为负值。其中定向匝道无预告标志组和三级预告标志组变化差值较大,分别为-6.45%和-9.68%。说明立交桥图形指路标志设置可以减少驾驶人错过正确出口的比例,提高出口处的安全性。

(3)反复换车道行为:该行为人员比例(IC%)差值在增设立交桥图形指路标志后,变化方向表现出不一致性。对比中,定向匝道三级预告标志组与环形匝道空白组在增加图形指路标志后,该行为差值为正值,分别为6.45%和3.23%。结果表明,图形指路标志在减少反复换车道行为方面的效能存在局限性。

(4)短距离连续换车道行为:增设立交桥图形指路标志后,该行为人员百分比(CLC%)的差值均为负值。其中驾驶人在环形匝道前该行为变化最为明显,达到16.13%和12.90%。说明使用图形标志使驾驶人的换道行为的间隔距离更长,能够使更多驾驶人有足够的安全距离完成由最内侧车道向最外侧车道的变道行为。

(5)临近出口换车道行为:在未设置立交桥图形指路标志时,最后一次换车道行为距离出口较近的行为比值较高。虽然,定向匝道无预告标志条件下比值相对较小,但其未驶出正确出口的比值更高。增设立交桥图形指路标志后,除定向匝道无预告标志与图形标志对比组该行为人员百分比(CEC%)的差值为正值外,其余差值均为负值,且数值较大。结果表明,立交桥图形指路标志能够使更多驾驶人在出口前有足够的安全距离完成变换车道行为。

5.3.3 最后一次换车道位置影响

立交区域驾驶人向最外侧车道换车道的位置离出口越远越能减少驾驶人的决策压力,越有利于行驶。研究统计驾驶人驶入出口匝道前最后一次换车道位置与匝道出口的距离,以深入分析驾驶人受指路标志的影响情况,进而分析立交桥图形指路标志的设置效用。图5-9~图5-11展示了立交桥图形指路标志影响范围内,驾驶人完成最后一次换车道行为的位置与完成人员所占百分比的关系。

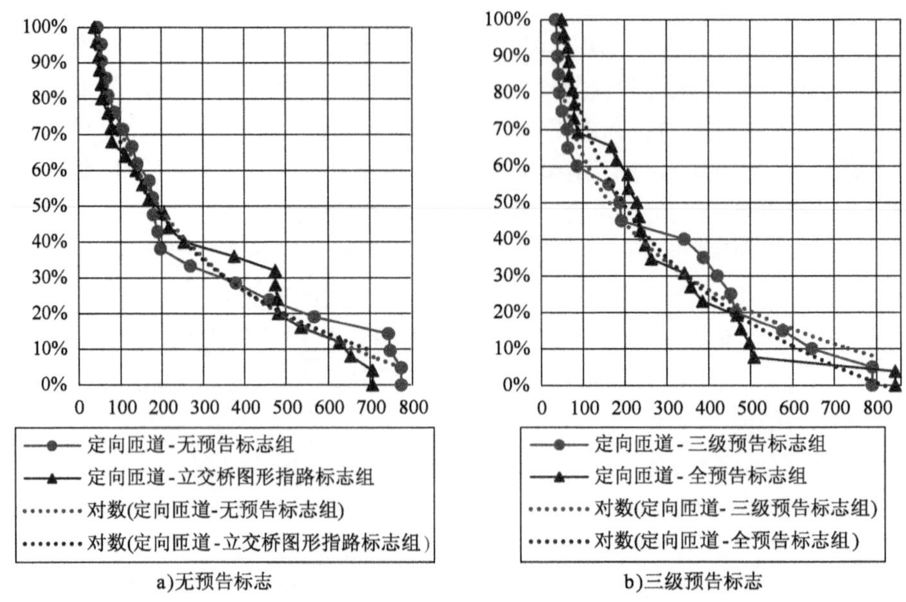

a)无预告标志　　b)三级预告标志

图 5-9　定向匝道增设立交桥图形指路标志前后最后一次换车道位置对比

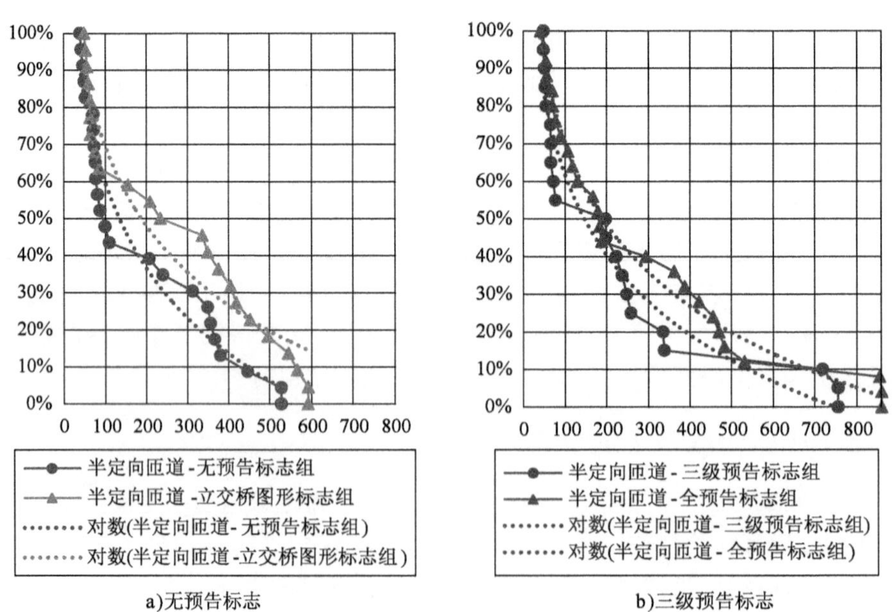

a)无预告标志　　b)三级预告标志

图 5-10　半定向匝道增设立交桥图形指路标志前后最后一次换车道位置对比

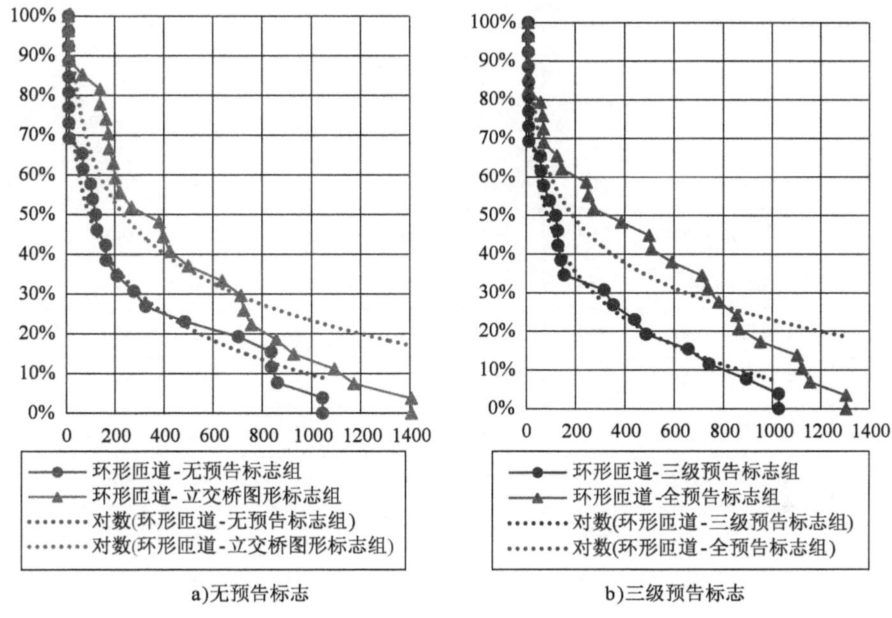

图5-11 环形匝道增设立交桥图形指路标志前后最后一次换车道位置对比

1. 图形对比

图形对比可以看出最后一次换车道完成比例相同的情况下，增加图形标志后换道距出口距离的变化及趋势，初步分析结果如下。

在定向匝道的两种情况下，增加图形指路标志之后，图形曲线与趋势线距离较近且存在交叉，变化不明显。说明最后一次换车道完成比例相同的情况下，驾驶人换道行为距出口距离变化不明显。

半定向匝道下，三级预告情况下图形曲线存在交叉关系，但趋势线已无交叉且距离较为明显。说明最后一次换车道完成比例相同的情况下，驾驶人换道行为与出口距离存在增大趋势。

环形匝道下，增加图形指路标志之后，图形曲线与趋势线无交叉且距离明显。说明最后一次换车道完成比例相同的情况下，驾驶人换道行为与出口距离存在增大趋势。

2. 关键数值对比

从图形中选取或测算有代表性的关键数值做深入比较，结果详见表5-4。

车辆换道行为关键数值对比结果　　表 5-4

		平均距离	方差	完成位置		完成率		
				50%完成	85%完成	图形标志位置	100m	50m
定向匝道	无预告标志组	267	239	178	67	57%	76%	95%
	立交桥图形标志组	263	219	187	51	52%	64%	88%
	三级预告标志组	254	231	188	42	55%	55%	75%
	全预告标志组	249	189	229	67	65%	65%	96%
半定向匝道	无预告标志组	181	151	99	52	39%	43%	83%
	立交桥图形标志组	259	193	234	60	59%	59%	95%
	三级预告标志组	205	203	198	52	50%	50%	90%
	全预告标志组	268	234	181	69	56%	68%	92%
环形匝道	无预告标志组	263	318	121	11	42%	58%	65%
	立交桥图形标志组	470	389	320	66	74%	81%	85%
	三级预告标志组	230	293	121	11	31%	50%	65%
	全预告标志组	446	417	336	11	59%	66%	79%

最后一次换车道平均距离和方差：比较结果显示，除定向匝道略有减小外，其他对比情况下，增设图形标志后距离和方差数值均变大，且环形匝道变化大于半定向匝道。说明增设图形标志后，整体换道位置更远，其中部分驾驶人在更远的地方进行换道，而少数驾驶人仍在出口较近位置换道，这可能与驾驶习惯或图形理解能力有关。

中位数完成位置与85%完成位置对比：比较结果显示，50%的驾驶人在完成最后一次换车道的位置，在增设图形指路标志后提前了；除定向匝道无预告标志和环形匝道三级预告标志外，85%的驾驶人在完成最后一次换车道的位置，在增设图形指路标志后都提前了。

图形标志位置、出口前100m处、出口前50m处完成率：比较结果显示，除定向匝道无预告标志组在增加图形指路标志后，数值减小外，其余数值均增大。说明相同位置，增设图形标志后，完成最后一次换车道的驾驶人比例更高。

综上，立交桥图形指路标志对最后一次换车道行为存在积极影响。6组对比中，只有定向匝道效果不明显，其余情况，无论是有统计意义的百分比下的完成位置，还是关键位置的完成率都有所提升，且环形匝道下的影响效果优于半定向匝道、半定向匝道优于定向匝道。

5.4 纵向运行速度影响分析

快速路主路与匝道存在速度差，我国规定匝道设计速度采用主路设计速度的0.4～0.7倍。以北京为例，快速路主路限速通常为80km/h，匝道根据不同线形限速通常为30km/h或50km/h。确保驾驶人以平稳舒适的方式降低速度，以达到出口匝道的限速要求是立交桥出口指路标志在纵向上的重要效用。前人在指路标志效用研究中，将运行状态类指标，主要包括平均速度、平均加速度、速度标准差（SD）、加速度标准差（a-SD）作为重点分析对象，以反映车辆在标志影响下的运行过程。研究以定向、半定向、环形匝道条件下立交桥图形指路标志作用范围内的平均速度、速度标准差、平均加速度、加速度标准差作为因变量，采用配对T检验分析方法研究立交桥图形标志对驾驶行为的影响。一方面体现驾驶人的速度选择意识及在速度控制过程中的平稳性；另一方面反映驾驶人对速度的调整及控制能力，一定程度地体现驾驶人的紧张程度。

5.4.1 整体速度影响分析

配对T检验结果显示，定向、半定向、环形匝道条件下，单独设置立交桥图形指路标志后，驾驶人在作用范围内速度有所降低但无显著性变化，如图5-12a)所示；在三级预告标志的基础上添加立交桥图形指路标志后，驾驶人在定向匝道条件下的驾驶速度无明显变化，在半定向、环形匝道条件下的车速显著降低（$p=0.024$；$p=0.031$），如图5-12b)所示。此外，检验结果中其他3个指标均无显著性差异。此现象表明，在半定向、环形匝道条件下，相比立交桥图形指路标志单独设置效果，在三级预告标志设置的基础上添加立交桥图形指路标志使得车辆行驶速度显著变低。

5.4.2 区域速度影响分析

为寻找立交桥图形指路标志整个作用范围内的关键影响区域，研究以100m为单位，对定向、半定向、环形匝道出口前立交桥图形指路标志作用范围进行逐段划分，分别划为8、8、14个路段，划分情况如图5-13所示。

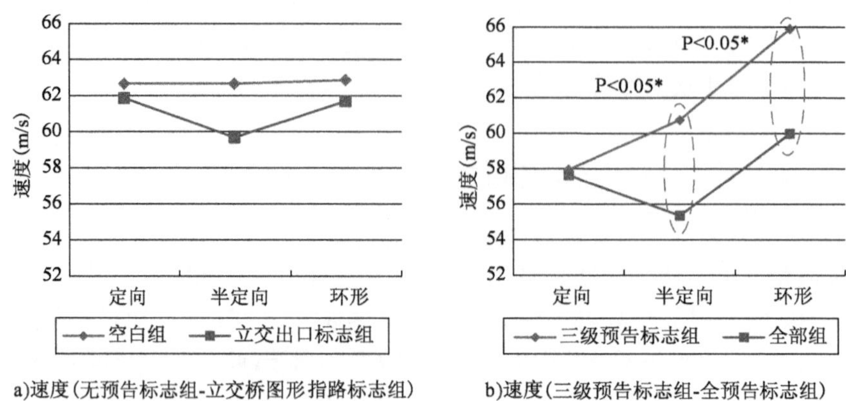

a)速度(无预告标志组-立交桥图形指路标志组)　　b)速度(三级预告标志组-全预告标志组)

图 5-12　3 种匝道立交桥图形指路标志作用范围内 T 检验结果

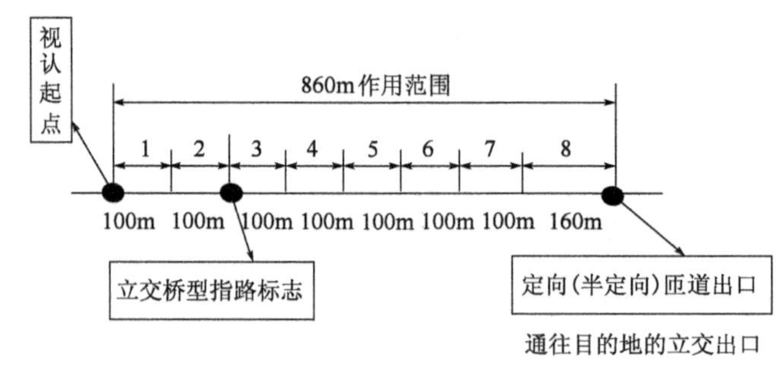

a)定向、半定向匝道

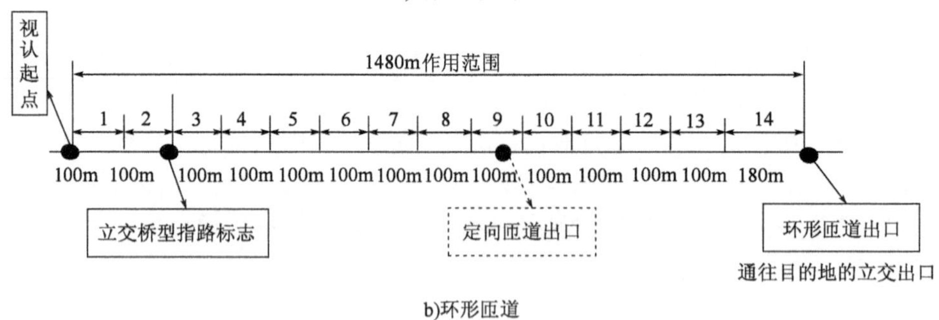

b)环形匝道

图 5-13　作用范围内逐段划分及路段编号情况

1. 定向匝道

T 检验结果显示,定向匝道条件下,立交桥图形指路标志对其影响范围内各路段运行状态指标均无显著性差异。可以看出，在最简单的右转定向匝道中，立交桥图形指路标志未对其作用范围内的速度类指标造成影响。

2. 半定向匝道

半定向匝道条件下，立交桥图形指路标志作用范围内4指标的T检验结果详见表5-5。

半定向匝道立交桥图形指路标志作用范围内逐段T检验结果 表5-5

显著性影响路段	无预告标志组—立交桥图形指路标志组(p值)			
	V	V-SD	a	a-SD
2 (立交桥图形指路标志位置)	—	—	—	0.019*
3	—	0.014*	—	—
4	—	—	0.045*	—
8 (半定向匝道出口位置)	—	—	0.024*	—
显著性影响路段	三级预告标志组—全预告标志组(p值)			
	V	V-SD	a	a-SD
1	—	—	0.048*	—
8 (半定向匝道出口位置)	0.06	—	—	—

注：表中“—”代表 $p>0.05$；“*”代表 $p<0.05$。

以作用范围内逐段编号为横坐标、显著性指标值为纵坐标，各指标趋势如图5-14所示。

统计分析结果表明，单独设置立交桥图形指路标志，加速度标准差显著增高($p<0.05$)区域主要集中在立交桥图形指路标志位置前100m，如图5-14a)所示；而在三级预告标志的基础上添加立交桥图形指路标志，该路段内加速度标准差无显著增高。说明相比单独设置，在三级预告标志的基础上添加立交桥图形指路标志，将减缓驾驶人在视认标志过程中的紧张程度。

单独设置立交桥图形指路标志，速度标准差显著增大($p<0.05$)区域主要集中在立交桥图形指路标志位置后100m，如图5-14b)所示；而在三级预告标志的基础上添加立交桥图形指路标志，该路段内速度标准差无显著增大。可以看出，相比单独设置，在三级预告标志的基础上添加立交桥图形指路标志，将提高驾驶人在认读标志后对速度控制的平稳性，速度波动降低。

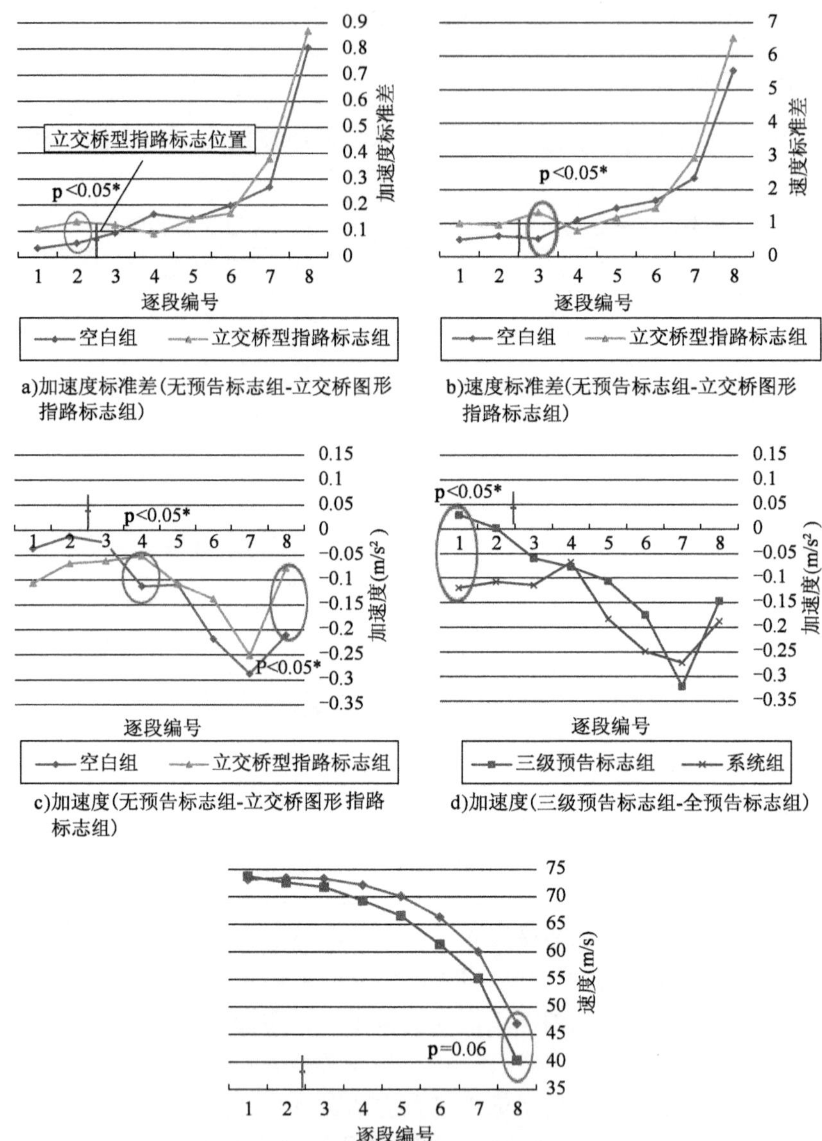

a)加速度标准差(无预告标志组-立交桥图形指路标志组)

b)速度标准差(无预告标志组-立交桥图形指路标志组)

c)加速度(无预告标志组-立交桥图形指路标志组)

d)加速度(三级预告标志组-全预告标志组)

e)速度(三级预告标志组-全预告标志组)

图 5-14 半定向匝道显著性指标趋势图

单独设置立交桥图形指路标志,减速度显著变小($p<0.05$)区域主要集中在立交桥图形指路标志位置后第100~200m、半定向匝道出口前0~160m范围内,如图5-14c)所示;而在三级预告标志的基础上添加立交桥图形指路标志,该路段内减速度无显著变小现象,反而在立交桥图形指路标志位置前第100~200m范围内减速度显著变大($p<0.05$),如图5-14d)所示。此现象说明,相比单独设置,在三级预告标志的基础上添加立交桥图形指路标志,驾驶人将进行降速调整以认读立交桥图形指路标志,驶过该标志后减速意识加强。

立交桥图形指路标志与三级预告标志组合设置后,驾驶人在半定向匝道出口前160m范围内车速降低($p=0.06$,边缘性显著),如图5-14e)所示。说明相比单独设置,在三级预告标志的基础上添加立交桥图形指路标志,将增强驾驶人在半定向匝道出口附近的低速驾驶意识。

可以看出,半定向匝道条件下,在三级预告标志的基础上添加立交桥图形指路标志,立交桥图形指路标志降速作用的关键影响区域为半定向匝道出口附近;此外,同单独设置立交桥图形指路标志作用相比,与三级预告标志组合设置时,立交桥图形指路标志作用下的显著性影响速度指标、关键影响区域减少。可能与三级预告标志组合设置时,立交桥图形指路标志对速度的控制和调整作用,由于三级预告标志预先提供信息而减缓。

3.环形匝道

环形匝道条件下,立交桥图形指路标志作用范围内4指标的T检验结果详见表5-6。

环形匝道立交桥图形指路标志作用范围内逐段T检验结果 表5-6

显著性影响路段	无预告标志组—立交桥图形指路标志组(p值)			
	V	V-SD	a	a-SD
3	—	0.026*	—	—
7	—	—	—	0.05*
显著性影响路段	三级预告标志组—全预告标志组(p值)			
	V	V-SD	a	a-SD
12	—	—	—	0.008*
13	0.025*	—	—	—
14 (环形匝道出口位置)	0.038*	—	—	—

注:表中“—”代表$p>0.05$;“*”代表$p<0.05$。

各显著性指标趋势如图 5-15 所示。

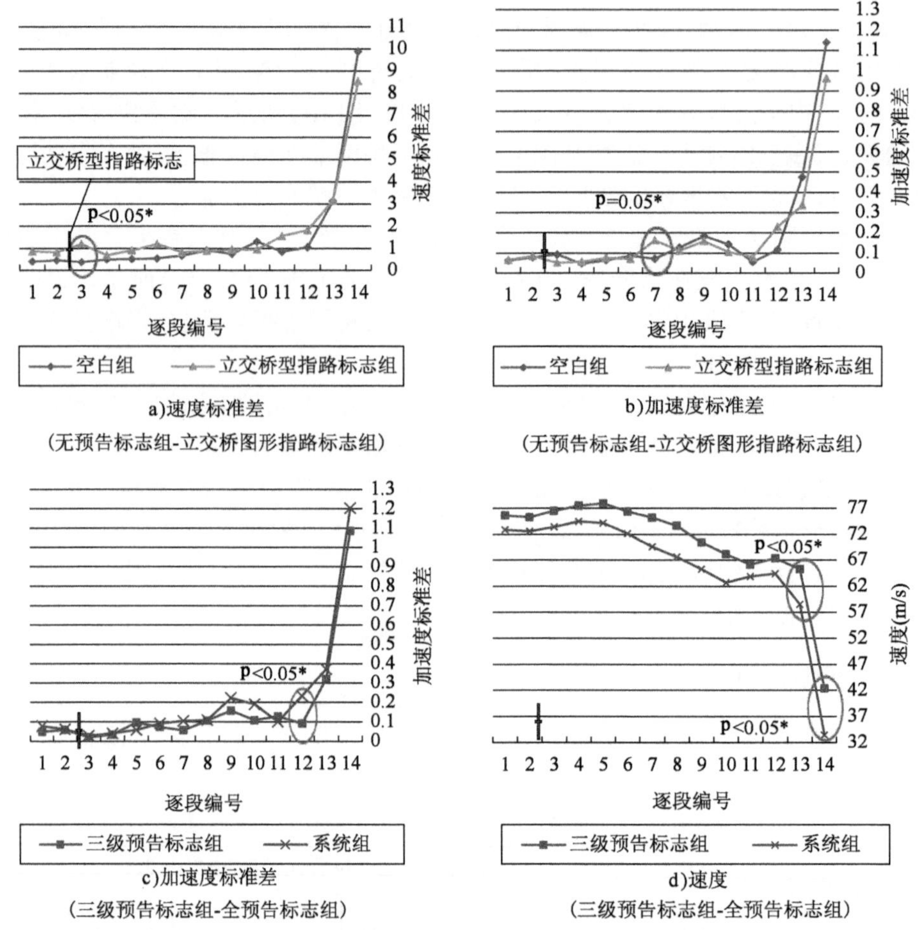

图 5-15 环形匝道显著性指标趋势图

统计分析结果表明，单独设置立交桥图形指路标志后，速度标准差显著增大($p<0.05$)区域主要集中在立交桥图形指路标志位置后 100m，如图 5-15a)所示；而在三级预告标志的基础上添加立交桥图形指路标志，该路段内速度标准差无显著增高。可以看出，相比单独设置，在三级预告标志的基础上添加立交桥图形指路标志，将提高驾驶人在认读标志后对速度控制的平稳性，速度波动降低。

单独设置立交桥图形指路标志后，加速度标准差显著增大($p<0.05$)区域主要集中在出口指示标志位置前 100m，如图 5-15b)所示；而在三级预告标志的

基础上添加立交桥图形指路标志，加速度标准差显著增大区域主要集中在环形匝道出口前280～380m范围内，如图5-15c)所示。可以看出，相比单独设置，在三级预告标志的基础上添加立交桥图形指路标志，驾驶人更易在靠近环形匝道出口范围内紧张程度增加；而在半定向匝道条件下，添加立交桥图形指路标志后将减缓驾驶人的紧张程度。这种不同作用的现象，可能是因为环形匝道中，立交桥图形指路标志离环形匝道出口距离更远，随着到达环形匝道出口所需时间增加，立交桥图形指路标志对驾驶人的信息引导作用衰弱程度更大，临近匝道出口驾驶人更易进行不稳定的车辆调整。

同时，与三级预告标志组合设置时，立交桥图形指路标志将使得驾驶人在通往环形匝道出口前280m，车速显著变低($p<0.05$)，如图5-15d)所示。说明相比单独设置，在三级预告标志的基础上添加立交桥图形指路标志，将增强驾驶人在环形匝道出口附近的低速驾驶意识。

结果表明，环形匝道条件下，在三级预告标志的基础上添加立交桥图形指路标志，立交桥图形指路标志降速作用的主要发生区域为环形匝道出口附近；此外，同单独设置作用相比，与三级预告标志组合设置时立交桥图形指路标志作用下的显著性影响运行状态指标不同，关键影响区域主要集中在环形匝道出口附近。这可能由于在三级预告标志提前指示、立交桥图形指路标志进一步引导的作用下，驾驶人明确环形匝道出口位置，将更针对性地在环形匝道出口附近进行运行状态指标的调整。

定向与半定向匝道同一立交出口，然而立交桥图形指路标志对两种匝道中运行状态类指标有不同影响；可见，不同复杂程度的匝道线形很可能是匝道类型对标志效用影响的重要因素之一。此外，半定向、环形匝道条件下，立交桥图形指路标志的单独设置、与三级预告标志组合设置后均能使得车辆以较低车速、减速状态驶入半定向、环形匝道出口；然而，立交桥图形指路标志、三级预告标志组合使用时，二者作用差异性对比结果并不相同，立交桥图形指路标志、三级预告标志两者效用间存在一定的耦合作用，这种耦合作用在不同匝道条件下并不一致。

5.5 本章小结

本章对立交桥图形指路标志的效用进行实验模拟和统计分析。通过驾驶模拟实验研究方法，剖析了城市快速路立交桥常见的匝道形式下，立交桥图形指路标志在单独设置和组合设置时,对横、纵向两个维度上驾驶行为的影响。总结本章数据分析结果,立交桥图形指路对横向换车道行为的影响十分明显,对纵向速度控制存在一定的影响,但规律性不明显。横向上,立交桥图形指路标志在保证驾驶人合理变换车道、正确寻找路径并驶入匝道有明显的提升效果。对比表明,增设图形标志后,绝大部分的运行轨迹、换车道行为、最后一次换车道位置均有所改善,且在环形匝道条件下的改善效果优于半定向匝道、定向匝道。纵向上,整体来讲,半定向、环形匝道条件下,添加立交桥图形指路标志将使得行驶速度显著变低,存在一定的明显影响区域,在这些区域内标志可以起到更好的降低车速、提高驾驶平稳性、降低驾驶人寻路紧张程度的效用。本章研究结果对立交桥图形指路标志主观认知研究具有支撑作用,初步明确标志对驾驶行为的效用和程度,为后续研究提供了依据。但标志效用分析是一个复杂问题,以往研究表明,标志自身复杂程度对效用结果存在重要影响。本章研究采用特定的立交桥示意图形为实验对象,存在局限性。后续章节将介绍立交桥示意图形的表达方法设计和视认复杂性实验评价方法研究的结果。

本章参考文献

[1] 陈国龙. 公路交通指路标志信息可用性研究与评价[D]. 长春:吉林大学,2007.

[2] Han D,Zhao X H,Rong J,et al. Experimental Research on the Effectiveness and Adaptability of Speed Reduction Markings in Downhill Sections on Urban Roads:A Driving Simulation Study [J]. Chandra Proposal,2015,75c (7):119-127.

[3] 伍毅平. 生态驾驶行为特征甄别及反馈优化方法研究[D]. 北京:北京工业大学,2017.

[4] 张兴俭. 基于驾驶行为个体特征的酒后驾驶状态识别方法研究[D]. 北京:北京工业大学,2014.

[5] 丁罕. 基于驾驶模拟技术的视错觉减速标线优化设计与设置方法研究[D]. 北京:北京工业大学,2017.

[6] 姜军,陆建,李娅. 基于驾驶人视认特性的城市道路指路标志设置. [J]东南大学学报(自然科学版),2010(5):40.

[7] 杨晓光,白玉,等.《交通设计》[M]. 北京:人民交通出版社,2010.

[8] Fitzpatrick K,Chrysler S T,Nelson A A,et al. Driving Simulator Study of Signing for Complex Interchanges[C]//Transportation Research Board 92nd An-

nual Meeting,2013.

[9] 北京市市政工程设计研究总院. 城市道路工程设计规范:CJJ 37—2012[S]. 北京:中国建筑工业出版社,2012.

[10] Qiao F, Liu X, Yu L. Using Driving Simulator for Advance Placement of Guide Sign Design for Exits along Highways[C]//Proceedings of the Driving Simulator Conference (DSC) 2007 North America in Iowa City,2007:12-14.

[11] Jian John Lu, Linjun Lu, et al. Safety and Operational Performance Evaluation of Four Types of Exit Ramps on Florida's Freeways (Final Report). Contract No.:BD544 38.

[12] 姜军,王紫鹃,吴靖,等. 典型车速控制措施的有效性与适应性分析[J]. 交通信息与安全,2010(3):28.

第 6 章

立交桥示意图形标准化表达设计

关于立交桥示意图形没有明确的定义。根据它的用途和特点分析，可以从以下几个方面进行阐述。首先，立交桥示意图形是立交桥图形指路标志的核心组成部分，属于标志用图形符号。其次，它是对立交桥几何构造和行驶路径的简化表示，由于立交桥的复杂性和多样性，将立交桥整体搬上指路标志并不现实，需要将立交桥进行简化，得到立交桥在行车方向上的简化图形。最后，它是由线条、交叉、箭头等图形元素构成的，线条主要描述道路的走向，交叉用于表示线路的分流点、合流点或道路跨越位置，箭头指引目的方向。因此，立交桥示意图形可以定义为表示立交桥在行车方向上的行驶路径的简化图形符号，是立交桥图形指路标志的核心组成部分。

现有立交桥示意图形存在设计不规范，随意性强等问题。本章介绍了一种立交桥示意图形标准化表达方法的分析和研究过程。它以立交桥设计基础理论为依据，通过系统分析立交桥构件表达方法和示意图形表达要素，对不同形式立交桥示意图形进行归纳分类，充分挖掘示意图形样式的内在规律性，并根据不同的排列组合方式，将立交指路标志图案分为基本型，特殊型，扩展型，推导得到相关的标准化表格。通过规范科学、标准化的图形表达方式为设计人员规范设计和使用图形指路标志提供参考，为使用者理解和记忆图形提供帮助，为国家和地方标准相关内容完善提供思路。

6.1 图形的标准化表达

6.1.1 图形标准化表达的必要性

图形是一种通用语言，一种国际性、统一的表达方式。图形符号是指以图形或图像为主要特征的、表达一定事物或概念的符号。图形标志则是图形符号的标志化应用。与文字相比，图形化的标志更易于理解，并且使用图形化的标志也是全球化通用化的重要方法，有利于地区交流融合、经济发展，为不同国家和地区的人们访问交流提供便利。立交桥图形指路标志也是图形标志的一种，随着使用越来越广泛，图形化的指路标志可以帮助人们“按图索骥”，为人们提供更多便利。并且随着我国城市现代化进程的加快及国际交流的日益频繁，公众对图形信息标志的需求也越来越强烈，标准化的图形标志已成为一个社会进步和文明的象征。2008 年北京奥运会、2010 年上海世界博览会、2022 年冬季奥运会等一系列国际性重大活动成功举办，中国城市的影响力和吸引力迅速提升，面向世界建立功能完善的标准化的城市图形标志系统已势在必行。

图形标志标准化是十分必要的。缺乏图形标准化会带来许多问题，主要包括制定符号的盲目性，不能准确再现标志、准确表达含义；制定图形符号时只是考虑单一符号，缺乏综合系统考虑，造成大局上的混乱；没有统一的设计、使用原则，致使设计、制定、使用者无章可循等。图形标志是一种信息语言，正如文字一样，如果文字出现了混乱，没有一个统一的标准，必将失去文字的作用。同样，只有对图形标志进行标准化规范，才能避免上述问题，使其充分发挥作用及独特的优越性。立交图形指路标志作为图形标志的一种，同样也存在着标准化的需求和必要性。但是目前立交桥图形及其示意图形发展尚不够完善，部分交通参与者表示不能理解标志含义，其中主要原因是不能理解示意图形表达的意义。

6.1.2 图形标准化表达相关研究

国内目前对图形标准化表达的研究有限，其中有代表性的研究如下。

2007 年陈永权发表了《图形符号标准化与应用中几个问题的思考》一文，其中就标准图形符号在新技术条件下的分类问题，以及公共信息图形符号和安全标志在标准化与应用中遇到的一些问题进行了分析。文章中讨论了图标的归类、图形符号的稳定性和设计风格的必要性，并就图形符号实际应用中有关英文和颜色的使用、图形符号的选用等问题提出了建议，指出了公共信息图形符号的标准化与应用及安全标志的标准化及应用。指路标志图形作为公共信息和道路安全设施有着十分重要的指导意义。

2006 年陈永权、白殿一在《标准化与公共信息标识的设计》一文中通过对城市公共信息标识现状的介绍，总结和分析了标识行业在标识设计中没有普及使用国家标准的原因。文章强调了国家标准在标识设计中的基础地位，并就标识行业与国家标准化部门间的合作提出了建议，说明了标准化和标识设计相互依赖、彼此促进的关系和意义。

2007 年白殿一提出的《导向标识标准化》主要介绍了从城市公共信息导向系统的角度看导向标识标准化，涉及标准化总体情况、导向元素的标准化、导向要素的标准化等内容，还通过对导向系统建设中的案例分析说明使用标准化的图形符号、利用标准中规定的原则与要求，进行了导向系统应用的各项研究，其中包括在公交枢纽，人流和车流密集路段，论证了标准化对导向系统的重要现实意义，为立交桥图形指路标志标准化提供了重要的理论支撑。

6.1.3 示意图形标准化表达需求

立交桥示意图形最早应用于指示标志，随后被应用在指路标志上。在一般道路上立交路口、立交匝道口，设置立交桥图形指路标志可以方便驾驶人出行。起初立交桥示意图形样式简单，设置数量少，但随着城市立交桥建设的增多，交通工程设计者逐渐把它作为一个重要标志，应用到立交桥指路标志的序列中，向道路使用者传递道路方向、地点和距离等信息，与立交桥的预告标志、进出口确认标志相配，期望更清晰地描述立交桥桥型及车辆行驶路径，同时也提供与之相交的桥梁匝道信息。

图形形象、直观的表达特点，利于驾驶人及时获取全面具体的道路信息、选择正确路径，通常能够取得良好的视认和引导效果。然而，随着图形指路标志逐渐被认可和普及，甚至已成为我国高速公路和城市快速路的新建工程中立交桥前的标准配置，立交桥示意图形设计标准空缺、规范性差的问题逐渐显现。一方面，部分城市道路立交桥由于建设空间有限、路网密集、主辅路并存等原因，在结构形式、匝道走向和连接互通等方面存在复杂性，造成示意图案形式各异，复杂难辨。另一方面，部分人员错误地认为图案与路形越匹配越详尽，引导效果越好，造成图形千变万化，忽略了图形的代表性和视认的规律性。研究表明，复杂且不规范的图形标志使驾驶人在行驶时出现认知困难，犹疑迷惑，不但使通行效率降低，甚至还有可能成为交通安全隐患。

在实际应用中，立交桥示意图形的问题主要体现在图案设计的随意性和图案表达信息不精准两个方面。其中，图形设计随意性根源还在于国家相关标准规定相较于立交桥图形指路标志发展的滞后性。图形表达信息不精准指的是，立交桥示意图形的设计中除当前道路情况、道路去向情况、匝道情况等主要表达内容外，还存在大量的冗余信息、无效信息或主次信息不分明的情况。而这些信息易对驾驶人产生干扰，不利于驾驶人在短时间内的辨识。图案的描述与道路内容不契合，或过于逼真未进行简化，同样对驾驶人的判断造成困难。

当驾驶人在路上行驶时，其所行驶的道路及其前方道路和目的地信息为主要信息，而其他匝道情况及整个立交桥的整体情况为次要信息，过于复杂的道路图形出现在指路标志上，会引起歧义，使得驾驶人产生疑惑，不能及时判断出正确的道路。在部分指路标志中，设计者盲目将整个立交桥线形置于版面上，这对驾驶人产生极大困扰。在高速行驶的过程中，驾驶人最易接受的是经简化后的精准图形。信息冗余的图形（例如立交桥整体结构等）不利于驾驶人分析判断路径和前方情况。

立交桥图形指路标志除了示意图形以外还应注意图形与文字的配合，图形与其他标志的配合。不合理的图形与文字配合会导致驾驶人难以正确理解前方道路并到达目的地，而部分立交图形指路标志缺少相应的文字内容，单独的复杂桥型结构布满牌面也不能起到提示驾驶人的作用。在复杂的路口中，如果立交桥图形指路标志不能与其他标志进行良好的配合，驾驶人也不能快速地选择相应的道路，了解当前道路的通道方向或其他要求，如图 6-1 所示。

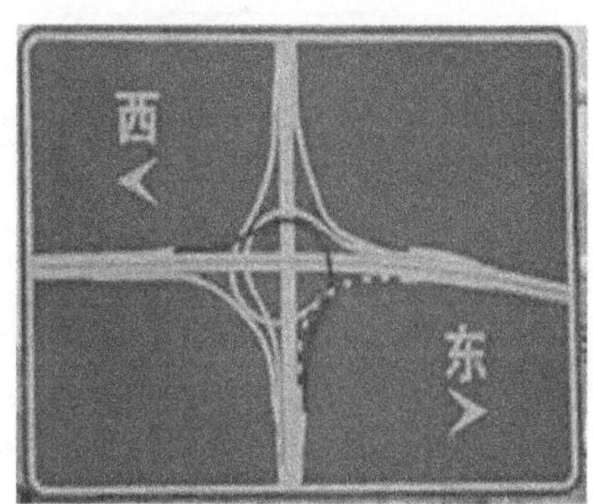

图 6-1　复杂的立交桥示意图形

提高立交桥图形指路标志引导效能，改善驾驶人视认效果，解决快速路出口交通安全问题需要细化示意图形的研究，提出有效的图形表达方法。标准化的立交桥示意图形表达方法应注重图形的规范性和规律性，既要保证驾驶人在有限的时间内获取有效的信息，采取合理的驾驶操作，又要利于驾驶人理解学习，帮助驾驶人适应各类立交桥形式和道路环境。

目前，我国关于图形指路标志的研究相对不足，立交桥示意图形标准化表达细化研究更加缺乏，与高速发展的城市道路建设需求相比存在很大的差距。虽然国外在该领域的研究开展较早且较为成熟，但考虑到我国的城市交通特点及特有的指路标志样式，研究成果很难直接应用。因此，探索研究立交桥示意图形的标准表达方法显得尤为重要。

6.1.4　示意图形标准化表达设计思路

立交桥示意图形的多样性源于立交桥形式的多样性。立交桥设计理论对立交类型和构成要素做出了详细的阐述。通过归纳总结，立交桥示意图形表达的主要内容包括转向匝道的形式、出口的位置、路线跨越方式等。结合实际应用，部分现有立交桥示意图形，其表示内容还包括立交桥区域内其他道路出口及走向、复合式多路立交转向表达等信息。因此,要获得立交桥示意图形的标准表达方式,并使这种表达方式能够应用于绝大部分立交桥,首先需要分析指引信息需求和示意图形存在的问题。其次需要解析立交桥的构成要素和图形化表达方法。最后按照单体标准立交、非单体标准立交、复杂立交的分类方式,由简到繁建立构成要素的图形组合,从而使立交桥示意图形的标准化表达形式能够涵盖所有立交形式。具体技术路线如图 6-2 所示。

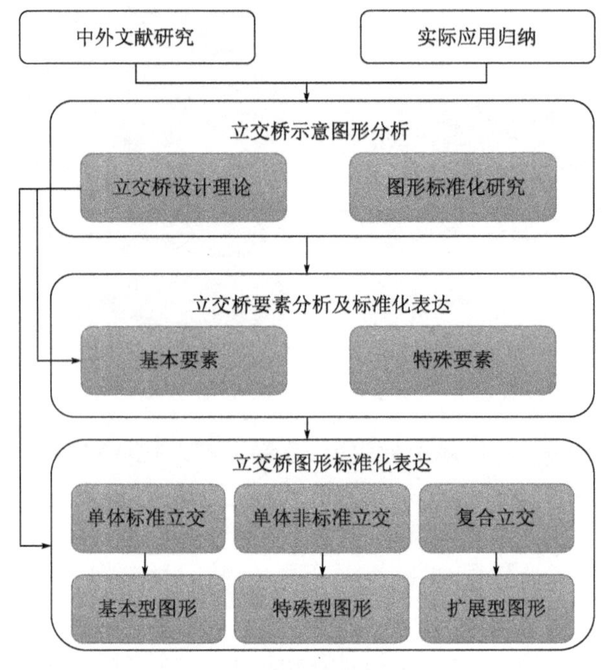

图 6-2　技术路线图

6.2　立交桥构成要素的图形表达

6.2.1　立交桥设计理论

道路立体交叉是指两条或多条路线(道路与道路、道路与铁路、道路与其他设施线路)在不同平面上相互交叉的连接方式,又称道路立交枢纽。道路立交枢纽是现代道路的重要交通设施,也是实现交通立体化的主要手段。由于立交处设置有跨线结构物(桥梁、隧道或地道)和转向的匝道,使相交路线的交通流在平面和空间上分隔，车辆转向行驶互不干扰，从而保证了交叉口行车的快速、安全和顺畅，从根本上解决了道路交叉口的车速和行车安全问题。立交桥示意图形源自对立交桥的描述，只有清晰明确地理解立交桥设计理论，才能在立交桥示意图形标准化表达的过程中做到有理可依，有据可循。

立体交叉按相交道路跨越方式可划分为上跨式和下穿式，其中上跨式和下穿式的区别在于，上跨式是用跨线桥从相交道路上方跨过的交叉方式，下穿式则是用地道(或隧道)从相交道路下方穿过的交叉方式。

按立体交叉交通功能分类可分为分离式和互通式，其中分离式为仅设跨线构造物一座，使相交道路空间分离，上、下道路无匝道连接的交叉方式。互通式为设跨线构造物使相交道路空间分离，且上、下道路有匝道连接，以供转弯车辆行驶的交叉方式。互通式还可分为部分互通式和全互通式。部分互通式是指相交道路的车流轨迹线之间至少有一个平面冲突点的交叉，如菱形立交和部分苜蓿叶式立交。全互通式是指相交道路的车流轨迹线全部在空间分离的交叉，如喇叭形立交、苜蓿叶式立交、子叶式立交、Y 形立交、X 形立交、涡轮式立交、组合体式立交。立体交叉分类如图 6-3 所示。

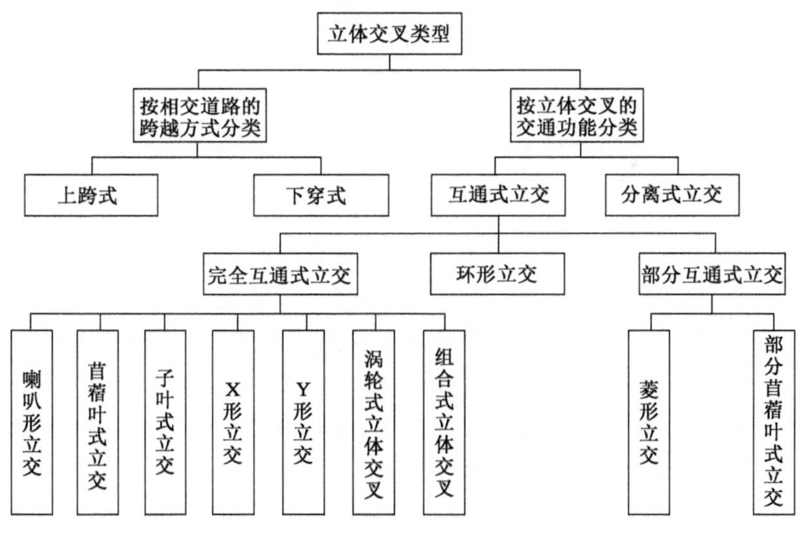

图 6-3 立体交叉分类

立交桥的主体都是指直接为实现车辆的直行、转向行驶功能的结构组成部分，包括跨越设施、主线和匝道三部分，这些组成部分可以称之为立交的基本要素，实际道路上各式各样的立体交叉都是由基本要素的不同排列组合构成的。

6.2.2 立交桥基本要素的图形表达

正确描述立交桥基本要素,对立交桥示意图形设计有着十分重要的意义,只有先将这些基本元素进行标准化设计,才能进一步对图形进行标准化研究。

1. 主线与跨越结构的图形表达

主线又叫正线,是指相交道路的直行车道。由于指路标志信息是从驾驶人视角来表示,通常主线示意图形采用纵向直线来表达。

跨越设施是立体交叉实现交通流分离的主体构造物。通常情况下,设计者从俯视的角度,用主线示意图形的连续或间断分别表示上跨和下穿的情形。图6-4所示可用作主线和跨越结构的标准表达。

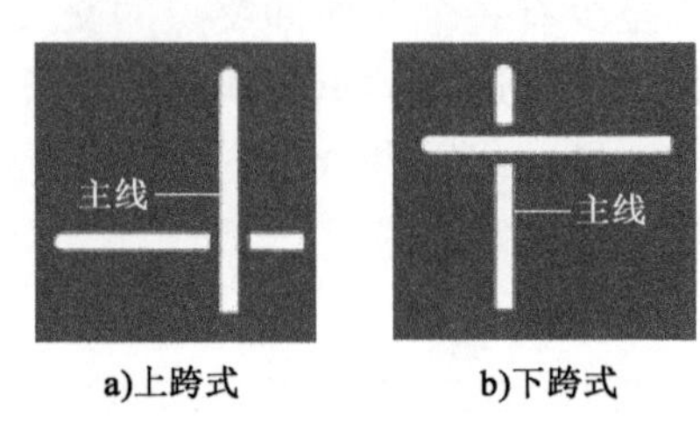

图6-4 主线和跨越结构图形表达

2. 匝道形式的简化与图形表达

立交桥匝道具有特定交通功能,其形式变化多样,线性结构纷繁复杂,使得实际环境中的立交桥形态各异。将种类和数量繁多的匝道形式逐一搬上指路标志并不现实。设计过程中需要根据匝道类型进行分类,合并相同线性并用标准的线条表示,进而达到简化线形的目的。按照形式划分,匝道可分为左转匝道和右转匝道。其中右转匝道的形式较为简单,包括直线式和迂回式两种形式。左转匝道较为复杂,共包括七类十余种形式:

(1)右转匝道

右转匝道即车辆从交叉线右侧分流,通过匝道,从主线右侧进入主线,是最简单的匝道。

(2)左转匝道

供车辆实现左转弯行驶的匝道。左转匝道与直行车道之间以及与相邻的左转车道之间干扰大,布置复杂,主要有以下几种形式。

①直接型(定向型)

又称 DD 型,匝道从主线左侧驶出,左转弯行驶后,直接从另一主线左侧驶入。

②半直接型(半定向型)

根据进出口匝道与主线连接关系的不同,这一类型的匝道又有以下三种形式:

A 型,又称 DS 型,这种匝道的主要特点为左进右出。

B 型,又称 SD 型,主要特征为转弯车辆右出左进。

C 型,又称 SS 型,主要特点为右出右进,匝道需连续两次跨越主线。

③间接式匝道,包括小环道和迂回式匝道

小环道,又称 L 形匝道。这种匝道的主要特点是:车辆过交叉点后,从主线右侧驶出,变左转为右转,形成一个环道,匝道从右侧驶出、右侧驶入,不需设置任何构造物就达到独立左转的目的。

迂回式匝道是一种先右转行驶一定距离后,再回头左转的左转匝道。

④环道

环道是一种左转车辆在公用车道上交织行驶的匝道,其匝道变左转为右转、绕中心岛行驶,实现立交全互通,左转车行车方向明确,行车条件好。

根据匝道的不同种类和特征,归纳得到它的基本形式图,按照设计几何线形绘制线路图。在以上的 9 种匝道的基础上,根据其路线形式的不同,得到了 17 种不同的线路图。为满足立交桥指路标志版面的限制和认识的简便性,再将各个种类的匝道线路图进行简化,在保留匝道特征的同时去除冗余部分。经过归纳总结后,利用简化的示意图形进行分类表示,使每种匝道形式都能够拥有对应的简化示意图形,结果详见表 6-1。

立交桥匝道简化汇总表 表 6-1

右转弯匝道

车辆按右侧通行时右转弯只需转 90 度的角度,是最简单的匝道。常见的型式如下

基本形式名称	基本形式图形	路线图	简化示意图
直接式	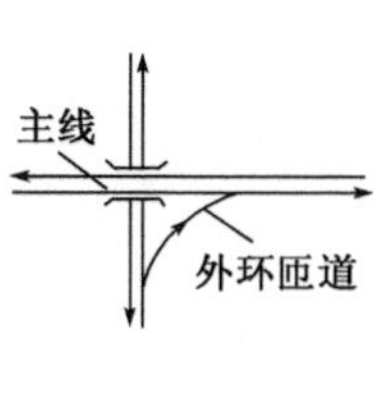 主线 外环匝道	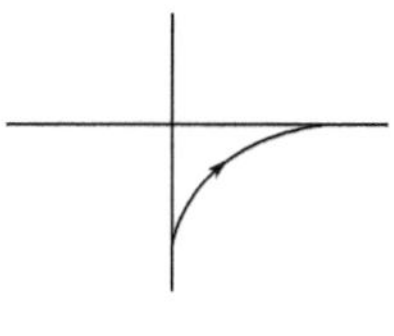	

续上表

基本形式名称	基本形式图形	路线图	简化示意图
迂回式			

左转弯匝道

车辆按右侧通行时，左转弯须转 270 度，还要越过对向车道，基本型式如下

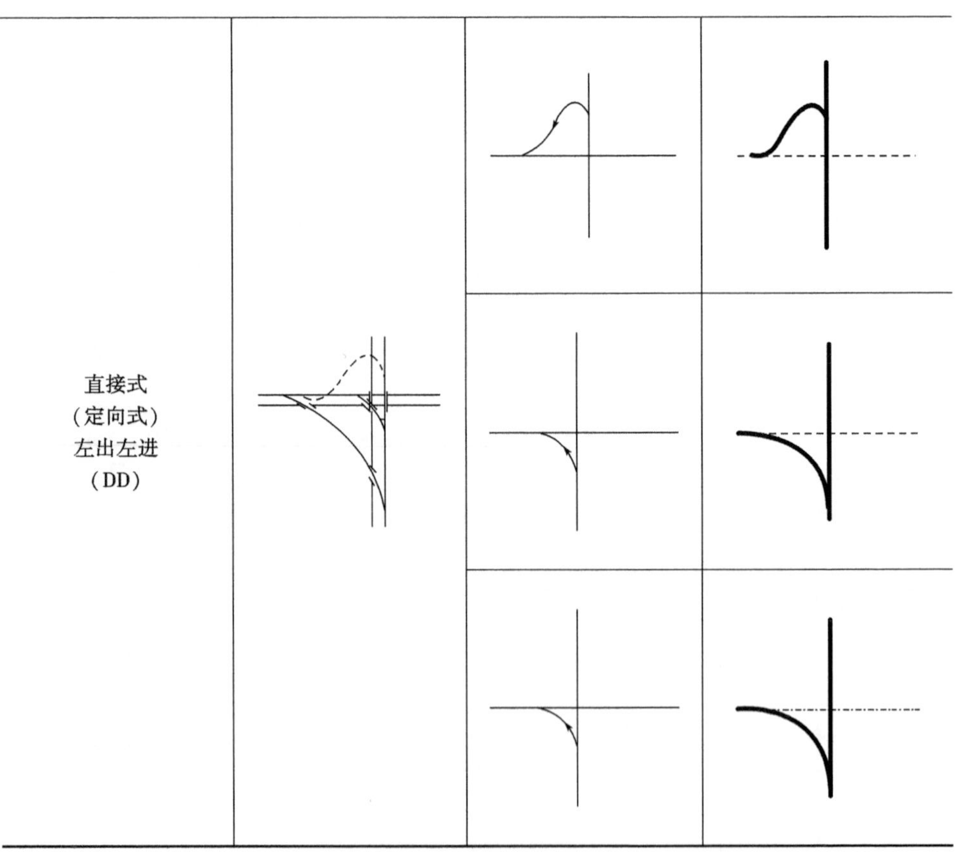

续上表

基本形式名称	基本形式图形	路线图	简化示意图
半直接式 A 形 左出右入 (DS)	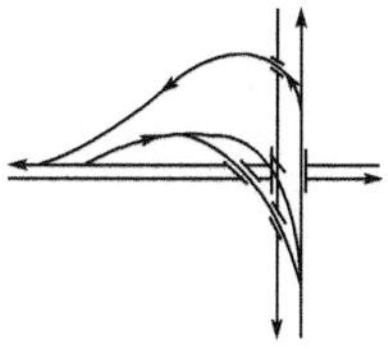	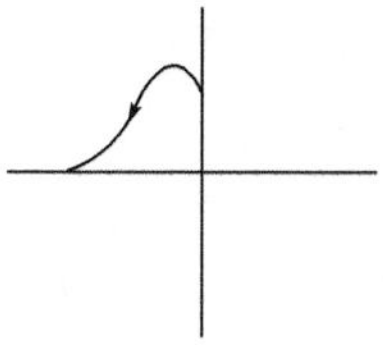	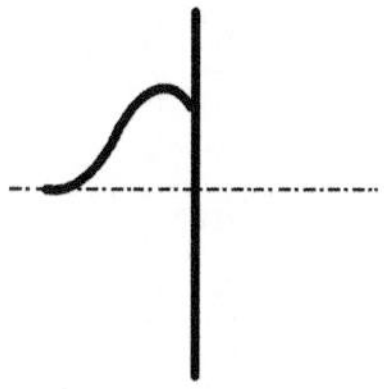
		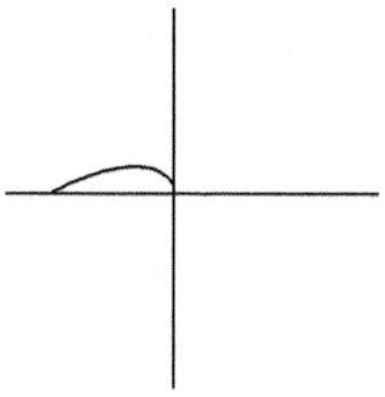	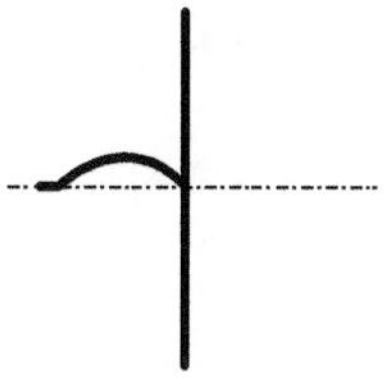
		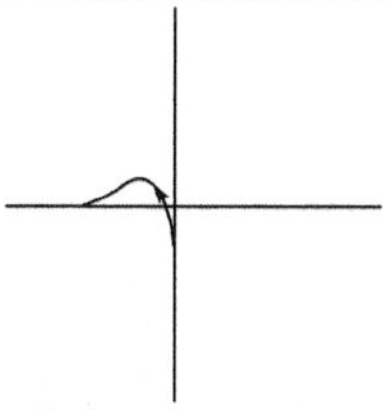	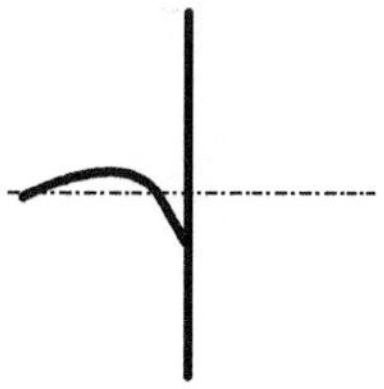
半直接式 B 形 右出左入 (SD)	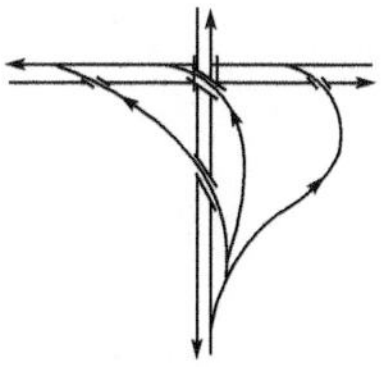	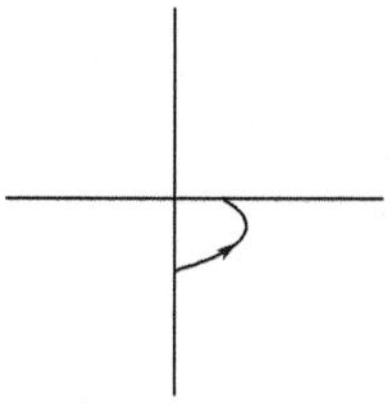	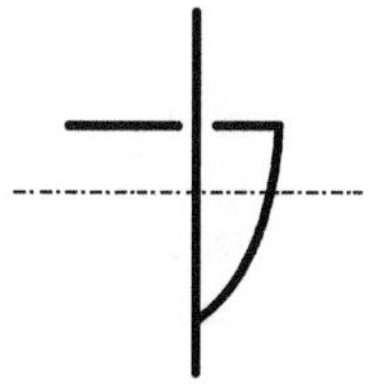
		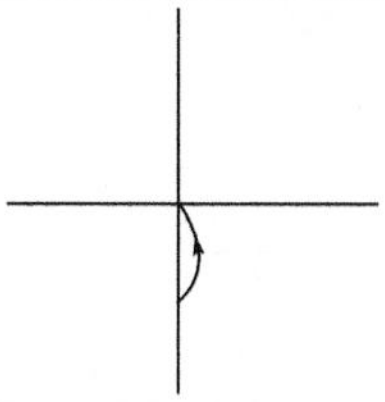	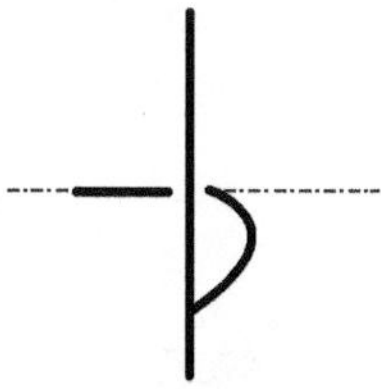
		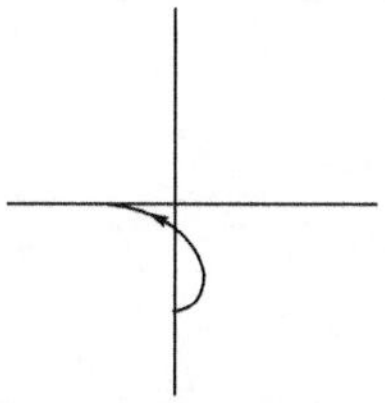	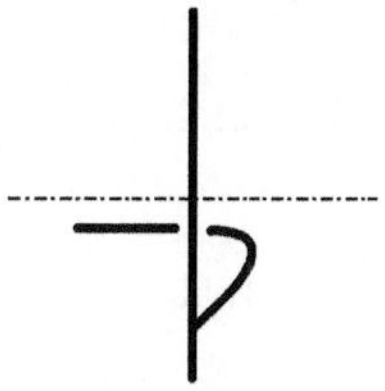

续上表

基本形式名称	基本形式图形	路线图	简化示意图
半直接式 C 形 右出右入 （SS）	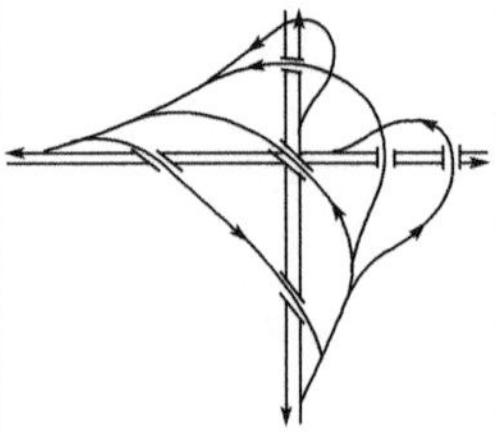	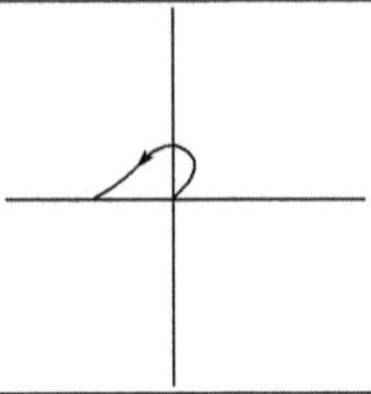	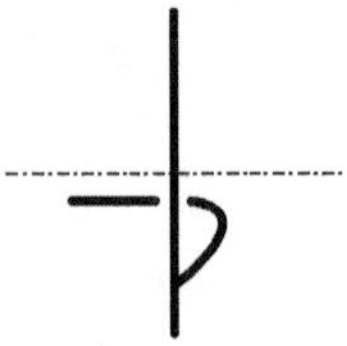
间接式 小环道	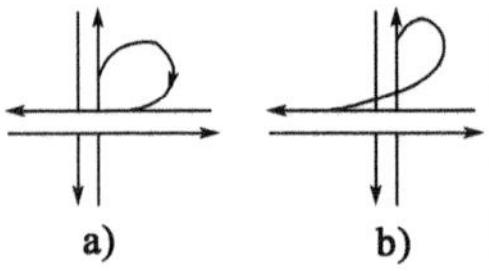 a)　b) c)　d)	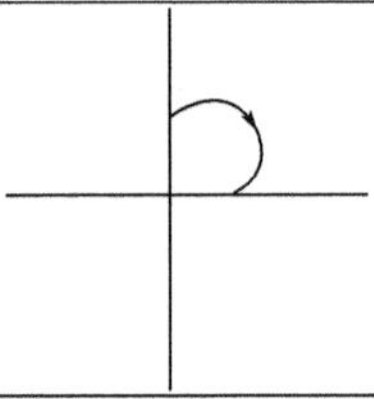	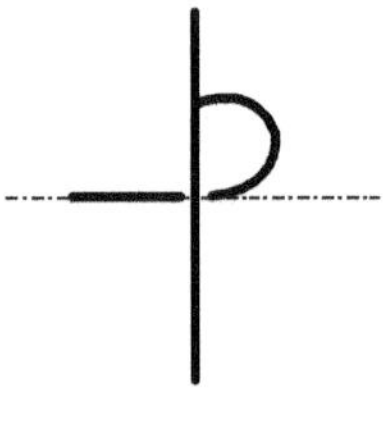
间接式 迂回式	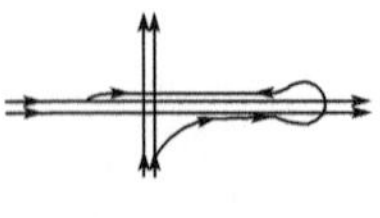	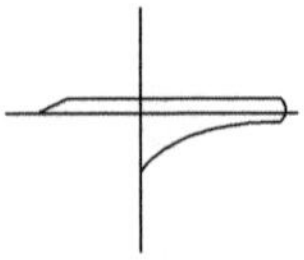	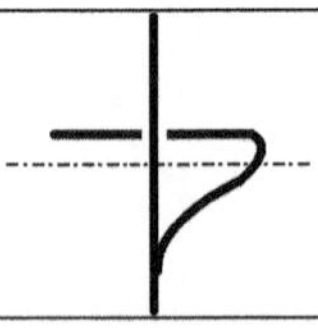
环道	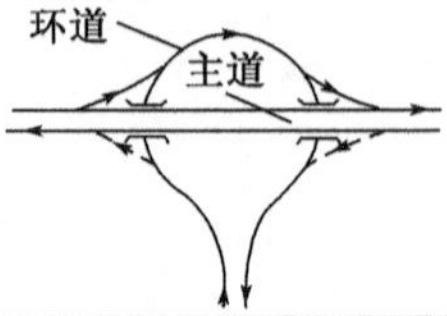 环道 主道	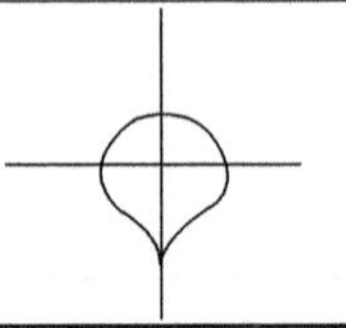	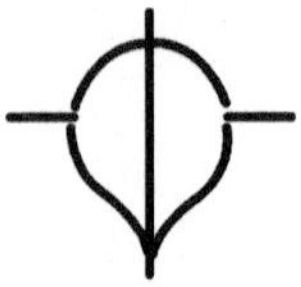

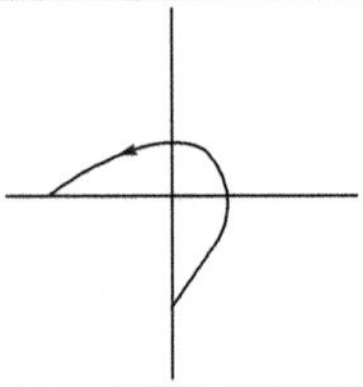

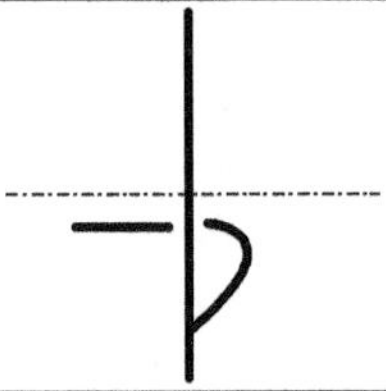

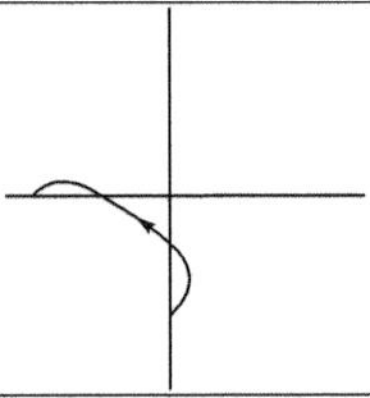

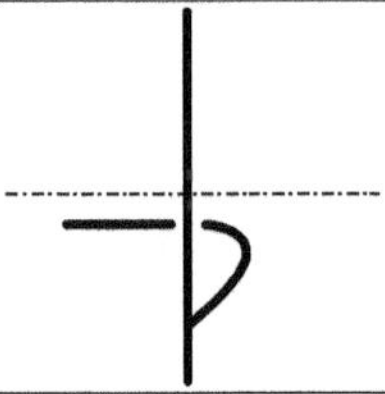

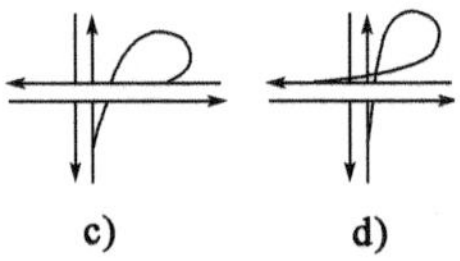

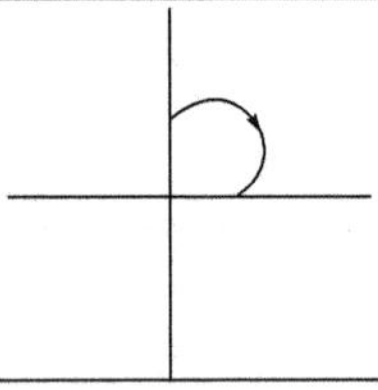

尽管部分匝道的线型不同,归纳后却可以用一种图形进行表示。原因是驾驶人对图形指路信息的关注点是以匝道的起点和进入相交道路的位置为主。而某些不同类型的匝道线型虽然不同,但主要信息却是一致的。如右出左入的SD型和右出右入的SS型,其分别具有三种不同的路线形式,因为其大体结构类似,所以都可以利用一种简化图形进行具体表示,这样既减少了图形的复杂程度,也便于驾驶人的理解。

6.2.3 特殊要素的图形表达

城市道路路网密集、情况复杂,立交桥为实现特定的交通功能还包括相应的特殊要素,如快速路辅路、立交桥区域的紧邻道路等。为明确指引信息,示意图形需要对这些特殊要素给出相应的图形表达。

1. 辅路的图形表达

城市快速路通常设有与主路相伴的辅路系统,起到衔接快速路网与普通路网、承接次要干路交通流、分担交叉口转向功能、承担非机动车、行人通行及部分公共交通的功能。与高速公路不同,城市道路立交桥行驶路径需要面对辅路绕行的问题,甚至某些立交桥的转向功能完全是依靠辅路实现的。

2. 紧邻道路的图形表达

城市立交桥存在紧邻道路的现象非常普遍,立交桥区域内常存在其他城市次要道路,需要一并指引。可能出现的情况有:若干道路共用同一个出口;道路出口设置在立交匝道区间;辅路出口与匝道出口相邻;对应出口的先后位置与通达道路先后的顺序相反等。以上这些情况都会给驾驶人造成困惑。因此,在立交指路标志示意图形设计的过程中,对紧邻道路的表示非常重要。示意图形通常以与主线相接的某种弧形笔画来表示紧邻道路的出口位置和道路方向。

6.3 立交桥示意图形的标准化表达

根据不同的立交桥种类和结构,结合实际路面的具体情况,需要考虑的因素包括:左右转弯匝道形式,主线上跨或下穿,进过辅路完成转向等方面。通过观察,立交桥示意图形表示内容还包括立交桥区域内其他道路出口及走向、复合式多路立交转向表达等。

6.3.1 单体标准立交桥示意图形标准化表达

单体标准立交,即一种简单直接的立交桥,其结构符合标准立交设计形式。此类立交桥仅存在匝道和出口构成形式的差别。驾驶人通过立交时,不受辅路和紧邻道路的影响,也无需借助辅路和紧邻道路完成道路跨越和转向等相关功能。

1.要素组成及图形组合分析

由于单体标准立交仅以其本身的匝道和出口来实现其交通功能,因此立交桥型图案设计考虑的影响因素只包括左右转匝道形式、左右转匝道出口位置关系及线路的上跨和下穿关系,如图 6-5 所示。

图 6-5 实际路口示例一

根据立交桥匝道基本布置形式及安全性设计内容,可确定转向匝道表达方式,具体如下:

(1)右转匝道形式。

右转匝道的形式较为简单,有直接式和迂回式两种。在实际道路中通常为从主线右侧进入主线的直接式,所以文中主要考虑此种情况,将右转匝道简化后得到相应的图形表示,如图 6-6 所示。

(2)左转匝道形式。

左转匝道基本布置形式包括 7 类 20 种。

其图形表达方式进行分析,并根据匝道形式和上跨下穿的方式不同进行分类合并后进行简化,可以得到以下 5 种表达方式,如图 6-7 所示。

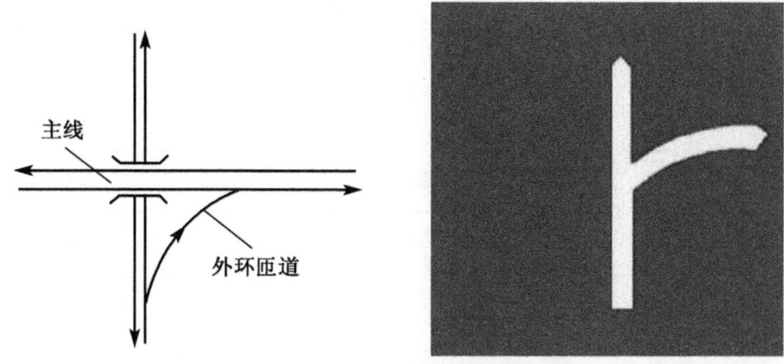

图6-6 右转匝道简化图形

图6-7 5种左转匝道简化图形

左右转匝道出口位置关系如下：

根据路面实际情况，左右转匝道出口的位置不尽相同，主要包括先左后右、先右后左、左右同出三种形式，如图6-8所示。

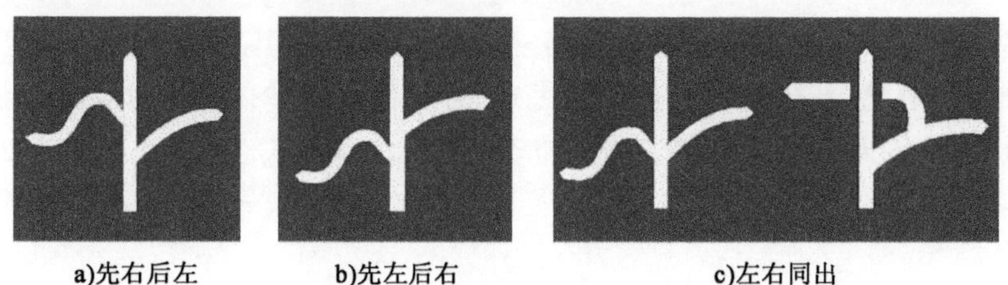

a)先右后左　　b)先左后右　　c)左右同出

图6-8 左右转匝道出口位置关系

2. 图形与立交类型分析

由于道路因素不同导致图形产生了不同的排列组合方式，但它们都是由匝道和出口位置不同进行排列组合产生的，仍符合标准的立交形式，属于最基础的桥型结构。简化后的示意图形同样为最基础的立交指路标志图案，因此可以称为基本型立交桥示意图形。不同匝道线型和出口排列组合下的示意图形详见表6-2。

基本型汇总表 表6-2

立交桥图形基本型								
右转匝道表示形式								1种
左转匝道表示形式								5种
出口位置关系		左右						5种
		右左						9种
		左右						5种
		右左						4种
总计			3种	3种	5种	7种	6种	23种

6.3.2 单体非标准立交桥示意图形标准化表达

单体非标准立交是由于城市道路复杂多变的状况引起的,产生紧邻出口或紧邻道路的情况,部分还需通过辅路完成转向,简单的单体标准立交无法满足城市交通需求,因此产生了单体非标准立交。

1. 要素构成及图形组合分析

单体非标准立交以单体标准立交为基础,增加了辅路和绕行街区的表示,因此单体非标准立交考虑的影响因素还包括辅路、部分绕行道路等,示例如图6-9所示。

2. 图形与立交桥类型分析

相较于单体标准立交,单体非标准立交需要考虑的影响因素还包括通过辅路完成转向、部分转向通过绕行街区实现、与次要道路相交时采用红绿灯控制等。表示此类立交桥的示意图形可称为特殊型。在实际道路中情况会更加多变,仅以常见的示意图形进行举例,如图6-10所示。

图 6-9 实际道路示例二

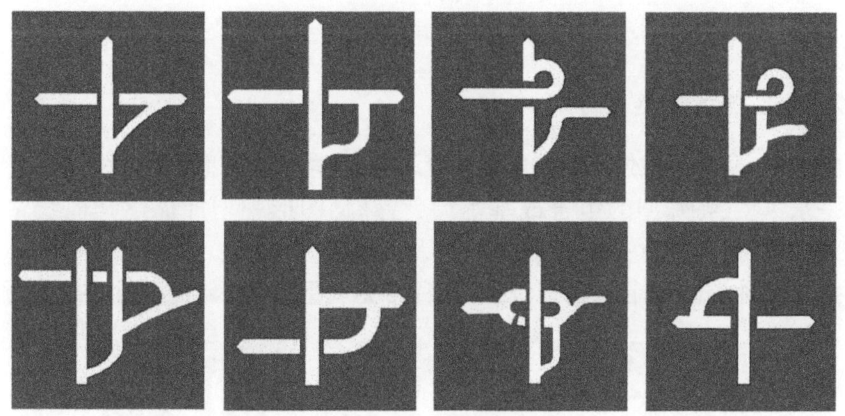

图 6-10 特殊型举例示意图

6.3.3 复合立交及连体立交桥示意图形标准化表达

除单体标准立交和单体非标准立交以外，由于在交通形式复杂多样的地区，部分区域除辅路外还需借助紧邻道路等其他交通设施，因此也存在立交连体较近、相互关联等复杂的立交形式。我们把这种复杂的、非独立的、与其他交通设施相关联的立交桥型称为复合立交及连体立交。

1. 要素构成及图形组合分析

复合立交及连体立交需参考因素相对较多，除辅路外还应包括与主线存在紧邻出口、匝道与其他道路公用出口和立交连体较近、复合式多路立交等情况。

示例如图 6-11 所示。

图 6-11　实际道路示例三

2. 图形与立交类型分析

由于复合式立交或单体立交存在紧邻道路情况下的图形表达方式，所以其图形是基本型、特殊型的组合或基本型、特殊型图形中增加描述其他线路的笔画，因此可以把此类立交桥示意图形称为扩展型。

扩展型种类同样十分丰富，仅举几种常见类型作为示例，如图 6-12 所示。

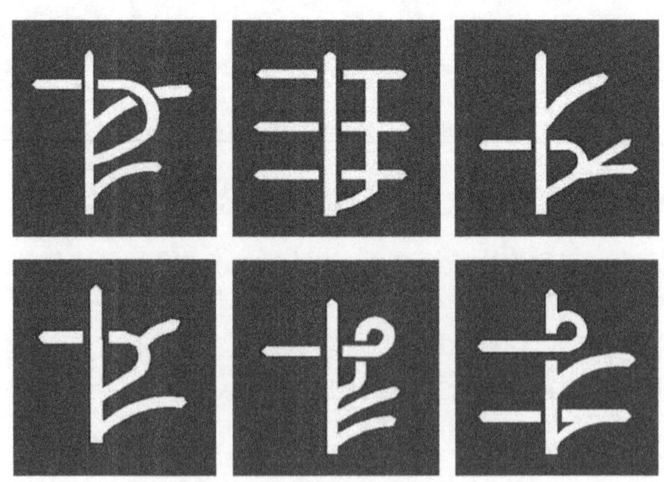

图 6-12　扩展型举例示意图

综上所述,将基本型、特殊型、扩展型进行归纳,推导出立交指路标志图案标准设计表,详见表6-3。

图案标准设计表 表6-3

右转匝道表示形式								1种
左转匝道表示形式								5种
出口位置关系		左右						5种
		右左						9种
		左右						5种
		右左						4种
总计			3种	3种	5种	7种	5种	23种

a)立交桥图形基本型

	8种

b)立交桥图形特殊型

	6种

c)立交桥图形扩展型

6.4 本章小结

立交桥示意图形是立交图形指路标志中的重要组成部分,应提高图形设计的标准性与使用的规范性。本章从立交设计理论出发,将立交桥构成要素所对应进行标准化设计,得到有据可循的要素标准化表达方式。其后,在要素标准化表达的前提下,按照立交设计形式和几何构造,对基本图形进行排列组合,形成基本型示意图形。最后,按照单体标准立交桥、单体非标准立交桥和复杂立交桥,对应基本型、特殊型和扩展型示意图形,从而构建起清晰明了、标准化的立交桥示意图形表达方式。

本章参考文献

[1] 赵晓华,黄利华,荣建. 快速路复杂立交桥区立交桥型指路标志对行驶速度的影响[J]. 北京工业大学学报,2015,41(09):1405-1414.

[2] FHWA,USDOT. Manual on Uniform Traffic Control Devices (2009) [M]. Ba-

ton Rouge: Clayton's Law Books and Publishing, 2010.
[3] 夏晓迪.公路立体交叉工程管理探讨[J].城市建筑,2013(22):249.
[4] 何瑶.通过性交通设施交通影响分析研究[D].重庆:西南交通大学,2008.
[5] 陈永权.图形符号标准化与应用中几个问题的思考[J].标准科学,2017(12):158-162.
[6] 陈永权,白殿一.标准化与公共信息标识的设计[J].世界标准化与质量管理,2006(09):34-37.
[7] 白殿一.导向标识标准化[J].广告大观(标识版),2007(01):94-97.
[8] 田辰.城市快速路互通立交设计探讨[J].城市道桥与防洪,2012(05):22-25+5-6.

第 7 章

立交桥示意图形静态视认实验评估

立交桥示意图形视认复杂程度与标志效用息息相关。本章重点介绍立交桥示意图形的静态视认复杂度研究过程和结果，根据立交桥设计理论和北京市立交桥图形指路标志实际应用情况，确定了 37 种立交桥示意图形为研究对象，构建以静态实验为核心的示意图形视认复杂程度实验评价方法，实现示意图形视认复杂性的分析、验证、量化评分和分类。评估可为量化示意图形设计方案静态复杂度提供途径，研究成果为指路标志图形科学分类、优化设置及效益评价等工作提供了重要支撑。

7.1 需求分析

7.1.1 静态实验评价方法目的

示意图形在立交桥设计和应用过程中，缺少设计的规范标准，随意性较强。实践表明，过于复杂的示意图形不但会加重驾驶人的视认负荷，还会降低驾驶人对寻路路径的理解和判断。现有的立交桥示意图形复杂程度的判断仍以管理者、设计者的主观感受为依据。实践中，往往依靠简单的视觉判断决定图形的优劣与存废，造成图形指路标志的实际使用效果与设计预期存在差距。因此，在立交桥图形指路标志设计中，科学评判示意图形的视认复杂度至关重要。

静态实验作为交通标志视认特性研究的基本方法，具有可控性强、成本低、易复制的优点，在评价和提升交通标志视认性方面实验成果丰硕。尽管与驾驶模拟器和实际道路的动态实验相比，静态实验在场景模拟的真实感、互动感以及驾驶人行为数据结果的直接性和全面性等方面存在不足，但其优点也是动态实验难以比拟的。随着技术的发展和研究的深入，静态实验方法不但没有被抛弃，反而在不断完善，包括实验环境、实验设备、实验程序以及技术与专业的融合等方面的提升，使得静态实验的适用性、有效性和创新性不断增强。

从理论上讲，立交桥图形指路标志与其他标志一样，其效用发挥取决于标志内容的设计和信息量的多少。以文字信息为主的标志，其视认性和有效性研究的内容包括字体、颜色、大小、字符数量、排列方式、字符间隔等。与之相对，以图形为主的标志，其研究重点应为图形的样式、颜色、构图、线条粗细、笔画间隔等。然而，图形是形象思维的产物，研究图形寓意的表达效果和辨识差异是图形视认与文字视认的重要差别。此外，从认知理论看，图形复杂性可分为呈现复杂性、语义复杂性和记忆复杂性。虽然汉字作为象形字也可以理解为一种图形，但由于使用频率和形态构成上的差别，图形视认复杂度的研究考虑的因素和分析角度要比文字更复杂。立交桥示意图形表示立交桥匝道走向、出口布设方式等多种信息，其视认的复杂程度难以依靠图形的笔画数量、交叉点数量等简单指标做出评价，需要从图形的构成、视认规律、视认特性的角度进行研究。

目前，国内外尚没有关于立交桥示意图形视认复杂度的评价研究，以往基于静态实验的研究，其内容重点为某类图形标志效能或若干图形标志及传统标志方案效果的对比。实验方法虽具有一定的借鉴作用，但研究关注重点不同，需要创新和改进。因此，为适应我国快速路立交桥图形指路标志发展的需求，规范示意图形设计，探索基于静态实验的评价方法具有重要的意义。

7.1.2 静态实验评价方法设计思路及特点

研究在借鉴国内外相关研究静态实验及评价方法的基础上，从立交桥图形构成要素和视认规律出发，提出量化评价立交桥示意图形复杂程度并划分等级的静态实验评价方法。

静态实验评价方法的主要思路及特点如下：

(1)在立交设计理论、认知理论和成果下，借鉴同类实验方法和评价体系，对静态实验部分进行方案设计。基于立交桥构成要素和常见图形设计并选取有代表性的立交桥示意图形；基于从整体到局部再到细节的视认过程，设定实验任务和测试流程；根据实验任务需求编制立交桥图形指路标志视认测试软件；搭建实验环境，购置选用相关硬件设备。实验由程序控制，测试内容由程序自动生成，实现了实验显示、控制、数据记录全过程的自动化处理，提高了实验的效率和数据记录的精度。

(2)驾驶人对交通标志的视认过程是驾驶人感知、判断及记忆的信息处理过程。前期调查显示，80%以上的驾驶人对立交桥示意图形的视认经历了从整体到局部，再到细节的过程。因此，实验任务部分以整体视认测试、局部视认测试、细节视认测试为主，并结合调查问卷。主要记录驾驶人视认时间和操作选择数据。针对图形特点，在细节视认测试中，引用数字序列和风险点概念，对路径选择判别和图形理解分歧给予记录。

此外，实验与主观调查问卷相结合。通过问卷对实验设计和研究分析提供思路和依据，过程中加入主观打分环节，将静态环境下驾驶人的感受作为评价指标之一，使评价内容更加全面。

(3)选取实验测试主要数据为评价指标，在数据分析基础上，对评价部分进行方案设计。一方面，采用因子分析方法简化评价指标，解释对图形复杂度影响贡献大的主成分意义,确定主成分得分并得出示意图形静态视认复杂度计算公式。另一方面,对指标进行聚类分析,通过多次不同聚类数的聚类结果比对,确定视认复杂度排序后的示意图形的分界点,将图形分为低等复杂度、中等复杂度和高等复杂度三类。

(4)综合实验部分与评价部分设计方案,形成立交桥示意图形视认复杂度静态实验评价方法;综合示意图形打分结果和分类结果,形成立交桥示意图形静态视认复杂度量化及等级划分成果。

技术路线如图 7-1 所示。

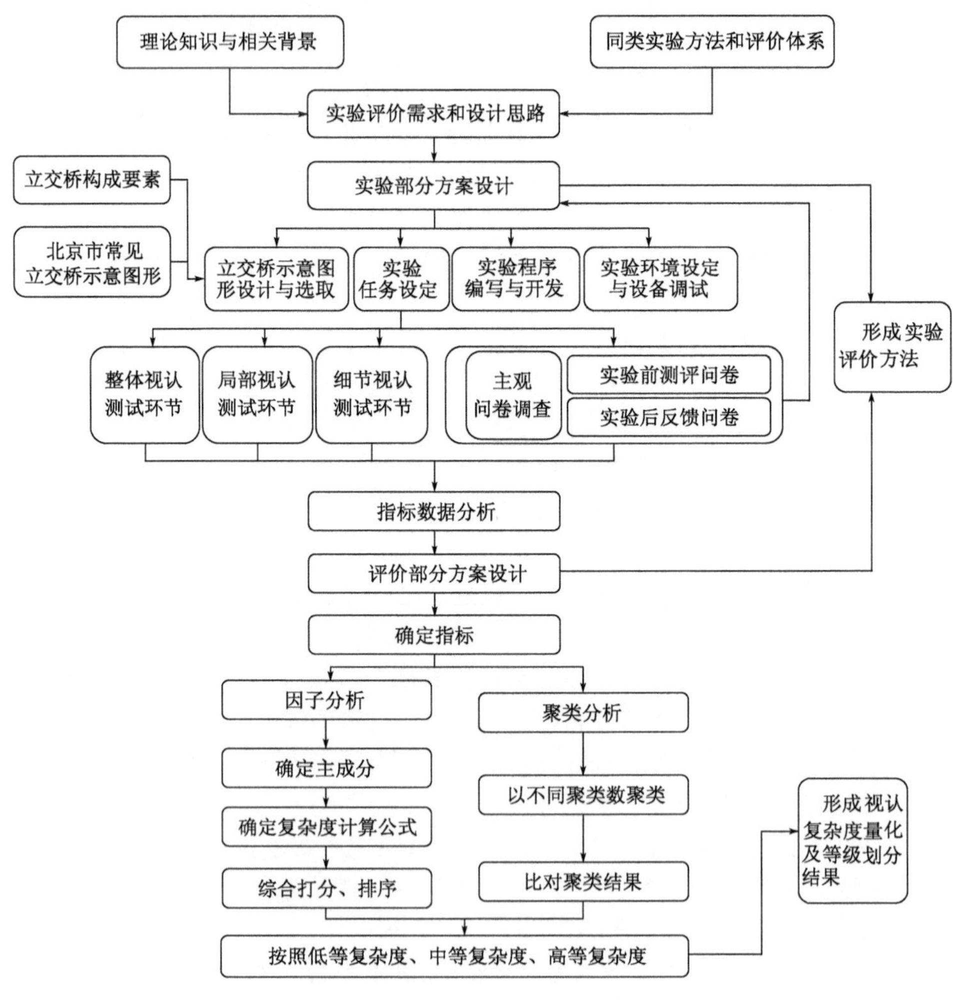

图 7-1 静态实验评价方法研究技术路线

7.1.3 静态实验评价方法预期结果

在国内缺少立交桥图形指路标志同类研究的情况下，研究预期获得以下结果：

(1)通过对37种立交桥示意图形的静态实验和分析评价，取得结果能够符合视认规律假设并验证实验评价方法的可行性，从而构建以实验、分析、评价、反馈为机制的完整的静态实验评价方法。该方法可用于示意图形设计方案评判比选及科学研究等实际工作中，提高快速路标志设置的效用，使道路功能得以充分发挥。

(2)能够通过该实验评价方法验证立交桥示意图形在视认中存在的差异性，进而在立交桥图形指路标志广为使用的情况下，使管理者、设计者和使用者更加全面地认识立交桥图形指路标志，促进立交桥示意图形的科学设计和规范使用。

(3)能够在评价与分类的过程中，寻找到图形静态视认复杂度的关键影响因素，既为立交桥图形指路标志后续研究奠定基础，也为其指明方向。

(4)实验及评价过程中遇到的问题，能够为后续动态视认评价方法研究和动、静态结合的综合评价研究提供分析思路和数据支撑。

7.2 实验方案设计

7.2.1 实验目的

立交桥示意图形视认复杂度静态实验是实验评价方法的重要组成部分，也是客观评价示意图形静态视认复杂度的基础。实验目的包括：对采用静态实验方法研究立交桥示意图形视认复杂度进行尝试并利用数据分析结果验证实验方法的可行性与合理性；分别获取示意图形在整体、局部及细节三个层面的视认时间及错误行为数据，进而为分析37种示意图形的视认差异并评价其视认复杂度提供基础；探索示意图形视认规律，寻找实验评价方法存在的问题。

7.2.2 立交桥示意图形设计与选取

立交桥示意图形是对立交桥几何构造形象的描述，主要表达内容包括转向匝道的形式、出口的位置、路线跨越方式等。通过对北京市环路所有桥型图标志的观察，其表示内容还包括立交桥区域内其他道路出口及走向、复合式多路立交转向表达等内容。

1. 立交桥匝道基本布置形式

匝道布置形式是决定示意图形样式的主要因素。在道路立交设计理论中，匝道分为右转匝道、左转匝道和左右共行匝道，如图 7-2 所示。右转匝道基本形式为直接型，转弯车辆右出右进，匝道方向为直接右转。左转匝道基本形式较多，可分为直接型、半直接型、间接式和环道，转弯车辆有左出左进、左出右进、右出左进、右出右进等方式，匝道方向有直接左转、变左转为右转两种。左右共行匝道是可同时实现左转和右转行驶的匝道。按照第 6 章介绍的标准化表达设计方法，简化后的匝道示意图形如图 7-3 所示。

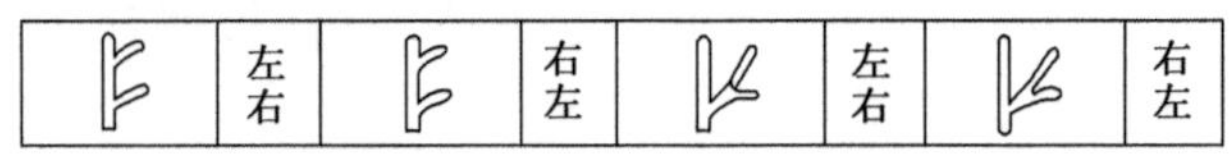

图 7-2　出口布置示意形式

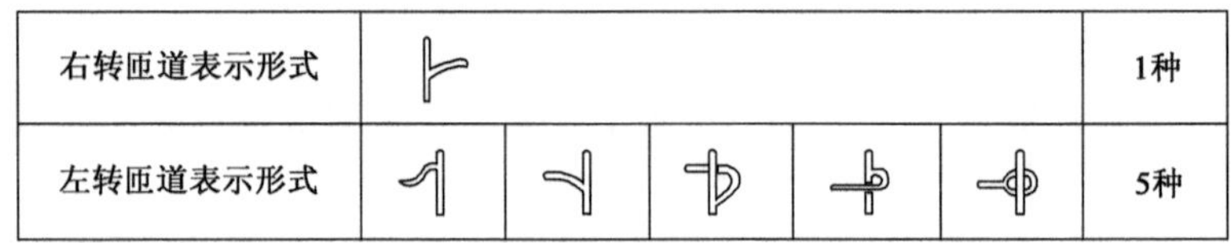

图 7-3　简化后匝道示意图形

2. 测试图形选取

此次研究首先从设计分类的角度出发，将立交桥图形初步划分为基本型图形、特殊型图形和扩展型图形，对可能存在的图形做出了设计，并顺序编号，如图 7-4所示。

基本型图形以标准单体立交为对象，考虑左右转匝道形式和匝道出口位置关系两个因素。经过排列组合，共有 23 种图形，其中大部分图形在北京市道路上较为常见。

特殊型图形以非标准单体立交为对象，考虑立交桥的转向功能需经过辅路或其他道路才能实现的情况。因转向形式排列组合较多，研究从北京市已有立交桥图形指路标志中选取 8 种，作为实验对象。

扩展型图形以复杂立交为对象，考虑立交存在紧邻道路、连体立交和复合多路立交的情况。扩展型图形是在基本型和特殊型基础上，根据立交具体情况增加描述紧邻道路的笔画或进行图形组合。因组合样式较多，研究从北京市已有立交桥图形指路标志中选取 6 种，作为实验对象。

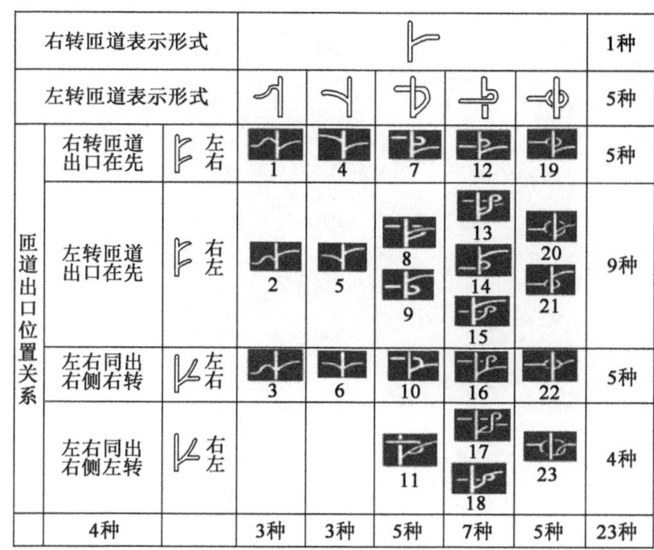

a)立交桥图形基本型

30 31 32
33 34 35
36 37
8种

b)立交桥图形特殊型

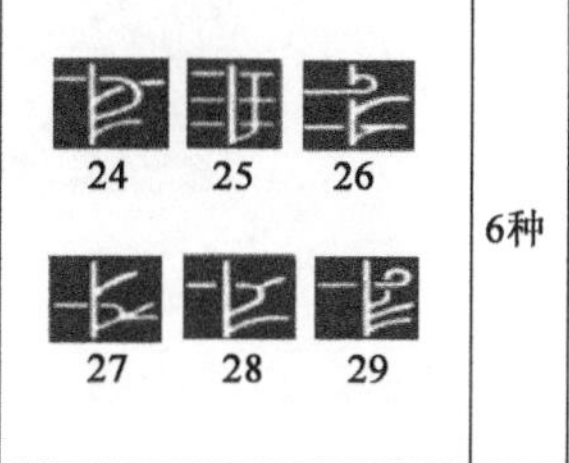

c)立交桥图形扩展型

图7-4 桥型示意图形分类及编号

7.2.3 实验器材

实验采用静态视认实验平台,其桌面模拟环境核心设备为笔记本电脑和自编立交桥图形指路标志测试软件。

1. 硬件设备

实验由一台 ThinkPad S3 笔记本计算机控制,自动记录实验对象选择数据。所有立交桥图形标志在相同背景下,以驾驶人视角随机呈现在 AOC55 英寸液晶显示器上,最佳屏幕分辨率为 1080P,即 1920 × 1080(宽 × 高),刷新频率为85Hz。被试者与屏幕中心距离固定在200cm,基于相似三角形换算,实际视认距离为50m。被试者在测试过程中还将佩戴德国 SMI ETG 2w 型眼动仪,数据记录将作为深入研究的资料储备。图7-5 所示为实验过程照片。

2. 立交桥图形指路标志测试软件

软件由 VisualBasic 程序编写,包括预实验、正式实验的所有环节。软件最大特点是在相同的照片背景上,根据37 种示意图形样式自动绘制指路标志,实现不同标志的设置场景的模拟。被试者坐在显示器正前方,按照程序提示完成所有视认任务,其间,程序记录被试者按键反应时间,精度为毫秒级。

图 7-5　实验现场照片

静态认知实验采用自编软件，以北京市二环路广安门桥南路段及标志照片为主场景，由程序根据示意图形的样式自动生成标志图片，减少图片加工的工作量。程序控制仅替换示意图形部分，背景图案及标志属性保持一致，减少其他因素的干扰。同时，程序自动记录数据，并按照规定好的格式存储，减少了数据预处理的工作量。为规范实验人员进行程序操作、存储数据、及时应对程序运行中的问题，编写了程序的使用说明。实验程序界面及立交桥图形指路标志图片如图 7-6 所示。

a)整体视认显示图片

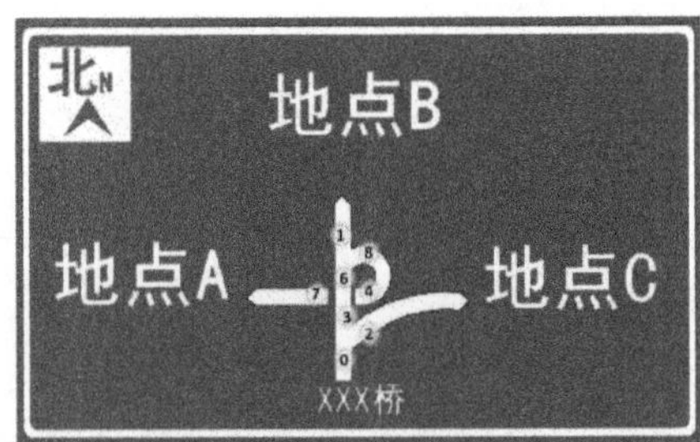

b)细节视认显示图片

图 7-6　实验程序界面及立交桥图形指路标志图片

程序包括练习和测试两部分，除选用立交桥示意图形不同外，所有测试内容保持一致。程序设定每种图形的测试包含整体视认、局部视认和细节视认 3 个层面的测试流程。

(1)整体视认复杂度测试流程。

该流程包括“整体识别完成确认”测试和“难易程度评定”测试两部分。

"整体识别完成确认"测试指程序随机显示某一个图形标志,为了避免具体地点名称对实验结果的影响,程序将标志中的目的地名称表示为"地点A""地点B""地点C"等。当被试通过观察标志图形,认为已了解其所表达的含义,则按下"确认"按键,程序记录确认时间。程序设定该环节操作限时为30s,超过30s视认失败。如已点击"确认"或超过30s,程序自动进入下一流程。

"难易程度评定"测试指被试对图形难易程度的评价,1～6分别代表"非常简单、比较简单、简单、难、较难和非常难"6个等级,当被试按下对应数字键确认后,程序自动记录数值并进入下一流程。

(2)局部视认复杂度测试流程。

该流程主要完成"目的地出口操作选择确认"测试。为避免重复度影响,程序将随机排列图形各目的地的名称,并在屏幕上显示。同时,程序随机选择其中一个目的地,如"地点A",并在屏幕下方显示关于此目的地出口正确操作的选择问题和选项,包括"左转""直行"和"右转"。当被试根据对图形的理解选择去往该目的地所对应的快速路出口的驾驶操作并按下方向按键确认后,程序自动记录选择内容和完成时间。程序设定各目的地操作选择限时为10s,超过10s记录视认失败。被试确认或超时后,程序会随机给出下一目的地的提示,直到此种标志所有目的地对应的出口操作选择测试完毕,程序进入下一流程。

(3)细节视认复杂度测试流程

该流程主要完成"行驶路径选择确认"。以图形中的交叉点为分界,对所有笔画进行随机编号,以此方法进行图形拆解。测试时,程序显示带有编号的图形放大图,下方可输入路径字符串。实验时,由被试按照自己理解的行驶路径,依次选择并读出通往目的地的编号,由工作人员记录,避免计算机操作不熟练造成影响。例如图7-6b)中去往目的地A的编号序列为"036847",填完后按下"确认"按键,程序自动记录序列字符和完成时间。该图形全部测试完成,程序判断是否完成所有图形测试,选择载入下一图形或退出。

7.2.4 被试人员

招募30名驾驶人,其中男性24人、女性6人,被试人员的年龄分布在19～54岁之间,平均年龄33.5 (19～54岁,SD=11.62)。被试人员都是持有有效驾驶证,驾龄从1年到30年(平均=10.96,SD=9.49)。被试人员的性别比例和年龄分布几乎与中国目前实际分布比例总体相同。另外实验要求被试人员在实验前24h之内不允许喝酒或者咖啡等刺激性的饮品。实验时间为上午8:00开始至22:00结束。每个人的实验时间为80min左右。招募的实验人员与类似研究相近,能够满足统计分析要求。

7.2.5 实验流程

每名被试人员在实验当天完成全部测试,包括问卷调查、预实验、练习、正式实验和反馈问卷调查五个步骤,具体实验流程如下:

1. 问卷调查

实验开始前,填写调查表格,了解被试人员的实验状态和对立交桥及其指路标志的认识程度。

2. 预实验和练习

被试人员在工作人员引导下完成预实验和练习。通过预实验测试被试对问题本身以及测试形式的理解程度。被试可进行多次练习(一般2次)来熟悉图形的任务顺序和键盘操作,避免因此对实验结果造成的影响,待确认状态稳定后,进行正式实验。

3. 正式实验

在实验导语后,被试者按键启动正式实验,37种立交桥图形指路标志图片在液晶显示屏上随机播放,以避免显示次序对结果的影响,被试者依次完成37种图形的整体、局部和细节测试。

4. 填写反馈调查问卷

被试人员完成全部图形测试后,离开静态认知实验环境,填写反馈问卷,包括主观感受、立交图形理解、测试平台建议等。

7.3 数据分析

7.3.1 分析指标

视认的反应时间与视认成功率是交通标志认知研究中最常采用的测量和分析指标。为全面了解图形视认特性,实验过程重点记录了整体、局部和细节三个

层面的视认时间、视认错误率和视认风险,以及主观感受的数据。根据这些数据可定义如下指标:

1. 整体视认特性指标

(1)整体视认时间:指驾驶人观察和理解图形所需的时间。

(2)主观打分:指驾驶人在实验中对图形难易程度打分结果,反映驾驶人对图形复杂度的主观评价,采用1~6的数字表示,分数越高表示视认越困难。

该类指标从宏观上反映了图形整体的易辨识性与易理解性。数值越大,代表图形越难以辨别理解,图形视认越复杂。

2. 局部视认特性指标

(1)左侧目的地视认时间:指驾驶人理解通往左侧目的地图形局部所需的时间。

(2)左侧目的地操作错误率:指在判断通往左侧目的地操作时,选择结果错误的驾驶人占被试总数的百分比。

(3)前方目的地视认时间:指驾驶人理解通往前方目的地图形局部所需的时间。

(4)前方目的地操作错误率:指在判断通往前方目的地操作时,选择结果错误的驾驶人占被试总数的百分比。

(5)右侧目的地视认时间:指驾驶人理解通往右侧目的地图形局部所需的时间。

(6)右侧目的地操作错误率:指在判断通往右侧目的地操作时,选择结果错误的驾驶人占被试人员总数的百分比。

该类指标反映了图形在各方向上的易辨识性和理解的偏差程度。数值越大,代表图形越难以辨别理解,图形视认越复杂。

3. 细节视认特性指标

(1)左侧目的地路径选择错误率:指左侧目的地路径序列错误记录对应驾驶人人数占被试总数的百分比。

(2)前方目的地路径选择错误率:指前方目的地路径序列错误记录对应驾驶人人数占被试总数的百分比。

(3)右侧目的地路径选择错误率:指在右侧目的地路径序列存在错误的驾驶人占被试总数的百分比。

(4)风险点比率:指错误路径序列描述的路线与正确行驶路线存在分歧的

交叉点占该图形全部交叉点的比例。所谓分歧点就是图形标志视认过程中引起驾驶人理解错误的图形交叉点。风险点比率代表图形辨识的难点,其数值越大,图形复杂度越高。

该类指标反映了图形在关键节点上的易辨识性和理解的偏差程度。数值越大,代表图形越难以辨别理解,图形视认越复杂。

7.3.2 数据预处理

实验中 30 名被试人员均完成了图形视认各环节的任务,不存在超时未完成整体或局部某方向视认任务现象。程序共记录实验过程整体数据 1110 条,各目的地记录 3360 条,其中含目的地转向操作错误的记录 183 条,含目的地路径选择错误的 172 条。将数据导入数据库,通过计算各环节相对时间以检验并纠正时间记录偏差,比对路径序列,修正输入过程中误触键盘造成的错误。统计存在错误行为的驾驶人数与风险点数量并换算成对应比率。

研究采用 SPSS 22.0 与 Microsoft Excel 2013 为主要分析工具实现数据的处理与分析。其中 Microsoft Excel 2013 用于前期数据的加工整理,SPSS 22.0 用于后期数据分析与评价。数据整理分析及评价分类中的绝大部分研究工作利用 SPSS 22.0 完成,包括单因素方差分析、描述分析、相关分析、降维分析、回归分析在内的各项统计分析,如图 7-7 所示。

*12指标37聚类.sav [数据集8] - IBM SPSS Statistics 数据编辑器

文件(F) 编辑(E) 视图(V) 数据(D) 转换(T) 分析(A) 直销(M) 图形(G) 实用程序(U) 窗口(W) 帮助(H)

1:因子分析得分12变量 -.58698081214901

	图号	整体视认时间	左侧目的地视认时间	前方目的地视认时间	右侧目的地视认时间	左侧目的地操作错误率	前方目的地操作错误率	右侧目的地操作错误率	左侧目的地径选择错
1	1	2127	2589	1825	2531	.1000	.0300	.0000	.0
2	2	1997	2393	1882	2294	.0700	.0000	.0000	.0
3	3	1883	2389	2253	2050	.0700	.0000	.0000	.0
4	4	1949	2209	2033	2237	.0300	.0000	.0300	.0
5	5	2147	2448	1965	2093	.0300	.0000	.0000	.0
6	6	2164	2198	2052	1833	.1000	.0300	.0000	.0
7	7	2345	2532	2259	2395	.0300	.0300	.0300	.0

图 7-7 SPSS 数据文件

7.3.3 数据整理分析

1. 整体视认特性指标分析

对 37 种图形整体视认时间、主观打分进行单因素方差检验,结果详见表 7-1。检验结果 F 分布的观测值分别为 2.283 和 10.034,对应概率值小于显著性水平 0.001，表明不同图形间的整体视认时间和主观打分具有显著性差异。

整体视认特性指标单因素方差检验结果　　表 7-1

		平方和	df	均方	F	显著性
整体视认时间	组之间	274394811.964	36	7622078.110	2.283	0.000
	组内	3582643451.600	1073	3338903.496		
	总计	3857038263.564	1109			
主观打分	组之间	343.827	36	9.551	10.034	0.000
	组内	1021.367	1073	0.952		
	总计	1365.194	1109			

对应 37 种图形，在两个指标上，分别计算 30 名被试人员整体视认时间的平均值，数据结果如图 7-8 所示，描述统计结果详见表 7-2。

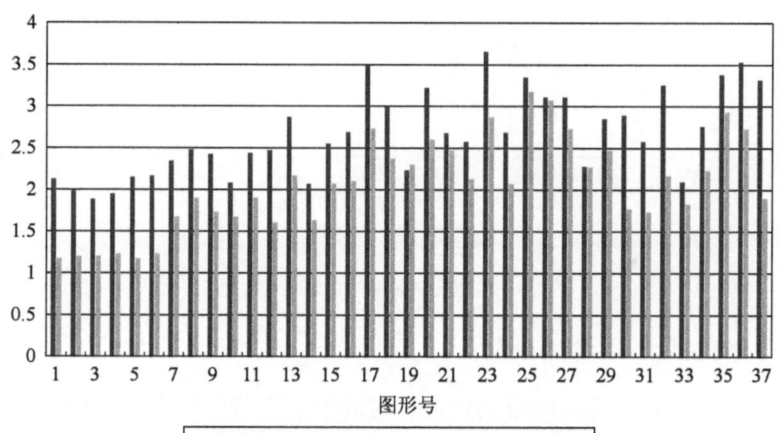

图 7-8　37 种图形整体视认时间与主观打分平均值数据结果

整体视认特性指标描述统计结果　　表 7-2

	范围	最小值（M）	最大值（X）	平均值（E）	标准偏差	偏度	峰度
整体视认时间	1772.00ms	1883.00ms	3655.00ms	2670.61ms	504.07	0.298	-1.024
主观打分	2.00	1.17	3.17	2.06	0.56	0.105	-0.751

皮尔逊（Pearson）相关系数检验，即 Pearson 相关性检验结果显示，整体视认时间与主观打分的相关系数为 0.828，在 0.01 水平上显著相关，结果见表 7-3。

整体视认特性指标 Pearson 相关性检验结果 表 7-3

		整体视认时间	主观打分
整体视认时间	相关系数	1	0.828**
	显著性		0.000
主观打分	相关系数	0.828**	1
	显著性	0.000	

注：*在置信度(双侧)为 0.05 时，相关性是显著的；**在置信度(双侧)为 0.01 时，相关性是显著的。

图 7-9 所示为以散点图的形式描述整体视认时间平均值与整体主观评价平均值，并绘制线性趋势线。结果显示，二者呈现同步上升趋势。但部分图形距离趋势线较远，存在偏差。

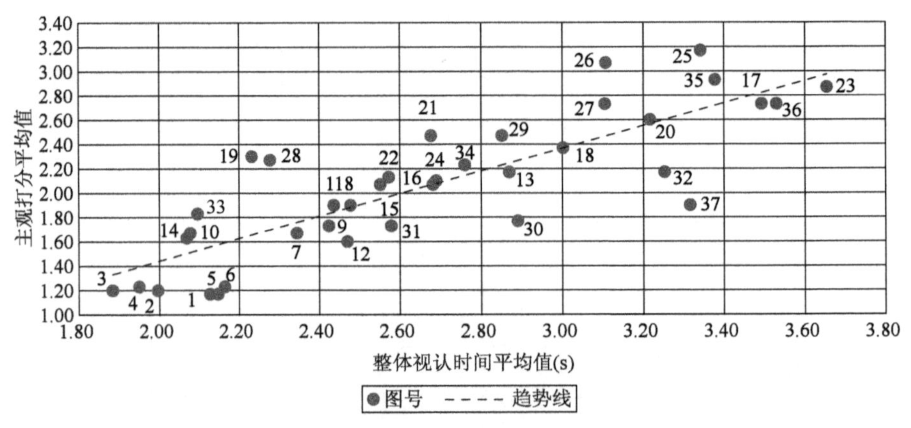

图 7-9 整体视认时间与主观评价对比

2. 局部视认特性指标分析

对 37 种图形局部各方向目的地视认时间数值进行单因素方差检验，结果详见表 7-4。检验结果 F 分布的观测值分别为 3.151、4.448 和 2.752，对应概率值小于显著性水平 0.001，表明不同图形之间，对各方向目的地的视认时间也具有显著差异。

局部视认特性指标单因素方差检验结果 表 7-4

		平方和	df	均方	F	显著性
左侧目的地视认时间	组之间	242051997.558	36	6723666.599	3.218	0.000
	组内	2481316393.639	1163	2133548.060		
	总计	2723368391.197	1199			
前方目的地视认时间	组之间	240270079.591	36	6674168.878	4.082	0.000
	组内	1610015216.500	1073	1500480.164		
	总计	1850285296.091	1109			

续上表

		平方和	df	均方	F	显著性
右侧目的地视认时间	组之间	141869152.8	36	3940810	2.168	0.000
	组内	1879887244	1313	1431750		
	总计	2021756397	1349			

对应37种图形，分别计算各目的地方向上30名被试人员的视认时间平均值，并根据操作错误记录对应的驾驶人人数计算各方向操作选择错误率，数据结果如图7-10、图7-11所示，描述统计结果详见表7-5。

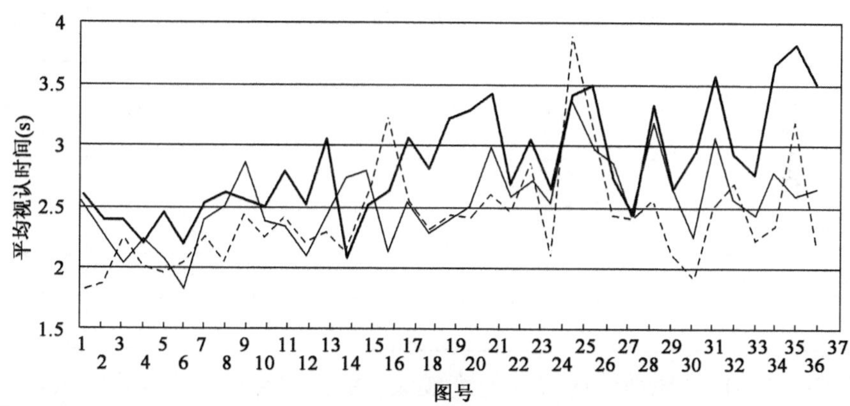

图7-10　37种图形局部视认平均值结果

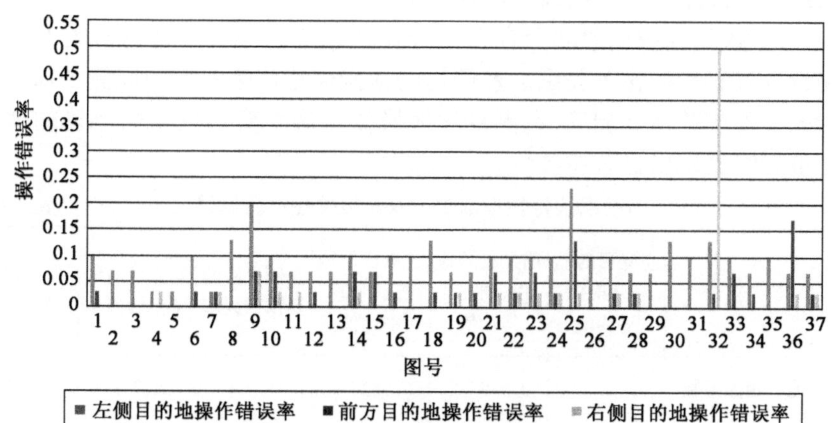

图7-11　操作错误率平均值数据结果

局部视认特性指标描述统计结果　　表 7-5

	范围	最小值(M)	最大值(X)	平均值(E)	标准偏差	偏度	峰度
左侧目的地视认时间平均值	1726ms	2092ms	3818ms	2839.92ms	450.69	0.469	-0.745
前方目的地视认时间平均值	2047ms	1825ms	3872ms	2410.85ms	415.29	1.552	3.385
右侧目的地视认时间平均值	1530ms	1833ms	3363ms	2501.57ms	331.94	0.360	0.177
左侧目的地操作错误率	0.2000	0.0300	0.2300	0.0932	0.0392	1.494	4.251
前方目的地操作错误率	0.1700	0.0000	0.1700	0.0335	0.0380	1.758	3.996
右侧目的地操作错误率	0.5000	0.0000	0.5000	0.0276	0.0817	5.660	33.443

其中,右侧目的地操作错误率偏度较大,由于样本选取是右转匝道形式较少,表示右转定向型匝道的图形样本较多有关,增加其他右转形式图形样本数量,可使偏度降低。

Pearson 相关性检验结果显示(表 7-6),三个方向的视认时间在 0.01 水平上显著相关,错误率与视认时间上存在部分显著相关。同方向视认时间变量与错误率变量没有必然的相关关系。左侧目的地操作错误率变量与同侧视认时间变量之间无显著相关性。相反,右侧目的地操作错误率变量仅与同侧目的地视认时间变量之间表现出显著相关性。

局部视认特性指标 Pearson 相关性检验结果　　表 7-6

		左侧目的地视认时间平均值	前方目的地视认时间平均值	右侧目的地视认时间平均值	左侧目的地操作错误率	前方目的地操作错误率	右侧目的地操作错误率
左侧目的地视认时间平均值	相关系数	1	0.539**	0.582**	0.184	0.251	0.265
	显著性	—	0.001	0.000	0.275	0.135	0.113

续上表

		左侧目的地视认时间平均值	前方目的地视认时间平均值	右侧目的地视认时间平均值	左侧目的地操作错误率	前方目的地操作错误率	右侧目的地操作错误率
前方目的地视认时间平均值	相关系数	0.539**	1	0.525**	0.423**	0.596**	0.077
	显著性	0.001	—	0.001	0.009	0.000	0.649
右侧目的地视认时间平均值	相关系数	0.582**	0.525**	1	0.510**	0.347*	0.329*
	显著性	0.000	0.001	—	0.001	0.035	0.047
左侧目的地操作错误率	相关系数	0.184	0.423**	0.510**	1	0.362*	0.209
	显著性	0.275	0.009	0.001	—	0.028	0.214
前方目的地操作错误率	相关系数	0.251	0.596**	0.347*	0.362*	1	0.084
	显著性	0.135	0.000	0.035	0.028	—	0.620
右侧目的地操作错误率	相关系数	0.265	0.077	0.329*	0.209	0.084	1
	显著性	0.113	0.649	0.047	0.214	0.620	—

注：* 在置信度(双侧)为 0.05 时，相关性是显著的；** 在置信度(双侧)为 0.01 时，相关性是显著的。

图 7-12 ~ 图 7-14 以散点图的形式描述各方向视认时间平均值与操作错误率的关系。

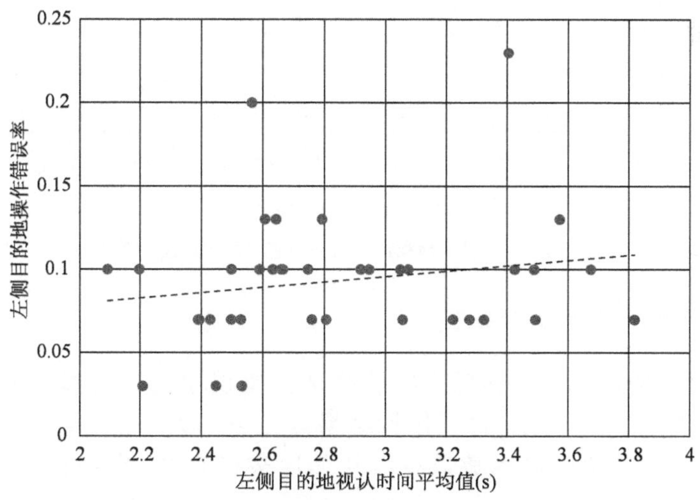

图 7-12　左侧目的地视认时间平均值与操作错误率对比

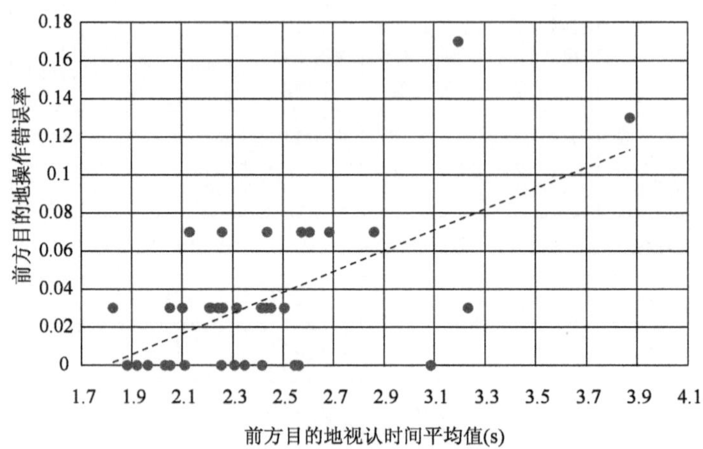

图 7-13　前方目的地视认时间平均值与操作错误率对比

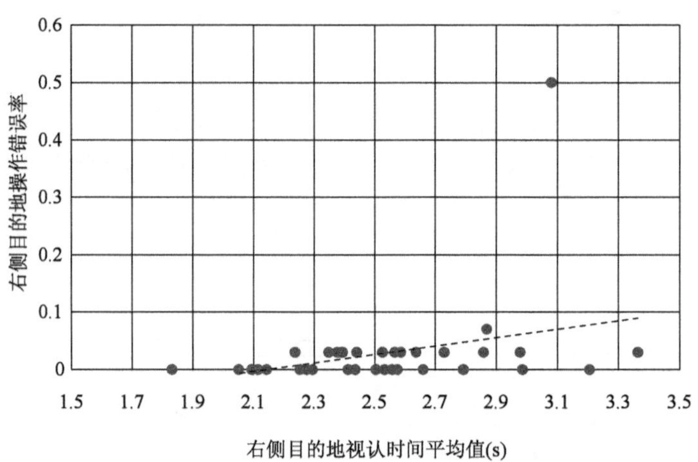

图 7-14　右侧目的地视认时间平均值与操作错误率对比

3. 细节视认特性指标分析

细节视认特性指标包括各方向路径选择错误率与风险点比率。计算和统计结果,如图 7-15 所示,描述统计结果详见表 7-7。与右侧目的地操作错误率相同,部分变量因样本数量少存在偏度较高现象,增加样本后,可使偏度降低。

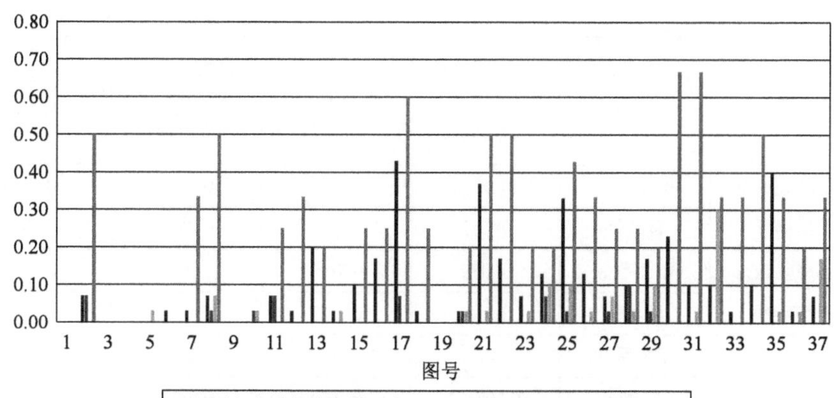

图7-15 各方向路径选择错误率与风险点比率统计结果

细节特性指标描述统计结果 表7-7

	范围	最小值(M)	最大值(X)	平均值(E)	标准偏差	偏度	峰度
左侧目的地路径选择错误率	0.4300	0.0000	0.4300	0.1051	0.116	1.551	1.805
前方目的地路径选择错误率	0.1000	0.0000	0.1000	0.0151	0.027	1.764	2.160
右侧目的地路径选择错误率	0.3000	0.0000	0.3000	0.0335	0.059	3.044	11.165
风险点比率	0.6667	0.0000	0.6667	0.2674	0.199	0.219	-0.671

Pearson 相关性检验结果显示，各方向目的路径选择错误率变量无显著相关性，统计结果详见表7-8。风险点比率与左侧目的地路径选择错误率，变量之间存在显著相关性，与其他方向无显著相关性。

细节视认特性指标 Pearson 相关性检验结果 表7-8

		左侧目的地路径选择错误率	前方目的地路径选择错误率	右侧目的地路径选择错误率	风险点比率
左侧目的地路径选择错误率	相关系数	1	0.179	0.089	0.595**
	显著性	—	0.289	0.598	0.000

续上表

		左侧目的地路径选择错误率	前方目的地路径选择错误率	右侧目的地路径选择错误率	风险点比率
前方目的地路径选择错误率	相关系数	0.179	1	0.056	0.160
	显著性	0.289	—	0.743	0.345
右侧目的地路径选择错误率	相关系数	0.089	0.056	1	0.096
	显著性	0.598	0.743	—	0.572
风险点比率	相关系数	37	37	37	37
	显著性	0.595**	0.160	0.096	1

注：*在置信度(双侧)为0.05时，相关性是显著的；**在置信度(双侧)为0.01时，相关性是显著的。

图7-16以散点图的形式描述风险点比率与左侧目的地路径选择错误率的关系。

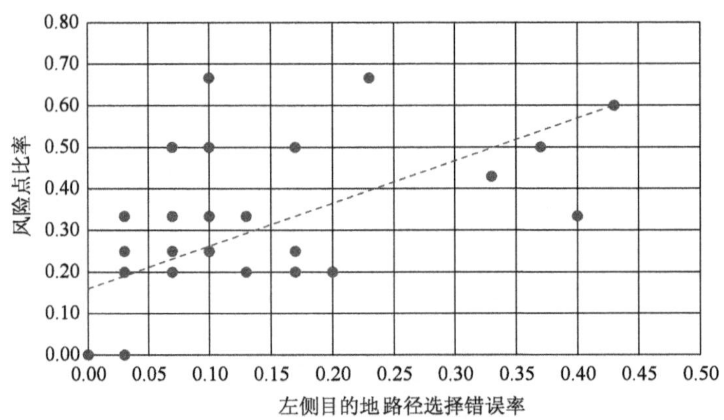

图7-16　风险点比率与左侧目的地路径选择错误率对比

7.4 静态视认综合评价

7.4.1 评价及分类方法

根据研究技术路线及评价方案设计，在评价方面采用因子分析方法，在分类方面借助聚类分析法，这两种方法都是目前常用的数据分析基本方法。

1. 因子分析

因子分析是多元统计分析的一个重要分支。其主要目的是运用对诸多变量的相关性研究,即可以用假设的少数几个变量来表示原来变量的主要信息,以便浓缩数据。因子分析的基本思想是通过对变量的相关系数矩阵的内部结构进行分析的,从中找出少数几个能够控制原始变量的因子,选取公共因子的原则是尽可能包含更多的原始变量信息,建立因子分析模型,利用公共因子再现原始变量之间的相关系数,达到简化变量、降低变量位数和对原始变量再解释及命名的目的。

因子分析过程需经过如下几个重要步骤:

(1)因子提取:通过分析原始变量之间的相互关系,从中提取出数量较少的因子。提取方法是利用样本数据得到因子负荷矩阵。求解因子负荷矩阵的方法有很多,其中最常用的是主成分分析法、主轴因子法等,利用因子负荷矩阵求解变量相关矩阵的特征值,根据特征值的大小确定因子数量。

(2)因子旋转:因子分析的一个重要目的是对原始数据进行综合评价。利用因子提取方法得到的结果虽然保证了因子之间的正交性,也就是因子之间不相关,但因子对变量的解释能力较弱,不容易解释和命名。这时,可以通过对因子模型的旋转变换,使公共因子的负荷系数更接近 1 或更接近 0,通过这种方法得到的公共因子对变量的命名和解释将变得更加容易。进行正交变换可以保证变换后各因子仍正交,但如果经过正交变换后对公共因子仍然不容易解释,也可以对因子进行斜交旋转变换,可能得到比较容易解释的因子。

(3)计算因子得分:利用因子表示原始变量,需要知道因子和原始变量之间的线性关系。为此,需要计算因子得分,为进一步分析奠定基础。计算因子得分的方法主要有回归法、巴特利特法和 Anderson-Rubin 法。

2. 聚类分析

聚类(Cluster)分析又称群分析,它是研究(样品或指标)分类问题的一种统计分析方法,同时也是数据挖掘的一个重要算法。它是由若干模式(Pattern)组成的,通常模式是一个度量(Measurement)的向量,或者是多维空间中的一个点。聚类分析以相似性为基础,在一个聚类中的模式之间比不在同一聚类中的模式之间具有更多的相似性。k-means 算法是聚类分析最常用的算法。

k-means 算法接受输入量 k;然后将 n 个数据对象划分为 k 个聚类以便使得所获得的聚类满足:同一聚类中的对象相似度较高,不同聚类中的对象相似度较小。聚类相似度是利用各聚类中对象的均值所获得一个“中心对象”(引力中心)来进行计算的。

k-means 算法的工作过程如下:

首先从 n 个数据对象任意选择 k 个对象作为初始聚类中心,对剩下的其他对象,则根据它们与这些聚类中心的相似度(距离),分别将它们分配给与其最相似的(聚类中心所代表的)聚类。

然后,再计算每个所获新聚类的聚类中心(该聚类中所有对象的均值)。不断重复这一过程直到标准测度函数开始收敛为止。

一般都采用均方差作为标准测度函数。k 个聚类的特点是各聚类本身尽可能的紧凑,而各聚类之间尽可能的分开。

7.4.2 综合评价

综合以上各项指标的统计性检验结果,可以发现 37 种图形在整体视认和局部视认上都存在显著性差异,绝大部分变量之间都存在显著相关性,也有少量变量之间无显著相关性。已有变量间存在相互作用和连锁反应,单一变量又难以代表复杂度结果。为了全面评价示意图形静态视认复杂度并找出对复杂度起决定影响的关键因素,需要对指标进行转化和综合。

因子分析的具体步骤和结果:

1. 变量相关性检验

12 个指标的 KMO 检验统计值为 0.709 大于 0.5,Bartlett 球形检验的卡方统计值为 239.067($p<0.001$)。原始数据经 Z 标准化处理后,得到各指标之间的相关系数矩阵表(表 7-9),表中大部分数据的绝对值在 0.3 以上,说明变量间有较强的相关性。

2. 特征值及贡献率

以主成分分析为提取方法,计算其特征值及贡献率,获得解释的总方差,详见表 7-10。因子分析希望用尽可能少的主成分包含原来尽可能多的信息,而主成分数量的保留原则遵循如下两点原则:(1)提取主成分的累积贡献率达到 80% ~85%;(2)特征值大于 1。根据特征值的大小确定 4 个主成分(F1,F2,F3,F4),累计贡献率为 76.878%,即提取信息量占原始数据信息总量的 76.878%。

相关系数矩阵 表 7-9

	整体视认时间	左侧目的地视认时间	直行目的地视认时间	右侧目的地视认时间	左侧目的地操作错误率	前方目的地操作错误率	右侧目的地操作错误率	左侧目的地路径选择错误率	前方目的地路径选择错误率	右侧目的地路径选择错误率	风险点比率	主观打分
整体视认时间	1.000	0.772	0.539	0.533	0.295	0.235	0.191	0.523	-0.023	0.401	0.402	0.828
左侧目的地视认时间	0.772	1.000	0.539	0.582	0.184	0.251	0.265	0.461	-0.117	0.457	0.302	0.744
直行目的地视认时间	0.539	0.539	1.000	0.525	0.423	0.596	0.077	0.366	-0.036	0.137	0.113	0.722
右侧目的地视认时间	0.533	0.582	0.525	1.000	0.510	0.347	0.329	0.460	0.014	0.502	0.239	0.649
左侧目的地操作错误率	0.295	0.184	0.423	0.510	1.000	0.362	0.209	0.312	-0.011	0.234	0.197	0.329
前方目的地操作错误率	0.235	0.251	0.596	0.347	0.362	1.000	0.084	-0.054	-0.158	0.073	-0.147	0.308
右侧目的地操作错误率	0.191	0.265	0.077	0.329	0.209	0.084	1.000	-0.039	-0.069	0.769	-0.005	0.053
左侧目的地路径选择错误率	0.523	0.461	0.366	0.460	0.312	-0.054	-0.039	1.000	0.179	0.089	0.595	0.569
前方目的地路径选择错误率	-0.023	-0.117	-0.036	0.014	-0.011	-0.158	-0.069	0.179	1.000	0.056	0.160	0.115
右侧目的地路径选择错误率	0.401	0.457	0.137	0.502	0.234	0.073	0.769	0.089	0.056	1.000	0.096	0.224
风险点比率	0.402	0.302	0.113	0.239	0.197	-0.147	-0.005	0.595	0.160	0.096	1.000	0.326
主观打分	0.828	0.744	0.722	0.649	0.329	0.308	0.053	0.569	0.115	0.224	0.326	1.000

解释的总方差　　表 7-10

组件	初始特征值			提取载荷平方和			旋转载荷平方和		
	总计	方差百分比	累积(%)	总计	方差百分比	累积(%)	总计	方差百分比	累积(%)
1	4.788	39.900	39.900	4.788	39.900	39.900	4.094	34.119	34.119
2	1.809	15.077	54.977	1.809	15.077	54.977	1.965	16.374	50.493
3	1.588	13.231	68.208	1.588	13.231	68.208	1.887	15.722	66.215
4	1.040	8.670	76.878	1.040	8.670	76.878	1.280	10.664	76.878
5	0.866	7.215	84.093						
6	0.490	4.085	88.179						
7	0.379	3.155	91.334						
8	0.346	2.881	94.215						
9	0.255	2.123	96.338						
10	0.202	1.685	98.023						
11	0.170	1.420	99.443						
12	0.067	0.557	100.000						

3. 主成分及得分系数

通过 Kaiser 标准化四分法旋转，经 5 次迭代后收敛，得 12 个变量在 4 个主成分上的载荷矩阵(表 7-11)，第一主成分在主观打分、整体视认时间、左侧目的地视认时间、左侧目的地路径选择错误率、右侧目的地视认时间、风险点比率、前方目的视认时间上有较大的载荷；第二主成分在右侧目的地操作错误率、右侧目的地路径选择错误率上有较大载荷；第三主成分在前方目的地操作错误率、前方目的地视认时间、左侧目的地操作错误率上有较大载荷，第四主成分在前方目的地路径选择错误率上有较大载荷。通过回归算法，得到各主成分得分系数矩阵，详见表 7-12。

旋转后的成分矩阵[a]　　表 7-11

	组件			
	1	2	3	4
主观打分	0.883	-0.024	0.274	-0.008
整体视认时间	0.881	0.158	0.079	-0.114
左侧目的地视认时间	0.843	0.249	0.052	-0.277

续上表

	组件			
	1	2	3	4
左侧目的地路径选择错误率	0.756	-0.117	-0.065	0.405
右侧目的地视认时间	0.615	0.377	0.419	0.125
风险点比率	0.592	-0.052	-0.288	0.443
右侧目的地操作错误率	0.059	0.921	0.063	-0.048
右侧目的地路径选择错误率	0.275	0.908	0.024	0.017
前方目的地操作错误率	0.142	-0.009	0.832	-0.259
左侧目的地操作错误率	0.254	0.204	0.655	0.373
前方目的地视认时间	0.602	-0.068	0.642	-0.112
前方目的地路径选择错误率	0.002	-0.012	-0.039	0.770

注:提取方法:主成分分析;旋转方法:Kaiser 标准化四分法;a. 旋转在 5 次迭代后已收敛。

各主成分得分系数矩阵 表 7-12

	组件			
	1	2	3	4
整体视认时间	0.261	-0.002	-0.124	-0.170
左侧目的地平均值	0.262	0.047	-0.163	-0.302
前方目的地平均值	0.096	-0.129	0.303	-0.068
右侧目的地平均值	0.073	0.136	0.166	0.113
左侧目的地操作错误率	-0.091	0.072	0.427	0.384
前方目的地操作错误率	-0.071	-0.070	0.483	-0.113
右侧目的地操作错误率	-0.072	0.501	-0.022	0.000
左侧目的地路径选择错误率	0.217	-0.115	-0.110	0.243
前方目的地路径选择错误率	-0.073	0.026	0.084	0.633
右侧目的地路径选择错误率	-0.003	0.478	-0.075	0.025
风险点比率	0.194	-0.051	-0.225	0.263
主观打分	0.233	-0.108	0.027	-0.061

4. 综合得分

根据成分系数得分矩阵,可以计算原始变量在 4 个成分上的得分。再乘以主成分对应的方差贡献率,可以得到各图形综合评分,静态视认复杂度 Y。

$$F_1 = 0.261X_1 + 0.262X_2 + 0.096X_3 + 0.073X_4 - 0.091X_5 - 0.071X_6 - 0.072X_7 + 0.217X_8 - 0.073X_9 - 0.003X_{10} + 0.194X_{11} + 0.233X_{12} \quad (7\text{-}1)$$

$$F_2 = -0.002X_1 + 0.047X_2 - 0.129X_3 + 0.136X_4 + 0.072X_5 - 0.07X_6 + 0.501X_7 - 0.115X_8 + 0.026X_9 + 0.478X_{10} - 0.051X_{11} - 0.108X_{12} \quad (7\text{-}2)$$

$$F_3 = -0.124X_1 - 0.163X_2 + 0.303X_3 + 0.166X_4 + 0.427X_5 + 0.483X_6 - 0.022X_7 - 0.11X_8 + 0.084X_9 - 0.075X_{10} - 0.225X_{11} + 0.027X_{12} \quad (7\text{-}3)$$

$$F_4 = -0.17X_1 - 0.302X_2 - 0.068X_3 + 0.113X_4 + 0.384X_5 - 0.113X_6 + 0.243X_8 + 0.633X_9 + 0.025X_{10} + 0.263X_{11} - 0.061X_{12} \quad (7\text{-}4)$$

$$Y = 0.444F_1 + 0.213F_2 + 0.204F_3 + 0.139F_4 \quad (7\text{-}5)$$

由此公式计算出37种图形综合评分及排序结果详见表7-13,描述统计结果详见表7-14。总体来看,笔画少、出口少的图形排名相对更靠前,复杂度相差最大的为25号图形(1.670分,最高)与4号图形(-0.919分,最低),相差2.59分;复杂度相差最小的为8号图形和28号图形,相差0.001。

综合评价表 表7-13

综合排名	图形编号	综合评分	图形	综合排名	图形编号	综合评分	图形	综合排名	图形编号	综合评分	图形
1	4▲★	-0.919		14	34	-0.155		27	37◆	0.222	
2	5	-0.914		15	11	-0.143		28	27	0.332	
3	3	-0.846		16	33	-0.139		29	23	0.360	
4	6	-0.794		17	15	-0.105		30	36	0.396	
5	1	-0.587		18	18	-0.098		31	29	0.423	
6	2	-0.524		19	16	-0.077		32	26	0.482	
7	12★	-0.52		20	22★	0.039		33	35	0.528	
8	7	-0.391		21	8*	0.049		34	21	0.576	
9	19	-0.357		22	28*	0.056		35	17	0.669	
10	14	-0.342		23	9	0.057		36	32◆	1.252	
11	10★	-0.321		24	30◆★	0.132		37	25△	1.670	
12	31	-0.179		25	24	0.137					
13	13	-0.168		26	20	0.197					

注:▲表示评分最低的图形;△表示评分最高的图形;*表示评分相差最少的图形;★表示典型立交桥示意图形;◆表示笔画简单、评分较高的图形。

综合评分描述统计结果 表 7-14

	范围	最小值（M）	最大值（X）	平均值（E）	标准偏差	偏度	峰度
综合评分	2.59	-0.92	1.67	0.00	0.55	0.753	1.521

7.4.3 等级划分

根据图形视认复杂程度差异确定图形分类，可以更有针对性地研究和使用立交桥图形指路标志，分类结果能够为工程实践及深入研究提供基础支撑。基于因子分析的综合评价得分是在结合图形整体视认特性、局部视认特性、细节视认特性指标后对示意图形静态视认复杂度的综合评价指标。综合得分的差距能够反应不同图形间的视认差异性，分差越高，示意图形视认的复杂程度区别越大。综合分析 37 个图形的综合评分差值与聚类结果，将 37 种图形按照低等复杂度、中等复杂度和高等复杂度分为三类。

按照排名顺序计算，对差值大于 0.1 的位置进行统计，结果如图 7-17 所示。考虑采用聚类数为 3 的聚类分析结果易受到最后 3 个图形差值偏大的影响。此外，根据前期研究经验，聚类分析基于 12 个基础指标变量，其分类结果与综合评分结果不完全一致，无法直接判断分界点位置。

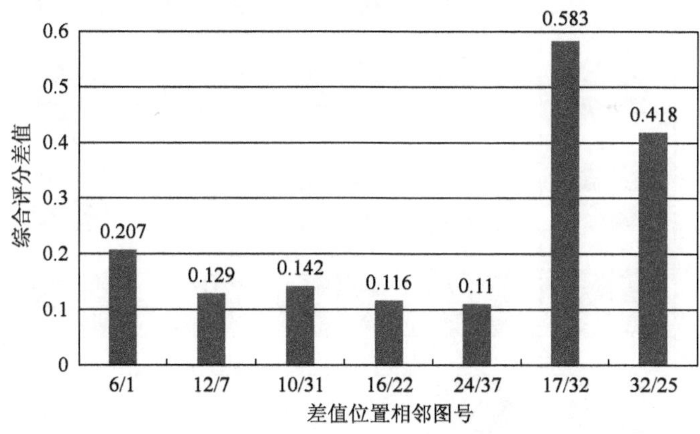

图 7-17 综合评分差值统计结果

基于 12 个基础指标变量，利用 SPSS 22.0 软件 K 均值聚类分析方法，在不同聚类数的前提下，对 37 种图形进行分类。随着聚类数的增加，图形分类更细，分类结果与综合评分排序越接近。采用图形对比聚类数为 2、3、4、5、6 的分类结果与综合打分间的关系，可以确定图形复杂度分类的分界点，如图 7-18 所示。37 种示意图形静态视认复杂度的分类结果详见表 7-15。

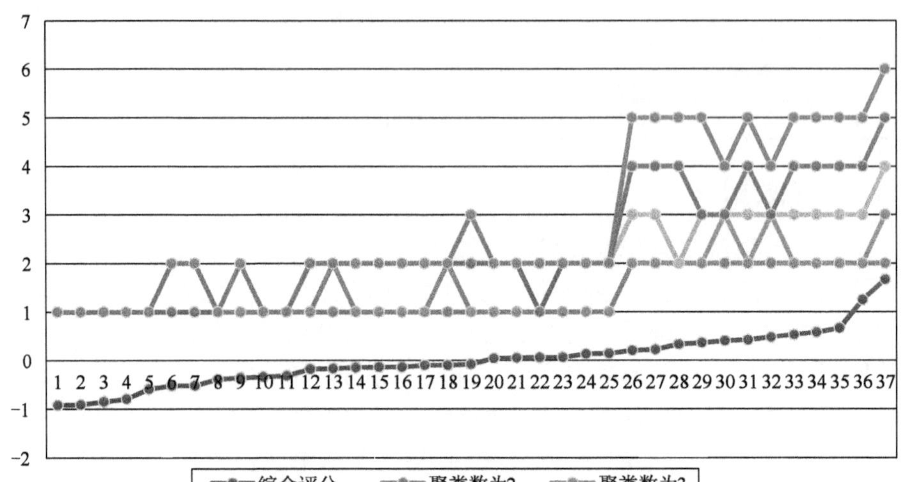

图 7-18　聚类数为 2、3、4、5、6 的分类结果对比

37 种示意图形静态视认复杂度的分类结果　　表 7-15

图号	4	5	3	6	1	2
低等复杂度						
	12	7	19	14	10	
图号	31	13	34	11	33	15
中等复杂度						
	18	16	22	8	28	9
	30	24				
图号	20	37	27	23	36	29
高等复杂度						
	26	35	21	17	32	25

7.5 本章小结

本章内容以探索立交桥示意图形视认复杂程度量化及分类的静态实验评价方法为目标，首先通过立交桥示意图形视认实验记录了驾驶人在图形视认过程中整体、局部及细节的视认时间和正确率，并对视认特性数据进行分析。视认实验证明了37种图形在整体、局部及细节方面的视认绩效存在显著差异性，这是图形指路标志后续研究的重要前提。

基于12个视认特性指标存在显著的相关性，研究提出了应用因子分析对标志视认复杂度进行全面综合量化评价的方法，并通过对37种图形的综合评价验证了实验评价方法的可行性，即为研究同类标志提供了研究方法，也为立交桥图形指路标志分类及视认规律研究奠定基础。综合评价结果显示，37种图形的视认复杂度在-0.92至1.67之间，从分布规律上看，图形视认复杂度与图形特点、要素表达方式、使用程度等存在一定的关联关系。

将综合评分结果与采用k-means算法多次获得的不同聚类数的分类结果比对，确定图形视认复杂度分类边界，将37种图形按照低等复杂度、中等复杂度、高等复杂度分为3类。分类结果为更加全面地认识和使用立交桥图形指路标志，更好地提升道路交通安全水平奠定基础。

最后，根据评价结果对实验和数据分析中发现的视认规律进行探索，探索结果在一定程度上与视认规律假设相吻合，体现了方法的客观性与合理性。

此外，研究中还发现一些问题，值得在后续工作开展更深入的研究。

研究结果为计算立交桥示意图形复杂程度提供了方法，但实际道路立交桥复杂情况多种多样，研究中无法一一列举，只是选取了已有的37种图形作为对象。为提高方法的适用性，可以对不同国家和地区常用的立交桥图形进行测试，对综合评价的计算公式进行修正。部分数据在正态检验时偏度较大，就与同类样本数量少有关。

研究分析的结论基于静态实验获取的数据，与真实道路环境中驾驶人对立交桥图形指路标志的视认过程相比，实验环境存在局限性。可以进一步采用驾驶模拟实验或实地测试的方法对实验数据和结论进行修正。

尽管实验给被试驾驶人佩戴了眼动仪，但研究中只对视认时间和判断结果进行分析，后续研究中可以通过分析驾驶人注视点的轨迹变化情况，对示意图形视认特性开展更深入的研究。

本章参考文献

[1] 赵晓华，黄利华，荣建. 快速路复杂立交桥区立交桥型指路标志对行驶速度的影响[J]. 北京工业大学学报，2015，41(09)：1405-1414.

[2] 崔正虎. 城市道路指路标志文字排版方式及信息量对路网空间表征的影响[D]. 杭州：浙江理工大学，2015.

[3] 李艳玲，曹鹏，戴权，等. 基于人机工效学的交通标志有效性评价指标研究[J]. 公路交通科技(应用技术版)，2009(05)：226-229.

[4] 刘西，张侃. 道路交通标志的量化评价方法[J]. 人类工效学，2003(04)：23-26.

[5] Susan T C，Alicia A W，Dillon S F，et al. Driver Comprehension of Diagrammatic Freeway Guide Signs：Final Report [R]. Texas Transportation Institute，2006.

[6] Helmut T Z. Andrew R. James M R，et al. Evaluation of the Effectiveness of Ground mounted Diagrammatic Advance Guide Signs for Freeway Entrance Ramps [J]. Transportation Research Record，2003，No. 03-3315：1-20.

[7] Bryan J K，Erin E D，Mary A B，et al. Evaluation of Truncated Arrow-per-Lane Guide Signs [J]. Transportation Research Record，2014(2434)：89-94.

[8] 狄胜德，姜明，矫成武，等. 基于信息检索时间的不同类型指路标志极限信息量的研究[J]. 公路，2011(07)：255-259.

[9] 中华人民共和国国家质量监督检验检疫总局，中国国家标准化管理委员会. 道路交通标志和标线 第2部分 道路交通标志：GB 5769.2—2009[S]. 北京：中国标准出版社，2009.

[10] 中华人民共和国住房和城乡建设部，中华人民共和国国家质量监督检验检疫总局. 城市道路交通标志和标线设置规范：GB 51038—2015[S]. 北京：中国计划出版社，2015.

[11] 北京市质量技术监督局. 道路交通管理设施设置规范：DB 11/T 493.1—2007[S]. 北京：北京市质量技术监督局，2007.

[12] 天津市质量技术监督局. 天津市城市道路交通指引标志设置规范：DB 12/445—2011[S]. 天津：天津市质量技术监督局，2011.

[13] 重庆市质量技术监督局. 重庆市城市道路交通管理设施设置规范：DB 50/T 548.1—2014[S]. 重庆：重庆市质量技术监督局，2014.

[14] 孙家驷. 道路立交规划与设计[M]. 北京：人民交通出版社，2009.

[15] 陈明磊,吴湛坤.美国高速公路简图指路标志设计研究[J].中外公路,2012(02):268-271.
[16] 金在温,查尔斯·W.米勒.因子分析:统计方法与应用问题[M].上海:上海人民出版社,2012.

第 8 章

立交桥示意图形动态视认实验评估

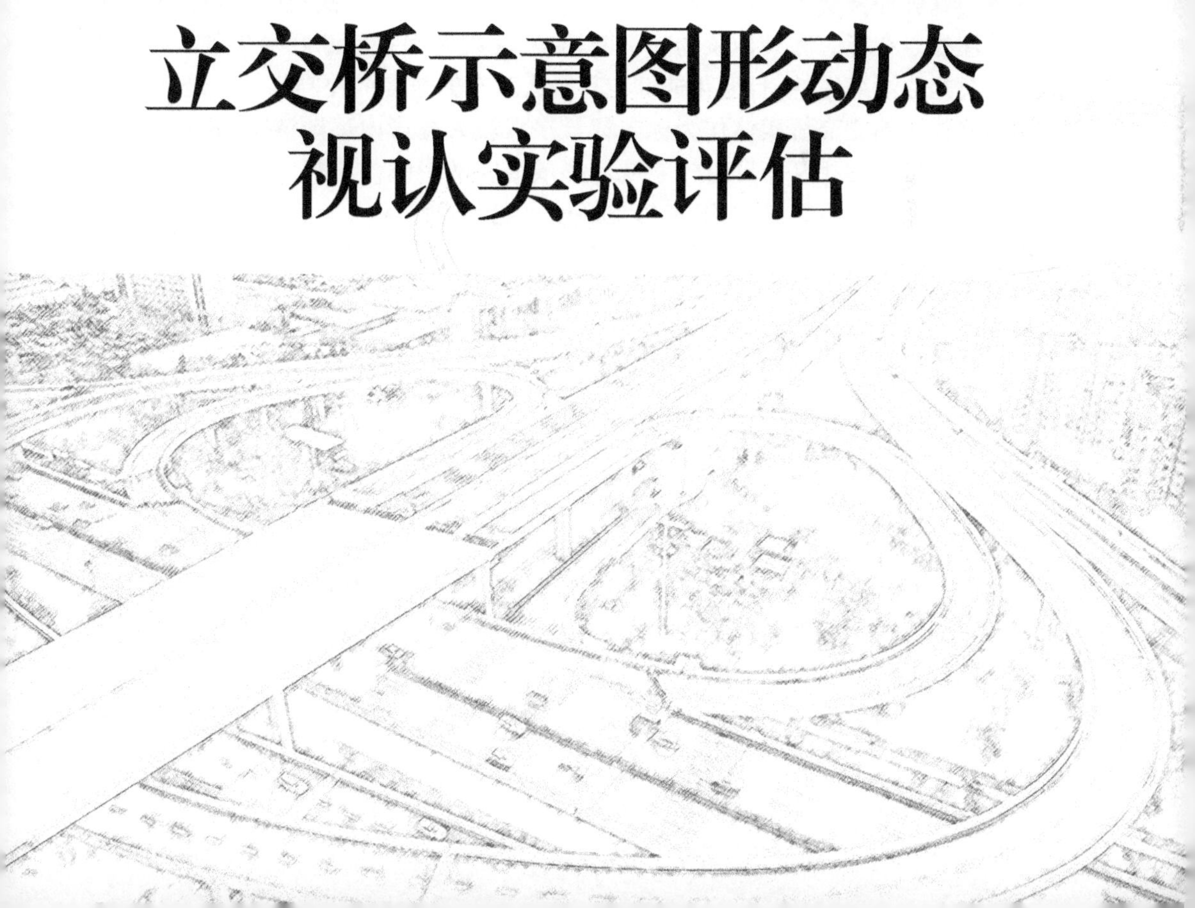

本章将研究以驾驶模拟实验为核心的动态实验评价方法，从驾驶人动态视认特性和标志对驾驶行为影响的角度评价立交桥示意图形视认复杂度，并将结果与静态视认复杂度的评价结果进行对比分析，期望建立更加全面客观的实验评价方法。研究进一步挖掘驾驶人在立交桥示意图形视认过程中的驾驶行为特性，分析结果将使图形视认复杂度评价角度更加全面，指标更加丰富，实验评价方法得到验证和补充，为规范使用立交桥图形指路标志，建立健全城市快速路标志体系，制定有关管理规范和措施服务。

8.1 需求分析

8.1.1 动态实验评价方法目的

从认知理论角度分析，驾驶人在对立交桥图形指路标志的实际视认过程中具有以下特点。首先，驾驶人的标志视认过程与驾驶过程是叠加在一起的，视认任务与驾驶任务交叉切换或同时进行，存在相互影响。其次，视认过程中，驾驶人的注视点在标志和其他景物间不断切换，注视时间是间断和分散的。标志视认距离是逐渐缩短的，且变化速度与驾驶人对车辆速度的控制相关。最后，示意图形所代表的立交桥实体作为标志背景在驾驶人视野内逐渐清晰，背景信息与图形内在信息的相互印证对标志视认形成潜在的影响。与静态实验相比，动态实验更加贴近实际驾驶过程，能够更好地呈现上述特点。

动态实验正成为标志视认性和有效性研究的重要方法。在标志视认性研究方面，已有动态实验设计从人机功效学和认知理论的角度，对驾驶人的动态视认特性进行研究，配合眼动仪等设备，研究行车过程中驾驶人的动视力变化、视野区域和注意力分配等，并通过这些研究结果对静态试验的研究结果进行修正，典型的研究内容包括不同特性驾驶人动态视觉感知能力、指路标志汉字字高模型修正、指路标志信息量阈值界定等。实验获取的数据以驾驶人的动态视认特性指标为主，包括注视时间、注视次数、扫视时间、扫视幅度、眨眼频率等。在标志有效性研究方面，已有动态实验设计通常结合驾驶行为理论对标志设施设置方案、标志内容的效用进行对比或评价，实验获取的数据以驾驶行为类和车辆运行类指标为主。随着驾驶模拟器在交通设施研究领域的普及，关于动态实验方法在场景设定、模型修正、有效性评估等方面不断成熟完善，建立起若干研究模式。

动态实验可以更好地模拟驾驶人对立交桥图形指路标志视认的过程，获取驾驶人在多任务驱动下的视认数据和驾驶行为数据,可以为评价示意图形复杂程度提供重要支撑。视认数据反映图形复杂度对视认过程的影响,包括注视时间、注视次数的变化;驾驶行为数据反映图形复杂度对驾驶任务的影响,包括加速踏板控制、速度变化等。从实际驾驶过程和视认感受分析,视认行为与驾驶行为之间是相互影响的。这种影响体现在两个方面。一是驾驶人对标志信息的视认使理想的汽车预期行驶轨迹不断改变。二是驾驶人不断调整车辆运行状态用来更好地观察和理解图形标志的含义,例如主动降低车速已获得足够的视认时间和轨迹调整空间。综合两方面的数据,才能够更全面地反映立交桥示意图形的动态视认复杂度。

静态实验更多关注图形自身的视认复杂度,动态实验则侧重于图形在应用中的视认复杂度。在静态实验评价方法取得一定研究成果的基础上,构建动态实验研究方法,既是对静态实验评价方法科学性的检验,也对动态实验研究的拓展,对立交桥图形标志视认复杂性评价及同类研究具有重要的意义。

8.1.2 动态实验评价方法设计思路及特点

研究在借鉴国内外同类实验和评价方法的基础上,从静态实验结果中选出不同复杂度等级的立交桥示意图形,分析不同立交桥图形指路标志对驾驶人动态视认和驾驶行为的影响,并以分析结果为参考,提出基于动态实验的立交桥示意图形视认复杂度动态实验评价方法。

动态实验评价方法的主要思路及特点如下。

(1)在确定以视认特性和驾驶行为特性为重点分析对象的基础上,借鉴已有指路标志视认性和有效性研究中的实验方法进行实验部分方案设计。实验以驾驶模拟综合平台为依托,主要设计内容包括示意图形选取、指路标志系统设计、实验场景设计和实验任务设定。为满足验证静态实验评价方法需要,从静态视认复杂度评价结果中选择低等复杂度图形 1 个、中等复杂度图形 1 个、高等复杂度图形 3 个,并根据现有快速路指路标志设置标准确定指路标志体系构成和各版面内容。实验任务以给定目的地的驾驶操作任务为主,旨在获取视认特性数据、驾驶行为数据和车辆运行数据。同时,结合主观问卷获取驾驶人对实验方法的感受和改进意见。

(2)以立交桥图形指路标志前 200m 为研究范围,分别从整体视认和过程视认两个方面,对标志的视认特性及示意图形对驾驶行为和车辆运行状态的影响进行统计分析。将数据分析结果与动态视认规律假设比照,并以此验证复杂示意图形的负面影响。

技术路线如图 8-1 所示。

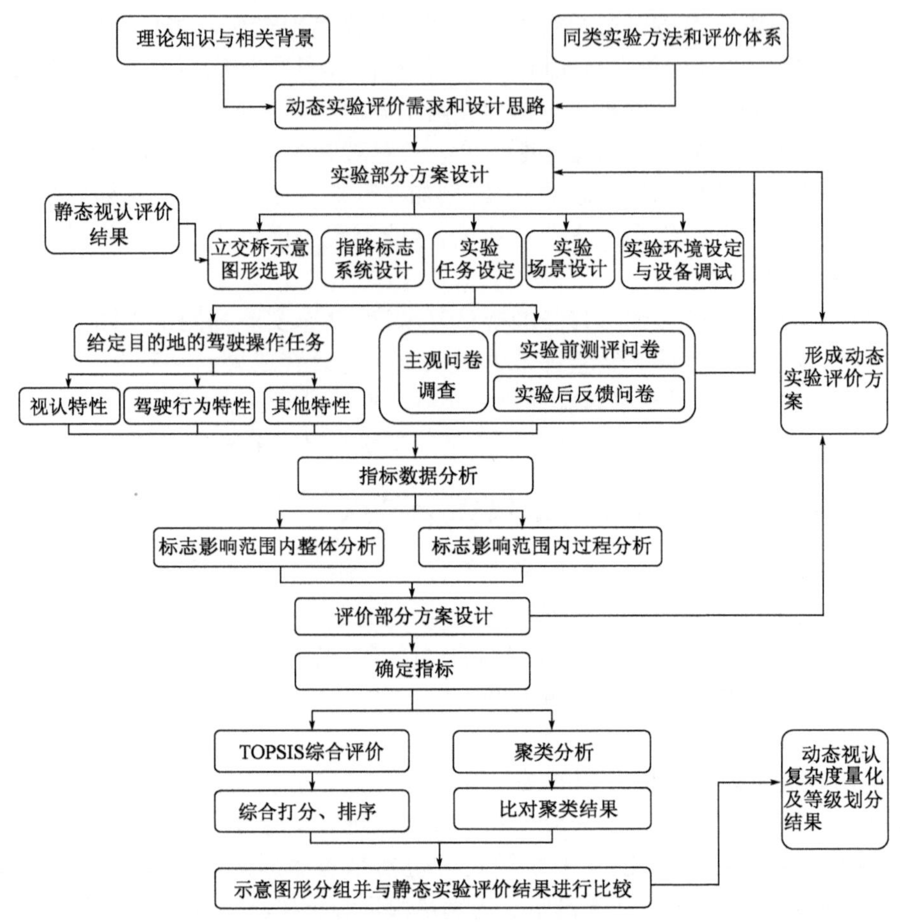

图 8-1　动态实验评价方法研究技术路线

(3)在数据分析的基础上,对评价部分进行方案设计。采用 TOPSIS(逼近理想解排序法)综合评价方法,判断示意图形视认复杂度与最优解和最劣解的距离,并以此进行评分和排序。在结合聚类分析方法获得 5 个图形的动态视认复杂度分类结果。

(4)综合实验部分与评价部分设计方案,形成立交桥示意图形视认复杂度动态实验评价方法,TOPSIS 排序结果和聚类分析的分类结果,共同形成立交桥示意图形动态视认复杂度量化及等级划分成果。

8.1.3 动态实验评价方法研究预期结果

在已经构建立交桥示意图形静态实验评价方法和静态视认复杂度评价结果的前提下,进行动态实验评价方法研究,主要的预期结果如下。

(1)通过对5个示意图形的动态实验和综合评价,能够与静态实验评价的结果相吻合,在验证动态实验评价方法可行性的同时,完成对静态实验评价方法结果的验证。如果结果不吻合,期望通过对实验评价方法的对比分析明确差异产生的根本原因,有助于方法的完善。

(2)通过动态实验获取以不同复杂程度立交桥示意图形为核心的指路标志,在视认过程中对驾驶行为和车辆运行状态的影响分析,验证不同复杂程度示意图形间的视认规律假设,明确复杂示意图形的负面影响,使人们对立交桥示意图形的认知更客观准确。

(3)通过数据分析找出影响动态视认评价的关键指标,分析结果能够拓展立交桥示意图形视认复杂度评价角度和评价内容,为优化实验评价方法及后续研究奠定基础。

(4)实验及评价过程中遇到的问题,为后续研究提供经验和依据。

8.2 实验方案设计

8.2.1 实验目的

动态实验模拟驾驶人在实际道路中完成立交桥图形指路标志视认的全过程,并记录与之相关的各类数据。基于静态实验评价结果选择不同复杂度等级的5种典型的示意图进行动态视认实验,主要目的包括:在驾驶模拟器中进行测试以观察和研究不同复杂程度示意图形视认过程中驾驶行为和车辆运行状态的差异;获取动态视认特性、驾驶行为特性和车辆运行特性等实验数据,为研究示意图形动态视认规律和综合评价提供数据基础。通过实验,总结实验设计方案中存在的问题。

8.2.2 被试人员与实验仪器

充分考虑我国机动车驾驶人性别和年龄分布特点并进行比例控制,研究招募了30名被试人员。由于2名被试人员不适应驾驶模拟环境无法参与实验。实际共有21名男性和7名女性,共28名被试人员完成了实验。被试人员的年龄范围为22至55岁(Average = 33.18, SD = 9.63),所有被试人员均具有2年以上驾驶经验(Average = 8.72, SD = 6.22)。被试人员视力或矫正视力正常,有近视的被试人员需要配戴隐形眼镜以确保有正常的矫正视力参与到实验中,所有被试人员均无色弱、色盲。在实验前,要求被试人员具有规律的昼夜节律,没有睡眠障碍或模拟器疾病等。在参与研究前,所有被试人员都同意并签署了知情同意书,并且在实验结束后均得到了补偿。

在驾驶行为研究中,根据中心极限定理,30 个或更多参与者的样本量是可取的。然而,由于实验复杂程度及资源消耗,研究人员也可采用较小的样本量。在之前的研究中,在 Zwahlen 等人关于地面安装图形指路标志设置效用研究的实验中,采用 13 名被试人员作为样本;在 Susan 对交通标志的夜间易读性的研究中,招募了 24 名参与者;2003 年,在国内关于高速公路出口指路预告标志的研究中,招募了 24 名参与者完成驾驶模拟器研究。目前,在驾驶行为研究中,小于 30 名参与者的样本量是可接受的。

本次实验仍基于北京工业大学驾驶行为模拟实验平台进行。在现有平台基础上,根据测试选用的 5 种立交桥示意图形,分别设计配套指路标志系统,并参考北京市道路环境和快速路设计规范搭建快速路立交桥场景;设置城市快速路交通条件参数,包括车速控制、交通流量等;设置数据记录参数,采样频率为 30Hz,提取行驶速度、加速度、偏移中心线位置等车辆行驶状态数据和制动、加速踏板、转向盘转角等操控行为数据。

实验过程中,驾驶人需佩戴 SMI 无线眼动追踪眼镜 2.0(简称 SMI ETG 2w)以获取相关注视数据。该设备具有实时追踪捕捉人体眼动数据的功能。其头部装置能够实现人眼行为实时记录,具有最全方位的感应装置,而且可实现双眼视觉捕捉功能,该功能对反映真实事物的立体深度感及确定人眼自然视觉定向具有重要作用。该设备通过远端电脑设备无线操控,操作者可收集被试状态信息,进行校准,观察眼球实时运动路径以及对用户行为添加即时注解。配套软件 SMI BeGaze 具有强大的数据分析功能,可对相关记录数据的序列进行有效分析,实现精准定位。设备采用频率为双眼 60Hz,追踪幅度可覆盖水平 80 度、垂直 60 度范围。另外,要求其填写主观调查问卷,采集反映驾驶人外在表现、生理指标、心理指标和主观评价方面的信息。

8.2.3 立交桥图形指路标志设计

1. 示意图形选取

驾驶模拟实验平台的模型制作需要耗费大量资源,无法将 37 个图形(表 8-1)同时作为研究对象。结合立交桥图形指路标志的实际使用,选择 5 个典型的示意图形用于模拟驾驶测试以研究它们的视认复杂性(图 8-2)。这 5 种图形相对应的立交桥形式在城市快速路立交桥设计中经常被用到,具有一定的代表性,将五种图形分别命名为 DGS1、DGS2、DGS3、DGS4、DGS5。DGS 是图形指路标志英文 Diagrammatic Guide Signs 的缩写。DGS1 从低复杂度类别中选择,DGS2 从中等复杂度类别中选择。DGS3、GDS4 和 DGS5,选自高复杂度类别。选择上述 5 种图形,一是考虑图形复杂度的覆盖范围,二是高复杂度图形更有可能表现出特有的视认特性。

37 种示意图形静态视认复杂度分类结果 表 8-1

图号	4	5	3	6	1	2	12	7	19	14	10
低等复杂度											

图号	31	13	34	11	33	15	18	16	22	8	28	9	30	24
中等复杂度														

图号	20	37	27	23	36	29	26	35	21	17	32	25
高等复杂度												

a)DGS1(10号图形) b)DGS2(22号图形) c)DGS3(29号图形) d)DGS4(26号图形) e)DGS5(21号图形)

图 8-2 5 种不同复杂度的示意图形

同时,简单的桥型标志已经被广大驾驶人熟悉和接受,而复杂桥型标志出现较晚、使用频率较少,对驾驶人影响更大,是实际工作中最令人困惑的内容,也是当前工作以及随后研究的焦点。因此,为了能够给高度复杂的图形指路标志的后续优化研究提供更多参考依据,本次实验从高复杂性类别中选择了相较其他类别更多数量的图形。

2. 立交桥出口系列指路标志设计

北京市城市快速路指路标志设置指南规定立交桥指路标志系统由预告指路标志、立交桥图形指路标志、出口地点方向标志构成。参照规定内容,以 5 种示意图形为基础,设计了图形指路标志,完成了系统配套预告标志和出口标志的设计,形成了 5 套完整的立交桥指路标志系统方案(图 8-3)。每套标志系统分别由 3 个指路预告标志(a,b 和 c)、1 个立交桥图形指路标志(d)和若干个出口标志(e,f 和g)构成。其中,出口标志的设置方式与实际应用中保持一致,具体设置方式取决于立交桥出口的类型。对应 5 套指路标志方案,同时设计了 5 条模拟场景测试路线(图 8-3)。实验开始前,这些路线会被加载到驾驶模拟器系统中。

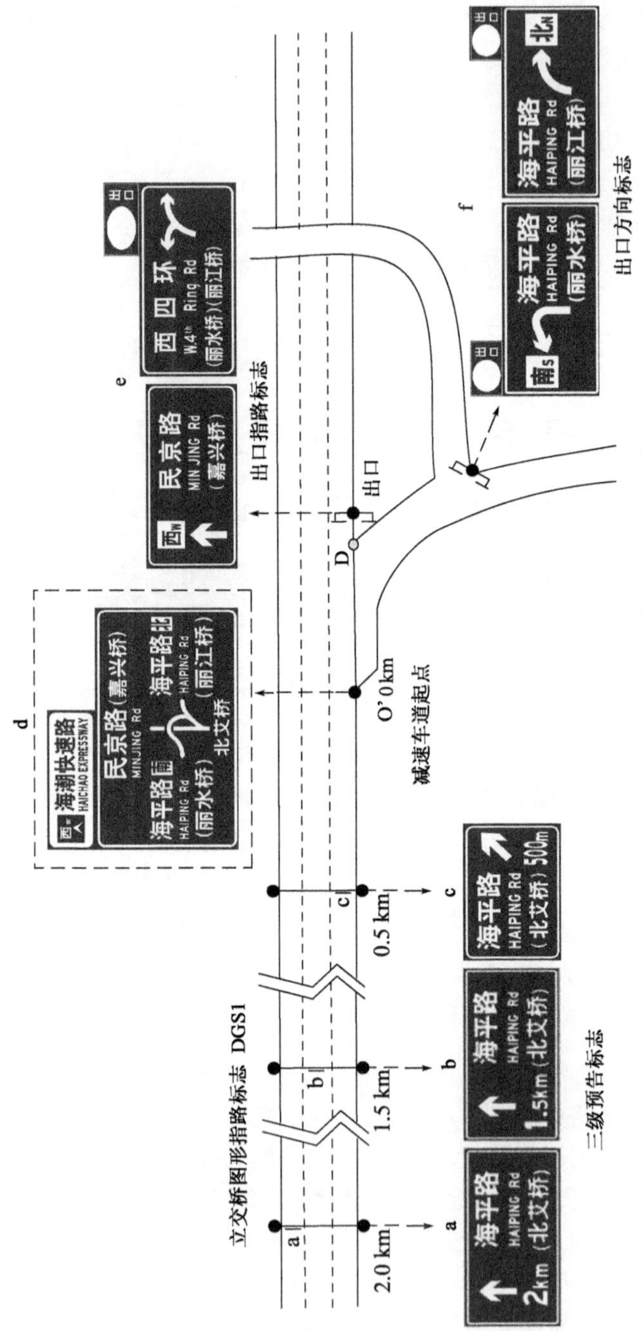

a)对应DGS1的指路标志系统

图 8-3

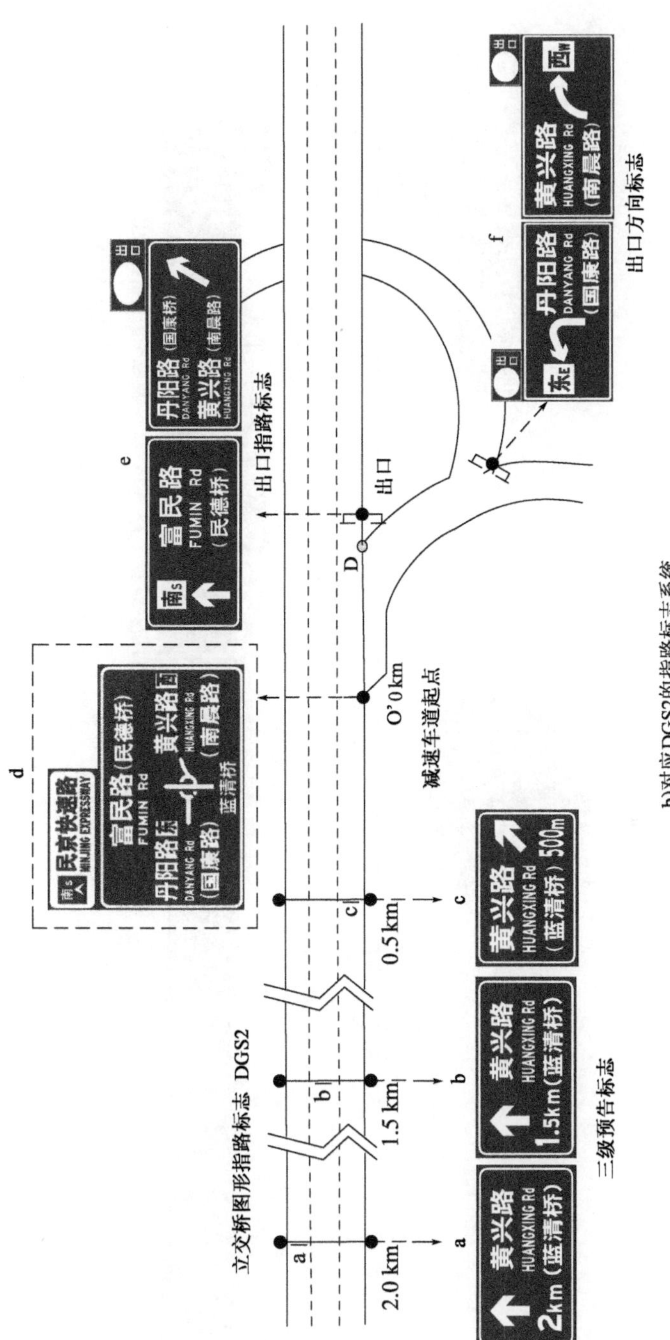

b)对应DGS2的指路标志系统

图 8-3

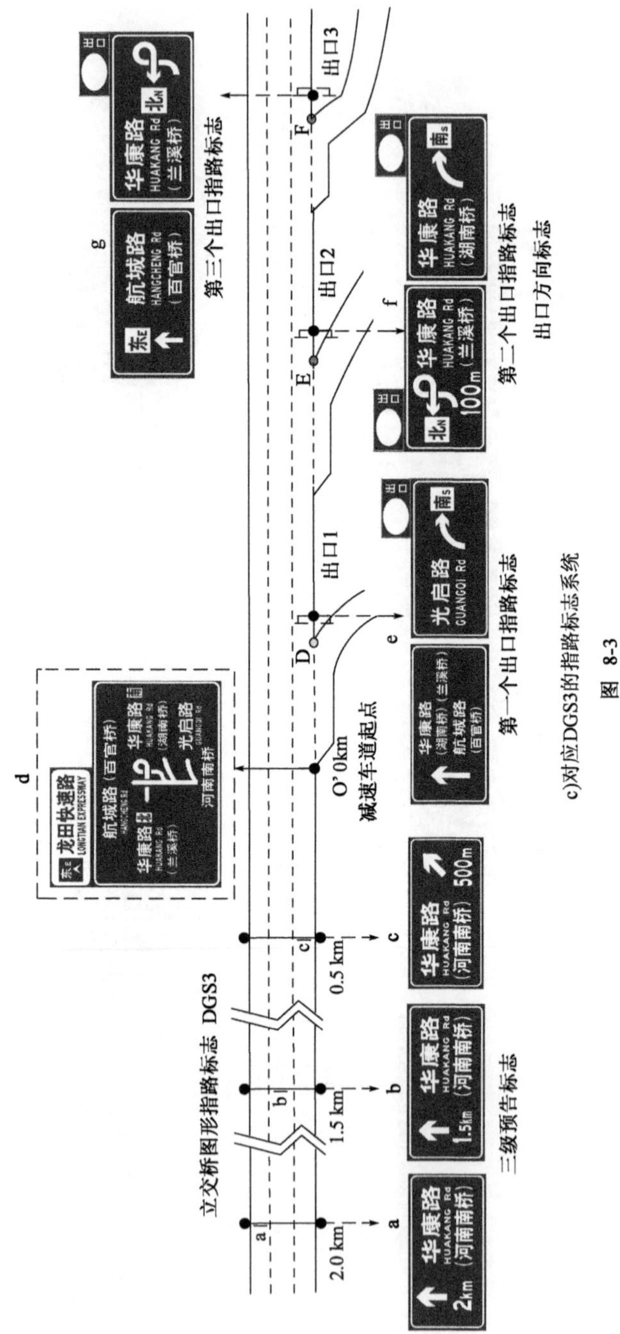

c)对应DGS3的指路标志系统

图 8-3

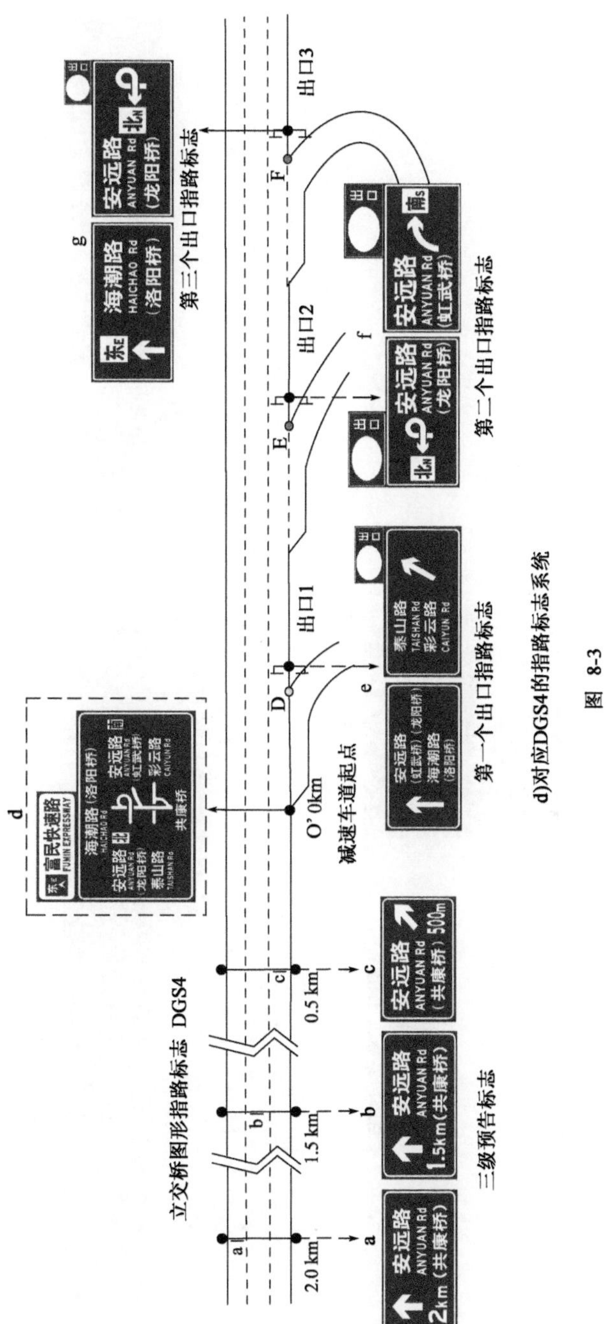

d)对应DGS4的指路标志系统

图 8-3

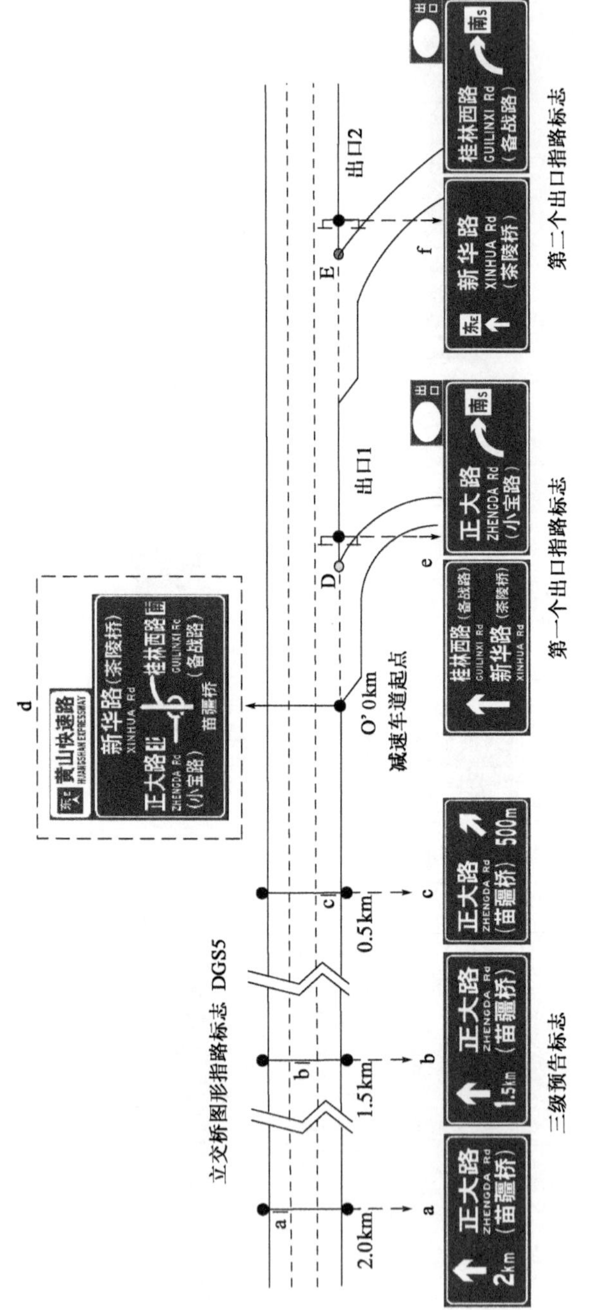

图8-3 带有5种图形指路标志的指路标志系统的设置

8.2.4 场景设计

在本实验中,每个实验场景都有 1 个场景路线和 1 个实验目的地。因此,开发了 5 个实验场景,如图 8-4 所示。

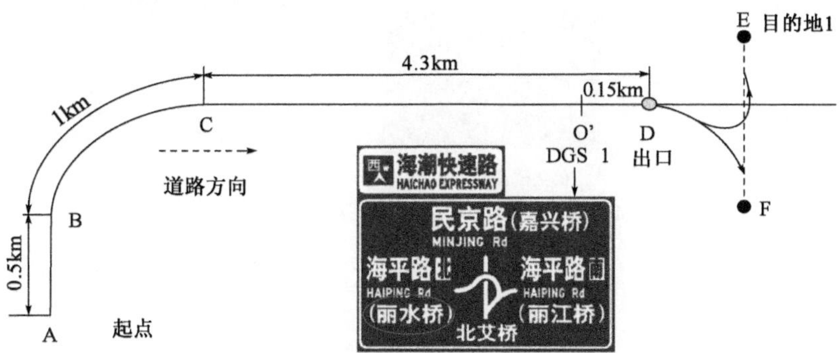

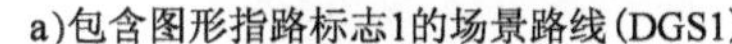
a)包含图形指路标志1的场景路线(DGS1)

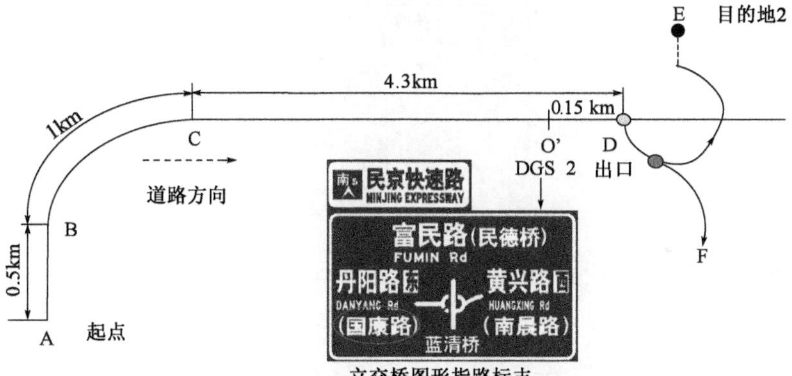

立交桥图形指路标志

b)包含图形指路标志2的场景路线(DGS2)

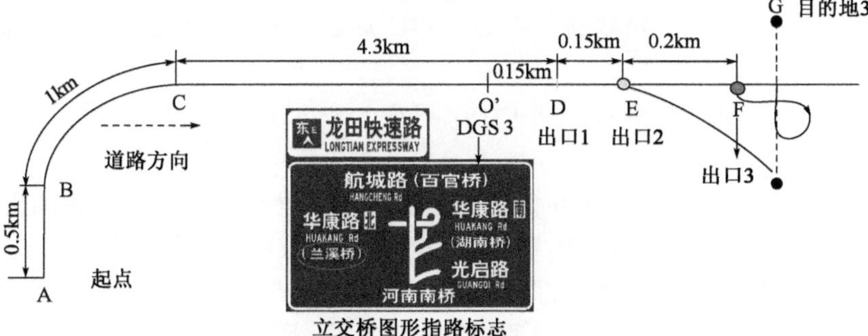

立交桥图形指路标志

c)包含图形指路标志3的场景路线(DGS3)

图 8-4

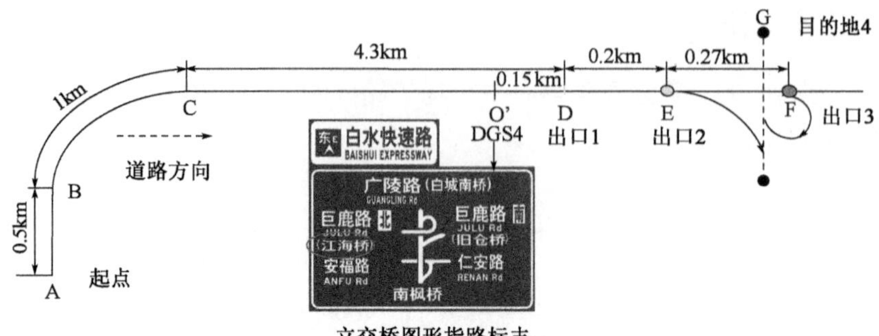

立交桥图形指路标志

d)包含图形指路标志4的场景路线(DGS4)

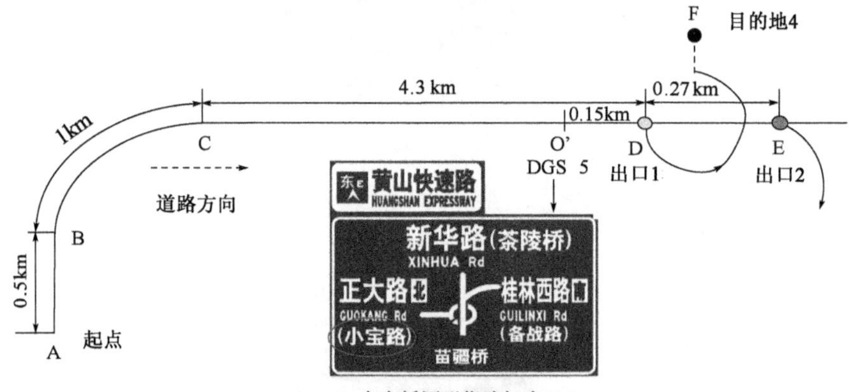

立交桥图形指路标志

e)包含图形指路标志5的场景路线(DGS5)

图 8-4　5 种图形指路标志的场景路线

(1)在图 8-4a)中,路线 A-B-C-D-E 通往目的地 1(丽水桥),以红色圈出;

(2)在图 8-4b)中,路线 A-B-C-D-E 通往目的地 2(国康路),以红色圈出;

(3)在图 8-4c)中,路线 A-B-C-D-E-F-G 通往目的地 3(兰溪桥),以红色圈出;

(4)在图 8-4d)中,路线 A-B-C-D-E-F-G 通往目的地 4(江海桥),以红色圈出;

(5)在图 8-4e)中,路线 A-B-C-D-F 通往目的地 5(小宝路),以红色圈出。

为了确保差异仅来自控制因素,从 A 点(起点)到 D 点的路段在所有五条路线中都是相同的,主要由以下 4 部分组成:

(1)0. 5km 长城市道路直线段,双向四车道,限制速度为 40km/h,对应图 8-4中 A-B 的部分。

(2)1.0km 长城市道路曲线衔接段,双向双车道,限制速度为 30km/h,对应图 8-4 中 B-C 的部分。

(3)4.38km 长城市快速路,双向六车道,限制速度为 80km/h,对应图 8-4 中 C-D 的部分。

(4)立交桥区域路段,对应图 8-4 中 D 点之后的部分。5 种类型的立交桥匝道均为单向、单车道道路,限制速度为 30km/h。D3 和 D4 图形的目的地在第 3 个出口位置,即线路中的 F 点,被试人员必须分别行驶 0.35 和 0.47km,即图 8-4 中 D-F 的长度,才能到达实验目的地 3 和 4。

在实验场景的五条路线上,设置了较低的交通量,在正式实验期间不会影响实验车辆。每条模拟路线的长度约为 6 ~ 8km,测试时间大约需要 9 分钟。

8.2.5 实验流程

实验由预实验、正式实验和问卷调查三部分组成,具体流程如下。

1. 人口统计调查问卷

在开始实验前,每个被试人员都完成了一份调查问卷,其中包括他们在预测试阶段的基本信息和其他条件。基本信息主要包括年龄,性别和驾驶经验。此外,还记录了被试人员是否食用或饮用了药物、烟草、酒精、茶或含咖啡因的饮料。在实验过程中,所有被试人员均被禁止使用药物,烟草,酒精和含咖啡因的饮料。在参与本实验前,所有被试人员都阅读并签署了知情同意书。

2. 试驾练习

在测试场景中,被试人员被给予 8 ~ 10 分钟的练习时间,旨在帮助被试人员适应模拟器环境并且在模拟器中识别他们患有晕动病的可能性。患有晕动病的被试人员不得参加实验。

3. 驾驶任务指导

实验开始前,告知被试人员驾驶目的地并提示他们尽量根据自己的驾驶习惯来完成任务。实验过程中被试人员谨遵速度限制驾驶,如果发生碰撞或其他事故,遵循实验工作人员的安排。被试人员成功完成一项任务的时间大约为 9 分钟,每项任务间有 3 ~ 5 分钟的休息时间。

4. 正式测试

每个被试人员需完成全部 5 个场景的测试。为了避免熟悉效应的影响,5

个实验场景的启动顺序是随机的。在实验期间，驾驶模拟器将自动记录驾驶行为数据，实验工作人员记录了被试模拟驾驶过程中发生的主要事件，例如发生的道路交通事故或他/她是否完成了任务等。每个场景测试完成后，被试人员需要主观评估在实验过程中找到目的地的难度，评分范围为 0 到 10 分，分数越高表示难度越大。

5. 反馈问卷

重复上述两个步骤，直到完成所有 5 个方案并填写有效性的问卷，实验工作人员整理并保存数据。

8.3 数据分析

8.3.1 分析范围

此次实验评价方法研究是通过实验获取的驾驶行为数据分析立交桥示意图形在动态视认情况下的复杂度。根据以往的研究，驾驶人发现并关注指路标志的位置处于标志设置位置前 200m 以内的范围。因此，在本研究中，我们将研究范围定义为在桥型标设置位置前 200m 处至桥型标设置位置，即图 8-5 中符号 O 至符号 O′内的范围。为了识别受桥型标显著影响的关键部分，将研究范围按照 50m 的间隔分成 4 个部分，如图 8-5 所示。

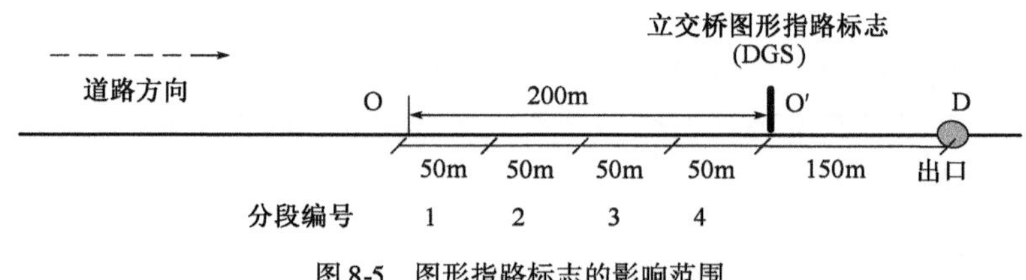

图 8-5 图形指路标志的影响范围

8.3.2 分析指标

从人机工程学的角度，驾驶人动态视觉行为阶段分为感知、决策和校正阶段。感知阶段包括感知信息量、清晰度、缺损性；决策阶段包括速度、信息量和选择性判断；校正阶段包括对动作准确性、协调性、快速性的校正。综合以上因素，从视觉特性、驾驶行为、车辆运行状态和主观感受方面定义了 10 个指标。

1. 视觉特性指标

(1)总注视时间:指驾驶人视线每次在立交桥图形指路标志上停留时间的和。通常情况下,标志越复杂需要的注视时间越长。

(2)注视次数:指驾驶人寻路过程中观察立交桥图形指路标志的次数,能够反映驾驶人在标志视认过程中的不确定性与标志信息的记忆难度。

2. 驾驶行为指标

加速踏板功效:指驾驶人踩加速踏板的做功之和,值越大,说明驾驶人对加速踏板进行了更多的操作动作,物理意义如式8-1。

$$P_{\text{Gas}} = \int_T g(t)d(t) \tag{8-1}$$

式中,P_{Gas}为加速踏板功效;T为驾驶人在测量范围内行驶的总时间;$g(t)$为t时刻的油门深度。

3. 车辆运行状态指标

(1)速度:根据不同测量范围计算的车辆平均速度。标志动态视认过程中,驾驶人为了理解标志的含义,延长视认时间,车速相对会有所降低。标志影响范围内,更低的速度意味着标志更加复杂。

(2)速度标准偏差:用于评估速度的波动性。较大的速度标准偏差表明车辆的运行状态具有较高的波动性,驾驶行为更不稳定。

(3)加速度:反映驾驶人的速度调节能力。在剧烈的加速或减速下,车辆运行状态将受到影响。在理想的图形指路标志视认范围内,驾驶人应该能够容易理解指路标志并保持预期车速,而不是减速以识别它们。

(4)加速度标准偏差:表示速度变化的过程,即行驶状态的稳定性。当驾驶人通过图形指路标志影响范围时,加速度的高标准偏差意味着车速已经显著改变。加速度的高标准偏差也表明驾驶人更频繁地调整速度并且处于紧张状态,这种现象说明标志视认给驾驶人造成了一定程度的困惑。

(5)行驶时间:指图形指路标志影响范围内行驶的平均时间。较短的驾驶时间意味着较短的视觉认知时间和较短的判断时间,这表明示意图形易于理解,驾驶人操作平稳、高效驾驶。

(6)未完成目的地百分比:指未能找到正确目的地的被试人数占总被试人

数的百分比。良好的引导标志可以帮助驾驶人轻松找到正确的出口和目的地。因此,该比值越高表示图形视认复杂度越高。

4. 主观感受指标

难易程度主观打分:指驾驶人在每个场景驾驶完成后对寻找目的地难易程度的打分结果,反应驾驶人对图形视认理解的主观评价,评分范围为 0 到 10 分,分数越高表示图形复杂度越高。

8.3.3 数据预处理

实验采集了 28 名被试人员在 5 个场景中的车辆运行数据、驾驶行为数据及眼动数据。驾驶后调查问卷结果表明,全部被试人员都注意到了立交桥图形指路标志。驾驶人对驾驶模拟系统的场景环境的真实感和各项操作的感受进行打分,在 10 分为最优的设定下,总体评估均值为 8. 32 分,一定程度上反映了实验获取数据的有效性。尽管实验设计时将其他外部因素的影响控制到最低,但在实验过程中,实验环境、设备、被试自身和实验工作人员等因素都是可能造成实验数据出现误差。研究采用 Microsoft Excel 2013 为主要分析工具实现数据的处理与分析。在原始数据进行处理和结构化存储过程中,判断数据的合理范围,在充足的依据下剔除异常数据,并在研究范围内对各类数据进行截取和分段。

8.3.4 分析讨论

1. 视觉特性指标

(1)总注视时间

描述统计结果:驾驶人在 5 种立交桥图形指路标志动态视认过程中,在图形标志视认范围内对驾驶人注视指路标志的时间进行整体统计,总注视时间均值如图 8-6a)所示,其中 DGS4 的数值最低,DGS5 的数值最高,数值整体呈上升趋势;在视认范围内对驾驶人的注视时间进行逐段统计,第 2、3 段的注视时间均值较高,结果如图 8-6b)所示。

显著性影响分析结果:rANOVA 结果表明,在 5 种立交桥图形指路标志动态视认过程中,采用整体方式分析时,能够看出示意图形对总注视时间不存在显著性影响。采用分段方式分析时,可知第 3 段和第 4 段视认范围中的示意图形对总注视时间存在显著性影响($F = 2.475, p = 0.013$、$F = 2.736, p = 0.027$)。

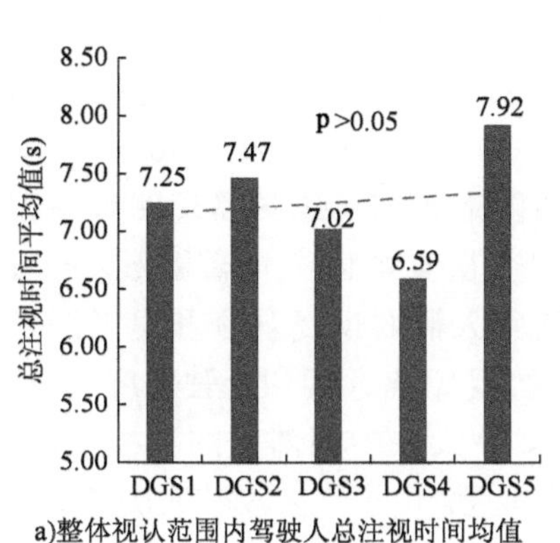

a)整体视认范围内驾驶人总注视时间均值

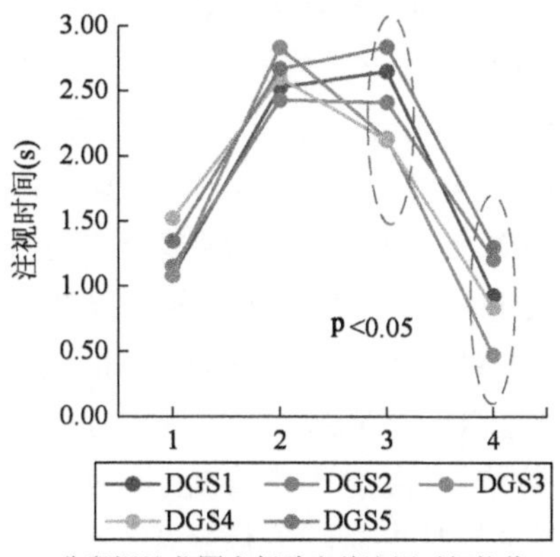

b)分段视认范围内驾驶人总注视时间均值

图 8-6 总注视时间均值统计分析结果

将分析结果与图形静态视认复杂度对比，发现总注视时间数据结果能够在一定程度上反映出标志动态视认的规律。从整体上看，随着图形复杂度的增高，总注视时间增长。从视认过程来看，受行驶速度影响，最初总注视时间较短，中间部分注视时间较长，理解图形语义后，驾驶人将视线从标志上移开并专心驾驶，注视时间再次变短。

(2)注视次数

描述统计结果：驾驶人在5种立交桥图形指路标志动态视认过程中，在图形标志视认范围内对其注视指路标志的次数进行整体统计，注视次数均值如图8-7a)所示，其中DGS1的数值最低，DGS5的数值最高，数值整体呈上升趋势；在视认范围内进行逐段统计，第2、3段的注视时间均值较高，结果如图8-7b)所示。

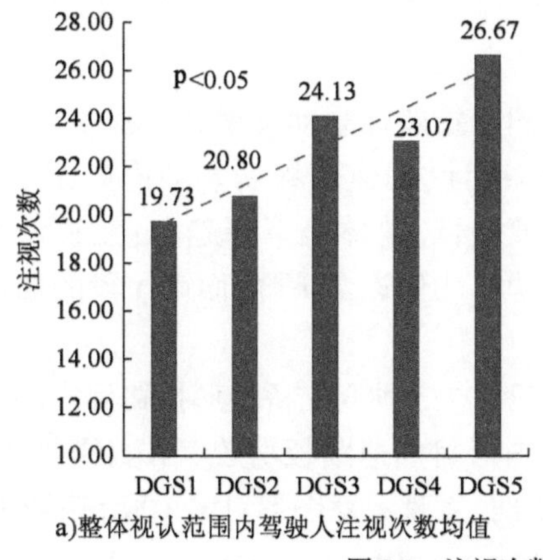

a)整体视认范围内驾驶人注视次数均值

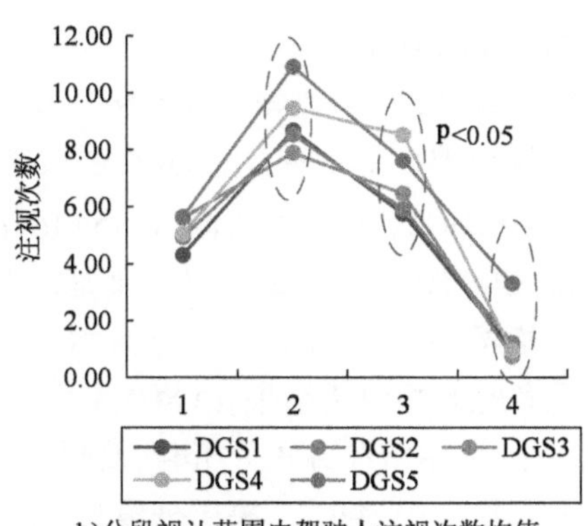

b)分段视认范围内驾驶人注视次数均值

图 8-7 注视次数均值统计分析结果

显著性影响分析结果：rANOVA 结果表明，在 5 种立交桥图形指路标志动态视认过程中，采用整体方式分析时，发现示意图形对注视时间存在显著影响，($F=2.0276$, $p<0.05$)。采用分段方式分析时，发现示意图形对第 2、3、4 段中的注视次数存在显著影响($F=2.213$, $p=0.036$、$F=3.439$, $p=0.028$、$F=2.159$, $p=0.007$)。

注视次数一定程度上能够反应立交桥图形指路标志的易理解和易记忆程度。将分析结果与图形静态视认复杂度对比，从整体上看，随着图形复杂度的提高，驾驶人对标志的注视次数增加，说明驾驶人需要反复观察和思考图形的含义，图形难以记忆和理解。从视认过程来看，受距离远近和行驶速度影响，最初注视次数较少，随着距离接近，车速减缓，驾驶人在中间部分的注视次数增多。同样，随着驾驶人对图形信息理解和记忆的增强，由视认阶段转入决策和行动阶段，注视次数减少，但在此距离内图形复杂程度对注视次数仍存在较大影响。

(3)相关性检验

Pearson 相关性检验结果显示，总注视时间与注视次数间不存在显著相关性(表 8-2)。

视觉特性指标 Pearson 相关性检验结果 表 8-2

		总注视时间	注视次数
总注视时间	相关性	1	0.077
	显著性（双尾）	—	0.902
注视次数	相关性	0.077	1
	显著性（双尾）	0.902	—

2. 驾驶行为特性指标

加速踏板功效

描述统计结果：驾驶人在 5 种立交桥图形指路标志动态视认过程中，在图形标志视认范围内对加速踏板功效进行整体统计，加速踏板功效均值如图 8-8a)所示，其中 DGS1 的数值最高，DGS5 的数值最低，整体呈下降趋势；在视认范围内进行逐段统计，第 1、2、3 段的加速踏板功率均值逐渐下降，而第 4 段的加速踏板功率均增加，结果如图 8-8b)所示。

显著性影响分析结果：rANOVA 结果表明，在 5 种立交桥图形指路标志动态视认过程中，采用整体方式分析时，发现示意图形对加速踏板功效存在显著性影响，($F=6.241$, $p=0.001$)。采用分段方式分析时，发现示意图形对第 1 段和第 3 段中的加速踏板功率存在显著性影响($F=3.215$, $p=0.016$、$F=8.688$, $p=0.007$)。

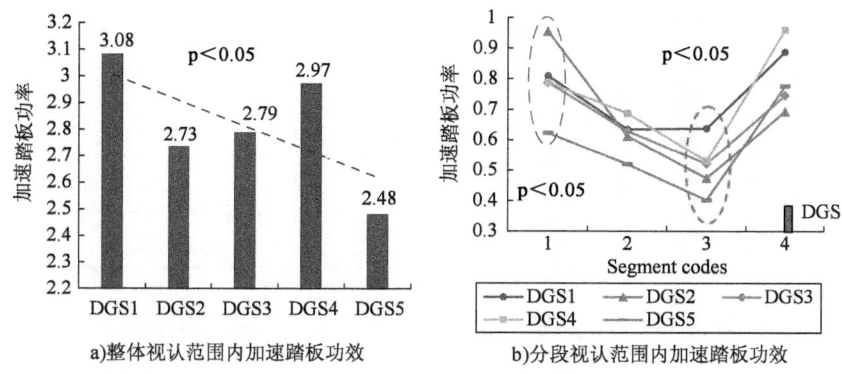

a)整体视认范围内加速踏板功效　b)分段视认范围内加速踏板功效

图 8-8　行为特性指标统计分析结果

将分析结果与图形静态视认复杂度对比，加速踏板功率数据结果能够在一定程度上反映标志动态视认的规律。从整体上看，复杂度高的标志，加速踏板功率低，复杂度低的标志，加速踏板功率高，说明驾驶人在关注和理解立交桥示意图形时，脚上减少了施加给加速踏板的压力，放慢了车速，这种行为可能是有意的，也可能是无意的。从过程来看，驾驶人在发现标志后，便减少对加速踏板的压力，当观察示意图形更复杂时，这种行为可能更明显，这就是所谓的交通标志牌的启动作用的表现。经过一段距离，当驾驶人完成标志视认并形成决策后，恢复正常的加速踏板压力，由于不受交通流的干扰，会表现出一定的加速行为。

3. 车辆运行状态特性指标

(1)速度

描述统计结果：在驾驶人对 5 种立交桥图形指路标志动态视认过程中，对处于图形标志视认范围内的车辆速度进行整体统计，车辆速度均值如图 8-9a) 所示，其中 DGS2 的数值最高，DGS5 的数值最低，整体呈下降趋势；在视认范围内对车速进行逐段统计，数据表明整个范围内的车辆速度均值逐段下降，在 DGS5 实验场景下，车速均值的下降最为明显，结果如图 8-9b) 所示。

显著性影响分析结果：rANOVA 结果表明，在 5 种立交桥图形指路标志动态视认过程中，采用整体方式分析时，发现示意图形对速度存在显著影响（$F=2.361, p=0.088$）。采用分段方式分析时，可知第 1、2、3 段速度均值无显著差异，示意图形对第 4 段速度均值存在显著影响（$F=2.943, p=0.024$）。

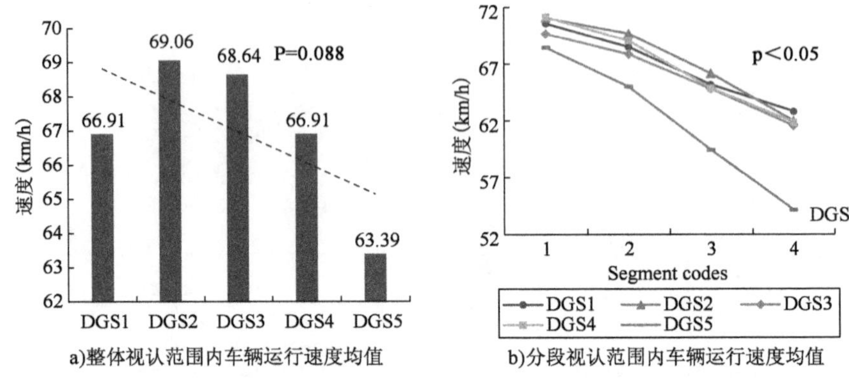

a)整体视认范围内车辆运行速度均值　　b)分段视认范围内车辆运行速度均值

图 8-9　车辆运行速度指标统计分析结果

将分析结果与图形静态视认复杂度对比,发现驾驶速度数据结果能够在一定程度上反映出标志动态视认的规律。从整体上看,随着示意图形复杂度的增加,驾驶速度均值变低,特别是对复杂的标志的视认会导致车辆速度下降更快,这可能与驾驶人的行为和心理有关。一方面,驾驶人需要降低车速,读取和理解复杂图形内容。另一反面,驾驶人担心视认过程中行驶距离过长,未能给后续寻路驾驶预留足够的决策和执行距离。这种行为的累加结果,就造成最后一段距离内,不同图形指路标志影响下,车辆速度的差异变得更加明显。

(2)速度标准偏差

描述统计结果:在驾驶人对 5 种立交桥图形指路标志动态视认过程中,实验在图形标志视认范围内对车速标准偏差进行整体统计,速度标准偏差均值如图 8-10a)所示,其中 DGS1 的数值最低,DGS5 的数值最高,整体呈上升趋势;在视认范围内进行逐段统计,第 1、2、3 段的速度标准偏差均值逐渐上升,而第 4 段的速度标准偏差下降,结果如图 8-10b)所示。

显著性影响分析结果:rANOVA 结果表明,在 5 种立交桥图形指路标志动态视认过程中,采用整体方式分析时,发现示意图形对速度标准偏差存在显著影响 $F=4.186, p=0.011$。采用分段方式分析时,发现示意图形对第 3 段速度标准偏差存在显著影响($F=3.904, p=0.0154$)。

速度标准偏差代表驾驶行为的波动性,数值越大,波动性越大,将分析结果与图形静态视认复杂度对比。从整体上看,复杂度低的标志,驾驶过程中的驾驶行为波动性小;复杂度高的标志,驾驶过程中的驾驶行为波动性高,存在安全隐患。速度标准差与驾驶人在行驶过程中反复观察标志的行为有关,这使驾驶人的专注度降低,降低程度与标志的复杂性相关联。从驾驶过程来看,初始状态驾驶人的速度标准偏差较小，数值随着视认过程逐渐增大，当驾驶人理解标志后，驾驶状态在接近标志处逐渐恢复正常，这个过程也符合标志动态视认的规律。

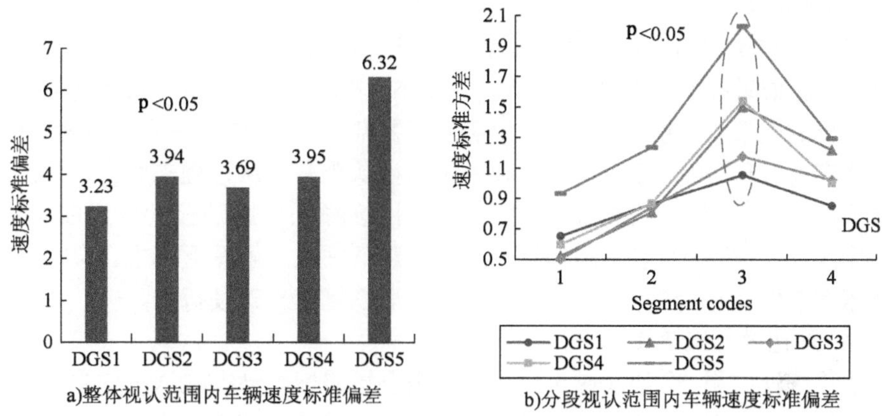

a)整体视认范围内车辆速度标准偏差　　b)分段视认范围内车辆速度标准偏差

图 8-10　速度标准差指标统计分析结果

(3)加速度

描述统计结果：驾驶人在 5 种立交桥图形指路标志动态视认过程中，在图形标志视认范围内对车辆加速度进行整体统计，加速度均值如图 8-11a)所示，所有数值均为负值，为便于表述，用减速度表示，其中 DGS1 的数值最高，减速度最小，DGS5 的数值最低，减速度最高，整体呈现减速度变大的趋势；在视认范围内进行逐段统计，第 1、2、3 段的加速度均值逐渐下降，减速度增高，而第 4 段的加速度均上升，减速度减少，结果如图 8-11b)所示。

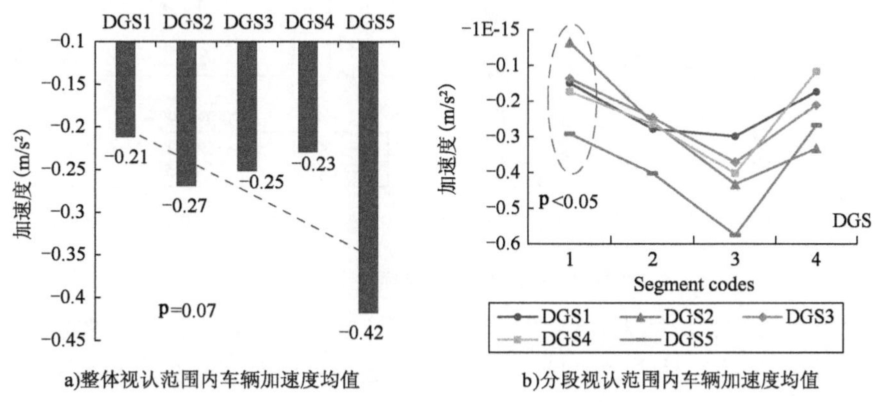

a)整体视认范围内车辆加速度均值　　b)分段视认范围内车辆加速度均值

图 8-11　车辆加速度指标统计分析结果

显著性影响分析结果：rANOVA 结果表明，在 5 种立交桥图形指路标志动态视认过程中，采用整体方式分析时，发现示意图形对加速度存在显著影响（F = 2.255，p = 0.07）。采用分段方式分析时，发现示意图形对第 1 段的加速度均值存在显著影响（F = 3.370，p = 0.012）。

将分析结果与图形静态视认复杂度对比，加速度均值结果能够在一定程度上反映出标志动态视认的规律。从整体上看，复杂度高的图形，减速度均值高，复杂度低的图形，减速度均值低。说明对于复杂图形，驾驶人需要在更短的时间内降低车速，以获得更好的动视力和更长的视认距离。从过程来看，减速度变化也呈现出 V 字形态，发现标志后，在驾驶人持续降低加速踏板的压力或增加制动操作次数后，车辆降速更快，幅度更高，而当驾驶人了解图形标志含义后，将会使降速控制保持在合理和舒适的水平上，逐渐恢复正常驾驶行为。

(4) 加速度标准偏差

描述统计结果：驾驶人在 5 种立交桥图形指路标志动态视认过程中，在图形标志视认范围内对加速度数据进行整体统计，加速度标准偏差均值如图 8-12a) 所示，其中 DGS1 的数值最高，DGS5 的数值最低，数值整体呈上升趋势；在视认范围内进行逐段统计，第 1、2、3 段的加速度标准偏差均值逐渐上升，而第 4 段，在不同图形作用下，加速度标准差变化方向出现了分化，DGS3、DGS5 的数值继续上升，而其余的数字开始下降，结果如图 8-12b) 所示。

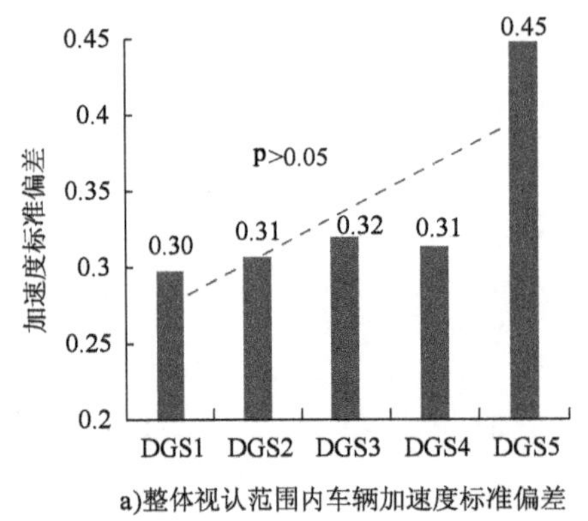

a) 整体视认范围内车辆加速度标准偏差

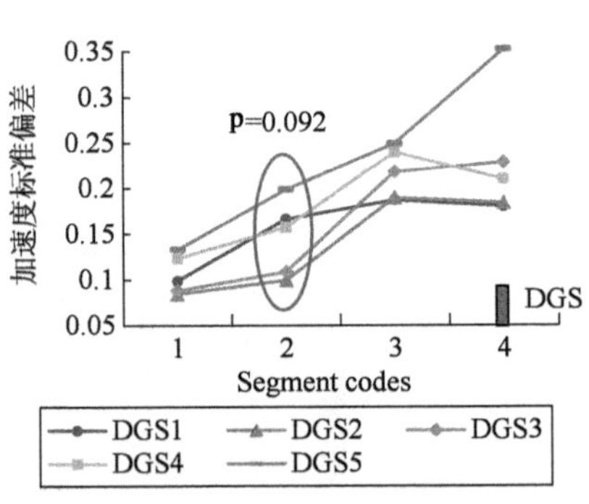

b) 分段视认范围内车辆加速度标准偏差

图 8-12　加速度标偏差指标统计分析结果

显著性影响分析结果：rANOVA 结果表明，在 5 种立交桥图形指路标志动态视认过程中，采用整体方式分析时，发现实验过程中加速度标准偏差不受到示意图形的显著影响（$p > 0.05$）。采用分段方式分析时，发现实验过程中第 2 段中的加速度标准偏差受到示意图形的显著影响（F = 2.276，p = 0.092）。

加速度标准偏差，反应驾驶人在行驶过程中的紧张感和舒适性。将分析结果与图形静态视认复杂度对比，加速度标准偏差均值数据能够在一定程度上反映出驾驶人在视认复杂图形标志时的紧张和焦虑。从整体上看，随着示意图形复杂度高的增加，加速度标准差均值上升，驾驶人的紧张感不断增加。从过程来看，驾驶人在尚未理解图形含义的时候，随着视认距离的减少，紧张感逐渐增强，而当驾驶人确认理解图形含义后，紧张情绪得到逐步缓解。而对特别复杂的图形来讲，驾驶人的视认距离更长，紧张感持续的距离也越长。

（5）驾驶时间

描述统计结果：驾驶人在5种立交桥图形指路标志动态视认过程中，在图形标志视认范围内对驾驶时间数据进行整理统计，驾驶时间均值如图8-13a）所示，其中DGS5的数值最高，DGS4的数值最低，整体呈上升趋势；在视认范围内进行逐段统计，驾驶时间均值逐段上升，结果如图8-13b）所示。

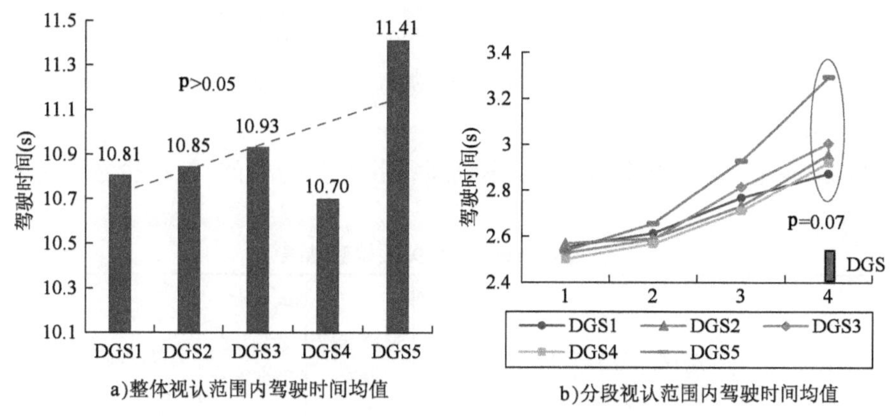

a）整体视认范围内驾驶时间均值

b）分段视认范围内驾驶时间均值

图8-13 驾驶时间指标统计分析结果

显著性影响分析结果：rANOVA结果表明，在5种立交桥图形指路标志动态视认过程中，采用整体方式分析时，可以看出驾驶时间均值不会受到示意图形的显著影响（p > 0.05）。采用分段方式分析时，可知第4段视认范围内驾驶时间均值受到示意图形的显著影响（F = 2.236，p = 0.07）。

将上述分析结果与图形静态视认复杂度对比。从整体上看，图形复杂度越高的标志，视认范围内行驶时间越长，驾驶人需要更长的视认时间理解图形的语义。从过程来看，由于视认及出口降速的原因，每段中行驶时间变得更长，特别在标志前视认距离所剩无几的情况下，行驶时间被拉长，由于不同图形理解程度不同,图形复杂度的影响更明显。

(6)未完成目的地的百分比

描述统计结果:未完成目的地寻路任务人员百分比如图 8-14 所示,其中 DGS3 影响下的目的地寻路任务未完成率最高,为 17.86%;DGS1 和 DGS5 影响下的未完成率最低,为 10.71%。与示意图形静态视认复杂度对比,并未呈现出线性一致性,关于这一问题,将在本章后面部分进行讨论和分析。

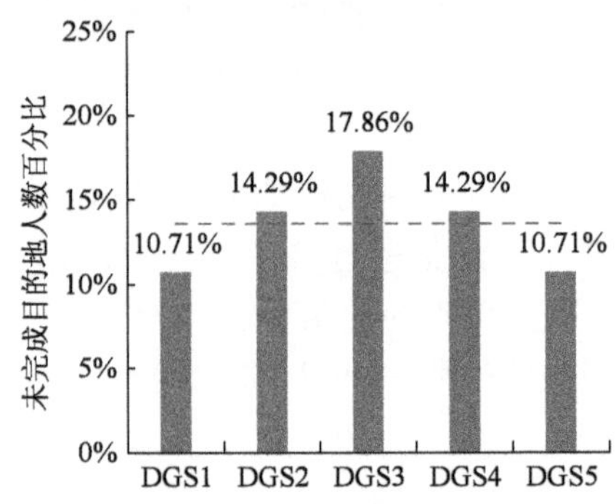

图 8-14　未完成目的地寻路任务人员百分比

(7)相关性检验

Pearson 相关性检验结果显示,车辆运行状态类指标间,仅有少数指标相关性是显著的(表 8-3)。

各指标 Pearson 相关性检验结果　　表 8-3

		速度	加速度	加速踏板	速度标准偏差	加速度标准偏差	行驶时间	未到达目的地人数百分比(%)
速度	相关性	1.000	-0.759	0.462	-0.827	-0.868	-0.920*	0.712
	显著性	—	0.137	0.434	0.084	0.056	0.027	0.178
加速度	相关性	-0.759	1.000	-0.925*	0.980**	0.973**	0.905*	-0.374
	显著性	0.137	—	0.024	0.003	0.005	0.035	0.535
加速踏板	相关性	0.462	-0.925*	1.000	-0.869	-0.835	-0.702	0.047
	显著性	0.434	0.024	—	0.056	0.078	0.186	0.941
速度标准偏差	相关性	-0.827	0.980**	-0.869	1.000	0.981**	0.956*	-0.406
	显著性	0.084	0.003	0.056	—	0.003	0.011	0.497

续上表

		速度	加速度	加速踏板	速度标准偏差	加速度标准偏差	行驶时间	未到达目的地人数百分比(%)
加速度标准偏差	相关性	-0.868	0.973**	-0.835	0.981**	1.000	0.934*	-0.423
	显著性	0.056	0.005	0.078	0.003	—	0.020	0.478
行驶时间	相关性	-0.920*	0.905*	-0.702	0.956*	0.934*	1.000	-0.625
	显著性	0.027	0.035	0.186	0.011	0.020	—	0.260
未到达目的地人数百分比(%)	相关性	0.712	-0.374	0.047	-0.406	-0.423	-0.625	1.000
	显著性	0.178	0.535	0.941	0.497	0.478	0.260	—

注：*在置信度(双侧)为0.05时，相关性是显著的；**在置信度(双侧)为0.01时，相关性是显著的。

4. 主观感受指标

5种示意图形动态视认下，驾驶人对寻找目的地难度主观打分平均值，如图8-15所示，DGS1和DGS2的难度得分最低，DGS4得分最高。采用重复测量方差分析rANOVA进行检验，结果表明，图形复杂度对五种示意图形打分结果不存在显著影响($p > 0.05$)。

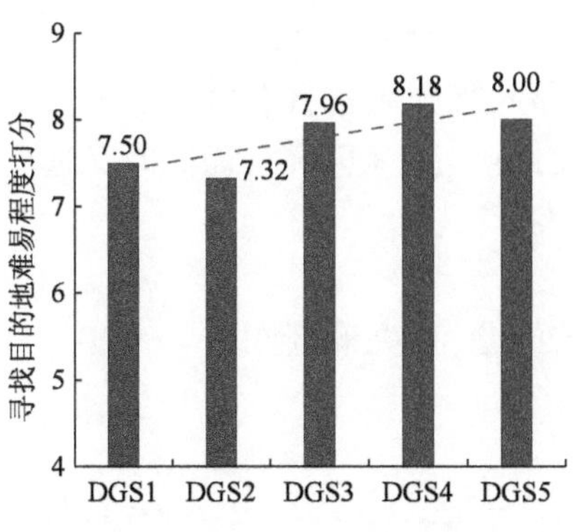

图8-15 寻找目的地难易程度

综上所述，10个指标的分析数据在不同程度受到立交桥示意图形静态视认复杂程度的影响，特别是驾驶行为类、车辆运行状态类指标受到的影响呈现出显著性。从对指标数据整体和逐段的描述统计和重复测量方差分析的结果看,动态实验结果在与立交桥图形指路标志动态视认的规律假设比较中存在一致性。因此,采用这10个指标作为评价立交桥动态视认复杂度的依据,具有一定的说服力和可信度。

8.4 动态视认综合评价

以上动态视认复杂度评价指标,指标间不存在显著相关性,无法采用因子分析法对动态视认实验结果进行评价。本次研究的评价方法设计部分,采取TOPSIS法对示意图形动态视认复杂性给出综合评价结果,并以此为基础对示意图形分类。

8.4.1 评价方法

TOPSIS (Technique for Order Preference by Similarity to an Ideal Solution)法是系统工程中有限方案多目标决策分析的一种常用方法。是基于归一化后的原始数据矩阵,找出有限方案中的最优方案和最劣方案(分别用最优向量和最劣向量表示),然后分别计算各个评价对象与最优方案和最劣方案的距离,获得各评价对象与最优方案的相对接近程度,以此作为评价优劣的依据。

“理想解”和“负理想解”是TOPSIS法的两个基本概念。所谓“理想解”是一设想的最优的解(方案),它的各个属性值都达到各备选方案中的最好的值;“而负理想解”是一设想的最劣的解(方案),它的各个属性值都达到各备选方案中的最坏的值。方案排序的规则是把各备选方案与“理想解”和“负理想解”做比较,若其中有一个方案最接近“理想解”,而同时又远离“负理想解”,则该方案是备选方案中最好的方案。

TOPSIS计算步骤:

第一步:设某一决策问题,其决策矩阵为A.由A可以构成规范化的决策矩阵Z',其元素为Z'_{ij},且有

$$Z'_{ij}=\frac{f_{ij}}{\sqrt{\sum_{i=1}^{n}f_{ij}^2}},i=1,2,\cdots,n;j=1,2,\cdots,m \tag{8-2}$$

式中,f_{ij}由决策矩阵给出。

$$A=\begin{Bmatrix} f_{11} & f_{12} & \cdots & f_{1m} \\ f_{21} & f_{22} & \cdots & f_{2m} \\ \vdots & \vdots & \cdots & \vdots \\ f_{n1} & f_{n2} & \cdots & f_{nm} \end{Bmatrix} \tag{8-3}$$

第二步:构造规范化的加权决策矩阵 Z,其元素 Z_{ij}

$$Z_{ij}=W_j Z'_{ij}, i=1,2,\cdots,n; j=1,2,\cdots,m \tag{8-4}$$

式中,W_j为第 j 个目标的权。

第三步:确定理想解和负理想解。如果决策矩阵 Z 中元素 Z_{ij}值越大表示方案越好,则

$$Z^{+}=(Z_1^{+},Z_2^{+},\cdots,Z_m^{+})=\{\max_i Z_{ij} | j=1,2,\cdots,m\} \tag{8-5}$$

$$Z^{-}=(Z_1^{-},Z_2^{-},\cdots,Z_m^{-})=\{\min_i Z_{ij} | j=1,2,\cdots,m\} \tag{8-6}$$

第四步:计算每个方案到理想点的距离 S_i和到负理想点的距离 S_i^-。

第五步:按式(8-3)计算 C_i,并按每个方案的相对接近度 C_i的大小排序,找出满意解。

在诸多的评价方法中,TOPSIS 法对原始数据的信息利用最为充分,其结果能精确的反映各评价方案之间的差距,TOPSIS 对数据分布及样本含量,指标多少没有严格的限制,数据计算亦简单易行。不仅适合小样本资料,也适用于多评价对象、多指标的大样本资料。利用 TOPSIS 法进行综合评价,可得出良好的可比性评价排序结果。本研究试图在 10 个分析指标的基础上全面评估 5 种类型的立交桥图形指路标志。TOPSIS 是执行此评估的有效方法,它可以为每种类型的立交桥图形指路标志提供优质度评价结果。

8.4.2 综合评价

1. 构造多目标决策矩阵

综合评价设定决策问题,为 5 种立交桥示意图形的动态视认复杂度进行评价。首先将 5 种示意图形作为目标对象,将动态视认特性、驾驶行为、车辆运行状态等 10 个指标作为评价指标,构造多目标决策矩阵 $X=(X)_{mn}(m=5,n=8)$,详见表 8-4。

基于 5 种示意图形和 10 个指标的多目标决策矩阵　　表 8-4

指标	总注视时间(s)	注视次数	加速踏板功效	速度(km/h)
DGS1	7.25	19.73	3.08	66.91
DGS2	7.47	20.80	2.73	69.06
DGS3	7.02	24.13	2.79	68.64
DGS4	6.59	23.07	2.97	66.91
DGS5	7.92	24.67	2.48	63.39

指标	速度标准差	加速度绝对值(m/s^2)	加速度标准偏差	行驶时间(s)
DGS1	3.23	0.21	0.30	10.81
DGS2	3.94	0.27	0.31	10.85
DGS3	3.69	0.25	0.32	10.70
DGS4	3.95	0.23	0.31	10.93
DGS5	6.32	0.42	0.45	11.41

指标	难易程度主观打分	未完成目的地百分比
DGS1	7.50	10.71%
DGS2	7.32	14.29%
DGS3	7.96	17.86%
DGS4	8.18	14.29%
DGS5	8.00	10.71%

TOPSIS 方法要求所有指标都在同一方向,即均匀指标单调性。因此,执行一致性变换,并获得新的多目标决策矩阵 $X_{IJ}^{\#}$。根据公式 8-7 得到归一化矩阵 X_{ij}^{*}。

$$X_{ij}^{*} = \frac{X_{IJ}^{\#}}{\sqrt{\sum_{i=1}^{n}(X_{ij}^{\#})^{2}}} \tag{8-7}$$

2. 确定指标权重

根据前面提到的矩阵 X_{ij}^{*},计算指标权重 W_i,结果详见表 8-5。

各指标权重 表 8-5

指标	总注视时间	注视次数	加速踏板功效	速度	速度标准差
权重	0.1490	0.1587	0.1091	0.1002	0.1136
指标	加速度绝对值	加速度标准偏差	行驶时间	难易程度主观打分	未完成目的地百分比
权重	0.1039	0.1195	0.1260	0.1329	0.1399

这意味着不同的指标对示意图形复杂度评价结果有不同的影响。影响程度从大到小排序如下：注视次数、总注视时间、未完成目的地百分比、难易程度主观打分、行驶时间、加速度标准差、速度标准差、加速踏板功效、加速度绝对值和速度。可以看出，10 个指标权重数值相近，排序中视认类指标权重更靠前，车辆运行和驾驶行为类指标权重靠后。

3. 构造规范化加权决策矩阵

根据公式 8-8 获得加权归一化矩阵。

$$U_{ij} = W_i \times X_{ij}^* \tag{8-8}$$

$$U_{ij} = \begin{vmatrix} 0.062 & 0.075 & 0.045 & 0.066 & 0.056 & 0.080 & 0.053 & 0.062 & 0.059 & 0.057 \\ 0.063 & 0.056 & 0.046 & 0.064 & 0.044 & 0.076 & 0.047 & 0.051 & 0.057 & 0.057 \\ 0.058 & 0.045 & 0.046 & 0.073 & 0.047 & 0.068 & 0.048 & 0.054 & 0.055 & 0.058 \\ 0.056 & 0.056 & 0.045 & 0.068 & 0.052 & 0.065 & 0.051 & 0.051 & 0.056 & 0.056 \\ 0.058 & 0.075 & 0.042 & 0.061 & 0.028 & 0.064 & 0.043 & 0.032 & 0.039 & 0.054 \end{vmatrix}$$

4. 欧氏距离和优质度计算

从矩阵 U_{ij} 的指标最大值和最小值形成两个向量作为理想解（U^+）和负理想解（U^-）：

$U^+ = (0.073 \quad 0.080 \quad 0.053 \quad 0.046 \quad 0.062 \quad 0.056 \quad 0.059 \quad 0.058 \quad 0.063 \quad 0.075)$

$U^- = (0.061 \quad 0.064 \quad 0.043 \quad 0.042 \quad 0.032 \quad 0.028 \quad 0.039 \quad 0.054 \quad 0.056 \quad 0.045)$

接下来，评估单元与正理想解或负理想解之间的距离计算如下：

$D_i^+ = (0.007 \quad 0.027 \quad 0.035 \quad 0.028 \quad 0.051)$

$D_i^- = (0.058 \quad 0.036 \quad 0.037 \quad 0.038 \quad 0.030)$

最后，得到 5 种立交桥示意图形的优质度 $C_i^* = (0.893\ 0.569\ 0.510\ 0.577$

0.369)，如图 8-16 所示，优质度范围为 0 ~ 1，5 种立交桥示意图形的优质程度明显不同。DGS1 的优质程度最高；DGS2、DGS3 和 DGS4 的优质程度相似；DGS5 的优质度最低，数值越大表示结果更优，示意图形动态视认复杂性更低。

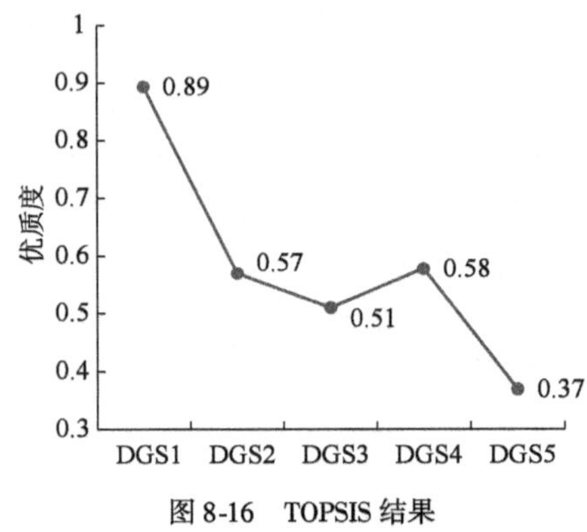

图 8-16　TOPSIS 结果

5. k-means 聚类

采用 k-means 聚类方法对示意图形优质度进行分类，5 种示意图形分为三类。第一组是 DGS1；第二组是 DGS2，DGS3 和 DGS4；第三组是 DGS5，详见表 8-6。该结果表明 DGS2，DGS3 和 DGS4 对驾驶性能具有相同水平的影响。

5 种示意图形指路标志分类结果　　表 8-6

排序	1	2	3	4	5
图号	10	26	22	29	21
DGS					
分组	1	2	2	2	3

8.4.3　评价结果比较

与静态实验评价方法的结果相比，示意图形在排序和分类方面存在不同，分析这些不同产生的原因，可以更加全面客观地评价示意图形的视认复杂度，更加深入透彻地认识示意图形复杂度对驾驶行为的影响。

1. 排序结果比较

在第四章静态实验评价方法下，获得了 5 个示意图形静态视认复杂度的综合评分和排序结果，与动态视认结果对比，结果详见表8-7。

排序结果对比　　表8-7

评价排序	视认复杂程度（从低到高）				
静态	DGS1	DGS2	DGS3	DGS4	DGS5
动态	DGS1	DGS4	DGS2	DGS3	DGS5

表8-7显示，两种评价方法下，5种图形的排序保持了高度的相似性，其中只有DGS4的位置发生了变化，较之前的排名提升了两位。

对比两次实验方案发现，基于驾驶模拟的动态实验中，因考虑到实验时间成本、驾驶人疲劳反应等因素，设计时降低了实验的复杂性，仅选用了图形左侧的目的地为实验目的地，而静态实验中对图形左侧、前方、右侧目的地分别进行了测试。二者在评价数据的构成上存在差别，静态实验评价的结果更加综合，而动态实验评价的结果主要反映了图形局部的复杂程度。

基于以上分析，以静态视认实验中获得左侧目的地的相关数据为输入，采用静态实验评价方法对5个图形进行排序，结果如图8-8所示。对比动态实验评价结果，DGS4的在两个结果中排序位置更加接近。对比结果验证了分析假设的原因。但二者排序仍未一致，表明示意图形自身复杂度与应用复杂度存在区别，动、静态实验评价方法的特点决定评价侧重点的差别，评价结果正是反映了这种差别。全面客观地反映示意图形的视认复杂性需要包含动态和静态两个方面，需要建立更为完整、综合的指标体系。

排序结果对比　　表8-8

评价排序	视认复杂程度（从低到高）				
动态	DGS1	DGS4	DGS2	DGS3	DGS5
静态（左侧局部）	DGS1	DGS2	DGS4	DGS3	DGS5

对比结果还表明,局部图形是驾驶人在给定目的地的前提下的关注重点,图形局部视认复杂度评价结果同样重要,在设计和使用中应给予充分考虑。根据图形构成要素设计方法,DGS4 属于针对连体立交设计的扩展型图形,由上下两部分组成,其上半部分图形在静态视认复杂度综合评分的排序中位于 DGS2 前。

2. 分类结果比较

动态实验的示意图形是从静态实验评价方法获得的分类基础上选取的图形,其中低等复杂度图形 1 个(DGS1)、中等复杂度图形 1 个(DGS2)、高等复杂度图形 3 个(DGS3、DGS4、DGS5)。在动态视认复杂度研究的分类结果下,1 个中等复杂度图形 DGS2 和 2 个高等复杂度图形 DGS3、DGS4 被分在同一组。

如前文所述,动态视认实验结果和静态实验结果存在差异的原因之一可能是 3 个图形在局部视认上的差别低于整体视认差别。对静态视认左侧目的地复杂度的再次评价也验证了假设的存在。另一方面,可能是分类图形总量的减少,造成 k-means 聚类中心的变化,影响了聚类的结果。对这个假设,同样使用图形左侧目的静态视认数据进行验证,结果显示 5 个图形的分类结果与动态分类结果保持一致。

综上,立交桥动态与静态评价结果的差异主要是由于评价对象的不一致,主要表现为图形在整体和局部视认复杂性评价结果的区别,采用静态视认评价结果。除此因素外,动态和静态评价结果间的差别并没有完全消除,所以在示意图形视认复杂度评价可采取先静态评测再动态评测的方法,如静态评测结果显示图形处于低等或中等复杂度可不进行动态复杂度测试,如显示结果为高等复杂度,可采用动态实验评价方法对标志做进一步测试。

8.5 本章小结

本章介绍了标志视认复杂度的动态实验评价方法。研究中设计了基于驾驶模拟器的实验方法,分析了 5 种立交桥示意图形对 10 个指标数据的影响。设计了以 TOPSIS 综合评估方法为主的评价方案,对 5 种示意图形的动态视认复杂度进行了综合量化评分,验证了静态实验评价结果的分类精度。在评价结果方面得到以下结论:

首先,动态实验评价方法的与静态实验方法的评价结果高度相似。5 种示意图形动态视认复杂度由高到低的顺序为 DGS5、DGS3、DGS2、DGS4 和 DGS1,

仅有 DGS4 等级顺序不一致。

其次,静态实验评价方法与动态实验评价方案存在两个方面的差异。一是静态、动态实验测试内容的差异,动态实验评价方案需要在图形视认整体性方面加以改善。静态实验综合考虑了图形整体、局部及细节的视认特性,而动态实验仅测试了局部1个目的地的结果。第四章的分析中已经表明,示意图形的整体视认复杂度与局部视认复杂度存在不一致性,这是造成 DGS4 评价结果差异的主要原因。二是评价指标侧重点的差异,静态评价指标侧重于图形自身的复杂度,动态评价指标侧重于图形在应用中的复杂度。为了获得立交桥示意图形的准确分类结果,应考虑视觉认知数据和驾驶行为数据,两种方法需要相互融合形成更全面的综合实验评价方法。

最后,本研究阐述了立交桥图形指路标志的影响机制以及复杂示意图形对驾驶行为的负面影响。数据分析显示,具有更高视认复杂度的示意图形更容易对驾驶行为产生负面影响,反之亦然。从视觉认知的角度来看,5 种立交桥示意图形的评估结果是合乎逻辑的。就驾驶行为而言,可以基于研究结果给出交通管理和设施优化方面的建议。

本章参考文献

[1] 吕会. 在图像与文字之间——图形符号和汉字的比较研究[D]. 青岛:中国海洋大学,2010.

[2] 刘甜. 导向系统中视觉信息符号的设计与传播[D]. 武汉:武汉理工大学,2009.

[3] 白云. 导向系统中的图形符号设计研究[D]. 武汉:武汉理工大学,2006.

[4] 关伟. 驾驶员对交通标志的视觉信息认知过程实验研究[D]. 北京:北京工业大学,2014.

[5] 陈明磊,吴湛坤. 美国高速公路简图指路标志设计研究[J]. 中外公路,2012(02):268-271.

[6] 李昕. SPSS 22.0 统计分析从入门到精通[M]. 北京:电子工业出版社,2015.

[7] 金在温,查尔斯·W. 米勒. 因子分析:统计方法与应用问题[M]. 上海:上海人民出版社,2012.

[8] 杨佳润. 数据挖掘之聚类分析算法综述[J]. 通讯世界,2017(16):291.

[9] Zwahlen, H., Russ, A., Roth, J., & Schnell, T. Effectiveness of Ground-mounted Diagrammatic Advance Guide Signs for Freeway Entrance Ramps[J]. Transpor-

tation Research Record: Journal of the Transportation Research Board, 2003 (1843),70-80.

[10] T. Susan, J. Chrysler Paul, and H. Gene Hawkins. Nighttime legibility of traffic signs as a function of font, color, and retrorefective sheeting. Transportation Research Board 82th Annual Meeting, Wash, USA, 2003.

[11] 袁伟,付锐,郭应时,等.汽车驾驶人感知决策校正行为模式[J].长安大学学报(自然科学版),2007(03):80-83.

[12] 李小萍,黄迎秋,高伟江,等.基于人机工程学的驾驶人动态视认性研究[J].上海汽车,2007(04):40-44.

[13] 赵新泉.管理决策分析[M].北京:科学出版社,2008.

第 9 章

立交桥图形指路标志优化设计评估

立交桥图形指路标志作为城市快速路指路标志系统中的关键标志，其科学、合理设置能够实现对交通流的正确、快速引导，对提升快速路路网安全、运行效率具有重要意义。本章借助模拟驾驶技术，针对2种高等复杂度立交桥图形指路标志，制定5种设置方法，开展驾驶模拟实验，基于多维动态驾驶行为数据，采用灰色近优综合评估方法进行复杂立交桥图形指路标志不同设置方案的效用评估，进而提出复杂立交桥图形指路标志优化设计设置方法，为完善相关规范及工程应用提供技术支撑。

9.1 实验方案设计

9.1.1 标志选取

选取前文研究的4种立交桥图形指路标志中2种高等复杂立交桥示意图形作为研究对象（表9-1），开展优化设置研究。

2种高度复杂立交桥图形指路标志 表9-1

编号	4	5	3	6	2	1	7	12	14	28	10
低等复杂度											

编号	11	24	8	31	33	34	15	22	30	19	13	18	9	16	27
中等复杂度															

编号	29	20	37	17	23	26	21	35	36	32	25
高等复杂度											

9.1.2 实验对象

招募28名被试人员（男女比例3∶1），其中10名非职业驾驶人，20名代驾，身体状况均良好，无色弱、色盲。被试年龄分布在20～55岁（Average＝33.18，SD＝8.78），驾龄分布在2～23年（Average＝8.72，SD＝5.84）。实验前禁止驾驶人饮用茶或咖啡等刺激性饮品，以减少其他因素对被试造成的影响，确保被试实验当天有良好的精神状态。驾驶人身体状况均良好，对模拟器无眩晕等不舒适感，无色弱、色盲，视力水平在0.5以上。

9.1.3 实验场景

选取北京市典型快速路作为场景模拟对象，以立交桥图形指路标志类型

(2 种)、设置方法(5 种)作为两个控制因素,开展立交桥图形指路标志优化设置方法研究。实验开发对应两种立交桥图形指路标志的 2 类基础路径,针对每种基础路径实现 5 种立交桥图形指路标志设置方法,累积搭建 10 条实验场景。

1. 路径设计

实验设计 2 条基础路径,分别包含立交桥图形指路标志 C1、C2 对应的 2 类立交桥,如图 9-1 所示。2 条基础路径 D 点以前道路组成相同,包括以下 3 个路段:

(1) A-B:0.5km 的实验起始路段(双向 4 车道,限速 60km/h);

(2) B-C:1.0km 实验过渡路段(双向 2 车道,限速 30km/h);

(3) C-D:4.3km 城市快速路路段(双向 6 车道,限速 80km/h)组成。

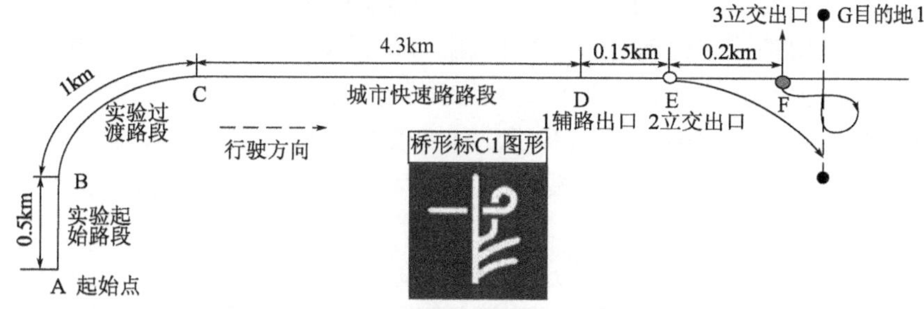

a)立交桥图形指路标志C1基础路径

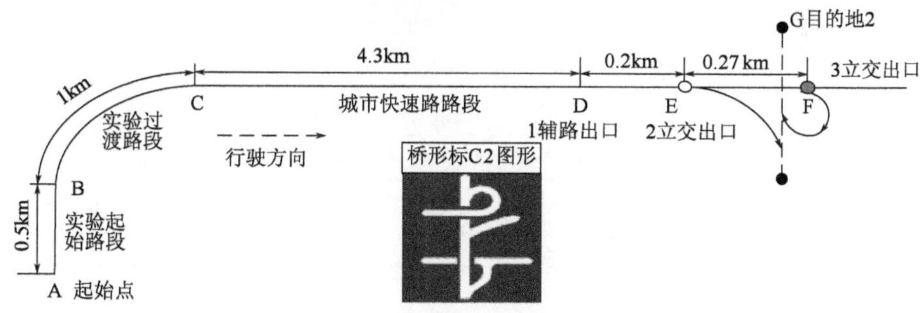

b)立交桥图形指路标志C2基础路径

图 9-1　2 种立交桥图形指路标志实验路径图

2 条基础路径 D 点以后各包含 1 个辅路出口、2 个立交出口,但出口间距均不相同,其中立交匝道均为单向单车道(限速 30km/h)。

在 3 条基础路径中,安排驾驶人分别去往目的 1、2,使驾驶人在驾驶过程中使用立交桥图形指路标志,进而获得立交桥图形指路标志不同设置方案的引导效用。则驾驶人 2 条驾驶线路对应如下：

（1）立交桥图形指路标志 C1 基础路径中去往目的地 1 线路：A-B-C-D-E-F-G；

（2）立交桥图形指路标志 C2 基础路径中去往目的地 2 线路：A-B-C-D-E-F-G。

每条基础路径均为城市道路环境，全程为 6 ~ 8km，驾驶人行驶时间在 10min 左右，具体设置方式和相关参数如图 9-1 所示。

2. 5 种立交桥图形指路标志设计设置方法

2016 年北京市颁布的《北京城市快速路指路标志设置指南》指出，立交桥图形指路标志设置于立交出口减速车道的渐变段起点处。以此规定作为立交桥图形指路标志设置现状，即对照组。此外，结合北京市交通委员会、北京市交通管理局交通设施管理处、北京国道通设计研究院及国外交通领域相关专家的建议，选取立交桥图形指路标志提前、重复、简化、配合地面文字（简称文字）设置，4 种优化设置方法作为实验组。则每种立交桥图形指路标志总计 5 种设置方法，每种设置方法详见表 9-2。因此，实验基于 2 种立交桥图形指路标志基础路径，通过对每种立交桥图形指路标志进行现状、重复、简化、文字、提前设置，制作 10 条不同实验场景。

复杂立交桥图形指路标志 5 种设置方法　　表 9-2

设置方法	立交桥图形指路标志设置情况
现状	设置于减速车道渐变段起点 0m 处
提前	设置于减速车道渐变段起点前 700m 处
重复	设置于减速车道渐变段起点 0m、前 300m 处
简化	将立交桥图形指路标志（现状）拆分成多个单出口简化立交桥图形指路标志
文字	√立交桥图形指路标志保持不变，设置于减速车道渐变段起点 0m 处 √出口附近配合地面文字设置

3. 配套指路标志

此外，在指南规定及实际工程应用中，快速路立交出口前应设置指路标志系统：多级预告标志、立交桥图形指路标志、出口标志。因此，每条实验场景除设置立交桥图形指路标志外，还应在城市快速路路段第 1 个出口（D 点）减速车道渐变段起点前 2、1.5、0.5km 处设置相应预告标志，每个出口处设置相应出口标志。同时，为避免路名熟悉对驾驶人造成的影响，对 10 条实验场景中的每条道路进行不重复命名，路名从全国各地区（除北京以外）路名中随机选取。

以立交桥图形指路标志 C2 的简化设置为例，由于该标志含有 3 个出口，依据简化原则，将立交桥图形指路标志 C2 拆分成多个单出口简化立交桥图形指路标志，如图 9-2 所示。不同场景中道路命名不同，相应的立交桥图形指路标志等指路标志中路名不同，以避免驾驶人因记住路名而不使用指路标志寻路的情况。

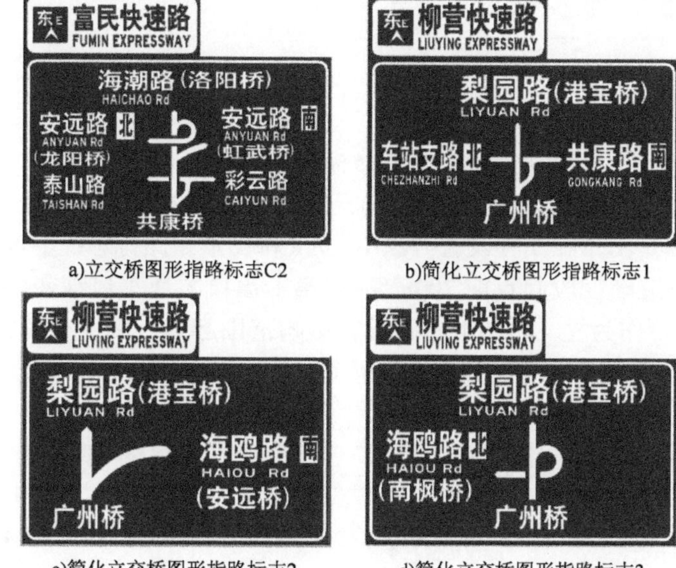

a)立交桥图形指路标志C2　b)简化立交桥图形指路标志1

c)简化立交桥图形指路标志2　d)简化立交桥图形指路标志3

图 9-2　立交桥图形指路标志 C2 简化设计示例

9.1.4 实验流程

实验共设计 10 条实验场景，每个场景包含 1 条驾驶线路。为避免驾驶人因熟悉驾驶线路而影响实验结果，实验分两次进行，两次间隔三天，每次随机驾驶 5 个场景。被试人员每次驾驶的实验步骤介绍如下：

（1）预驾驶：被试人员在非实验场景中驾驶 5 分钟，以适应模拟车辆及环境；

（2）宣读指导语：工作人员告知驾驶人实验过程相关注意事项，如车辆限速、仪器使用、事故处理等；并告知被试此次去往目的地；

（3）佩戴设备：为被试人员佩戴眼动仪、皮电皮温仪器；

（4）正式驾驶：被试人员开始驾驶实验场景，模拟舱主机采集车辆运行状态、操控行为数据；工作人员记录整个实验过程；

(5)驾驶结束:驾驶结束后,工作人员提问并记录被试者在本场景中寻找目的地难易程度。随后摘取设备,休息 5 分钟。重复步骤(2),直至完成 5 个实验场景。

被试人员将 10 个场景全部完成之后,填写主观问卷。

9.2 数据处理及优化评估

9.2.1 数据处理

经过对实验场景中立交桥图形指路标志视认位置的反复测试,定义立交桥图形指路标志前 200m 位置(视认起点)至通往目的地的匝道出口处作为指路标志的作用范围。由于在 5 种设置方法中,立交桥图形指路标志提前设置后,为第 1 出口减速车道渐变段起点前 700m,故以第 1 出口减速车道渐变段起点(D')前 900m 处(O)作为立交桥图形指路标志影响范围起点。则立交桥图形指路标志 C1、C2 影响范围为 O ~ F,如图 9-3 所示。

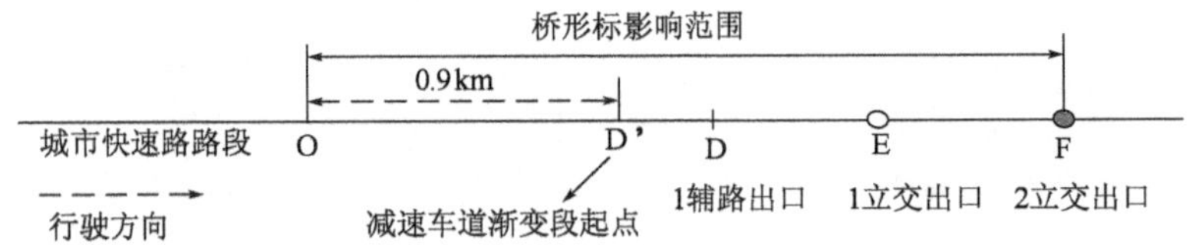

图 9-3　立交桥图形指路标志影响范围

为实现立交桥图形指路标志指路效用的全面评估,研究从驾驶人运行安全、操控行为、运行畅通、主观感受 4 个层面出发,获取立交桥图形指路标志影响范围内 9 个指标的实验数据,建立主客观相结合的综合评估指标体系。9 类指标定义简介如下:(1)运行安全指标:速度、速度标准差、加速度、加速度标准差;(2)操控行为指标:制动次数、加速踏板功效;(3)运行畅通:行驶时间;(4)主观感受:目的地难易打分。除此之外,每场景的驾驶人出错次数(未寻找到正确目的地的总次数)表征立交桥图形指路标志最终引导效果,为核实 9 种指标综合评估结果的有效性,可将其与评估结果进行对比分析。

9.2.2 示意图形优化评估

数理统计方法、模糊数学法是效用评估的两种主要方法。数理统计方法中以聚类分析、主成分分析为代表;模糊数学法包括模糊综合评价、模糊相似优先比、灰色理论等。灰色近优基于灰色理论发展而来,具有计算工作量小、样品容量要求低、评价结果客观的特点。研究针对立交桥图形指路标志不同方案,建立的综合评估指标体系存在评估指标多、影响因子多、指标权重难以确定等问题,因此,适合选择灰色近优方法进行综合评价。

获取两类立交桥图形指路标志不同设置方案影响下的9种评估指标实验数据,详见表9-3。

9种评估指标实验数据 表9-3

序号	立交桥图形指路标志 C1	现状	提前	重复	简化	文字
1	速度均值	69.36	70.76	70.03	69.07	68.70
2	速度标准差	11.05	10.02	8.96	10.65	12.14
3	加速度均值	-0.08	-0.09	-0.07	-0.07	-0.09
4	加速度标准差	26.61	0.50	0.34	0.36	23.47
5	行驶时间	141.06	136.58	138.32	138.46	143.21
6	制动次数	12.21	6.00	10.39	6.00	11.50
7	加速踏板	479.95	231.65	639.85	257.00	455.55
8	制动	115.89	79.29	89.61	59.89	76.18
9	目的地容易程度打分	7.96	8.15	8.15	7.07	7.93
序号	立交桥图形指路标志 C2	现状	提前	重复	简化	文字
1	速度均值	72.78	71.03	72.87	72.46	71.52
2	速度标准差	7.91	7.72	7.85	7.47	9.10
3	加速度均值	-0.07	-0.06	-0.07	-0.07	-0.07
4	加速度标准差	0.32	0.32	0.33	0.32	0.38
5	行驶时间	113.27	116.39	113.52	113.82	115.56
6	制动次数	12.43	7.14	15.61	4.86	11.18
7	加速踏板	516.80	385.12	570.79	221.06	388.22
8	制动	14.39	22.61	25.79	15.97	57.49
9	目的地容易程度打分	8.00	8.70	7.78	7.70	7.56

为实现每类立交桥图形指路标志的5种设置效用的灰色近优综合评估,按照灰色近优综合评估原理,逐步求解立交桥图形指路标志C1、C2的5种设置方法对应的近优度白化灰行矩阵 $\overline{R'}_{s1}$ 、$\overline{R'}_{s2}$ 。则对应2个近优度白化灰行矩阵具体如下。

$$\overline{R'}_{s1} = [0.23, 0.27, 0.36, 0.29, 0.23]$$

$$\overline{R'_{s2}} = [0.48, 0.54, 0.56, 0.47, 0.53]$$

根据灰色近优综合评估结果，结合表征立交桥图形指路标志最终引导效果的驾驶人出错次数指标，针对两类复杂立交桥图形指路标志的优化设置方法简单分析如下。

1. 立交桥图形指路标志 C1 优化设置方法

如图 9-4 所示，立交桥图形指路标志 C1 不同设置方案的近优度排序为重复、简化、提前、现状、文字；驾驶人出错次数由低到高排序为，重复、简化、提前、文字、现状，两者排序基本一致。结果表明，立交桥图形指路标志 C1 最优设置方法为重复设置，其次为简化、提前设置。立交桥图形指路标志 C1 现状、配合地面文字设置效果相对不理想，驾驶人出错次数较多。

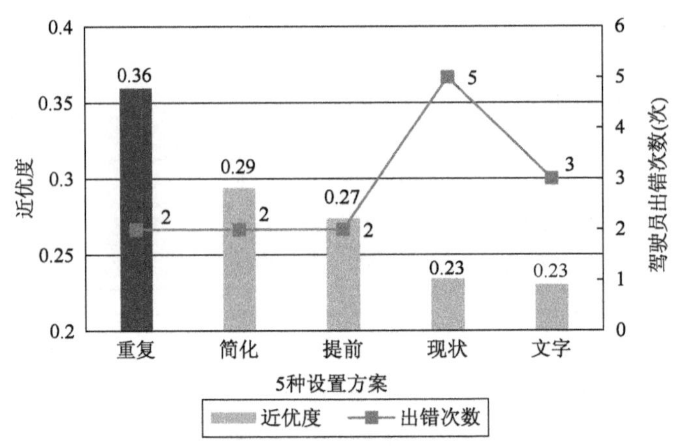

图 9-4　立交桥图形指路标志 C1 的 5 种设置方案近优度及驾驶人出错次数影响范围

2. 立交桥图形指路标志 C2 优化设置方法

立交桥图形指路标志 C2 不同设置方案的近优度及驾驶人出错次数如图 9-5所示。可以看出，近优度由高到低排序为重复、提前、文字、现状、简化；驾驶人出错次数由低到高排序为，重复、文字、提前、现状、简化，两者排序基本吻合。可见，立交桥图形指路标志 C2 的最优设置方法为重复设置，其次为提前设置、配合地面文字。立交桥图形指路标志 C2 现状、简化设置后对驾驶人综合影响效果不理想，且易式驾驶人出错次数增加。

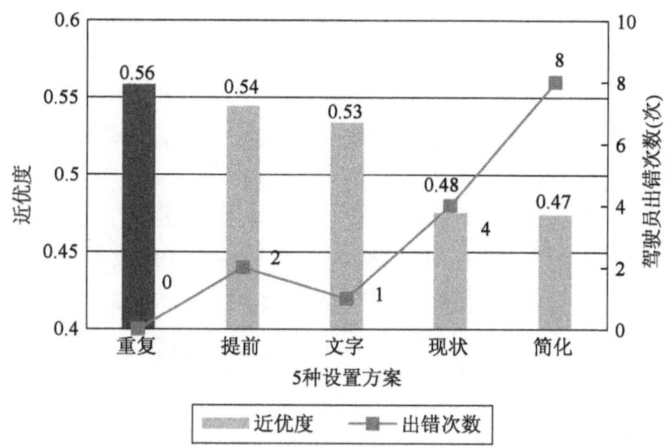

图 9-5 立交桥图形指路标志 C2 的 5 种设置方案近优度及驾驶人出错次数影响范围

如果将标志设置效用分成 5 个水平，即上等、中上等、一般、中下等、下等水平，汇总两种立交桥图形指路标志不同设置方法的效用评估结果，详见表 9-4。可以看出两种立交桥图形指路标志现状设置效用并未达到最优水平，均处于中下等水平。立交桥图形指路标志 C1、C2 上等水平优化方法为重复设置。提前设置效果较为稳定，能够使得两种立交桥图形指路标志指路效果在一般、中上等水平；图形简化效果不稳定，两种立交桥图形指路标志条件下简化效果差别较大；配合地面文字设置后，立交桥图形指路标志指路效果在一般水平及以下，对比现状，其提升效果不理想。

3 种立交桥图形指路标志不同方案设置效用水平排序 表 9-4

效用水平	1(上等水平)	2(中上等水平)	3(一般水平)	4(中下等水平)	5(下等水平)
立交桥图形指路标志 C1	重复	简化	提前	现状	文字
立交桥图形指路标志 C2	重复	提前	文字	现状	简化

整体上，开展驾驶模拟实验获取 9 种评估指标，结合灰色近优综合评估方法研究两种典型复杂立交桥图形指路标志优化设置方法。通过分析，得出如下结论：

(1)两种复杂立交桥图形指路标志的现状设置效用并未达到最优水平，处于中下等水平且驾驶出错次数较高，现状立交桥图形指路标志有较大的效用提升空间；

(2)两种复杂立交桥图形指路标志最优设置方法相同,均为重复设置;立交桥图形指路标志优化设置后,能够提升驾驶人综合影响水平,并降低驾驶出错次数;

(3)立交桥图形指路标志提前设置方法效果一般,但较稳定,均使得提前后的立交桥图形指路标志指路效果在一般及中等水平;

(4)出口处配合地面文字设置后,立交桥图形指路标志指路效果在一般水平及以下,对比现状立交桥图形指路标志设置效用,提升效果不理想;

(5)灰色近优综合评估结果与驾驶人出错次数排序基本一致,立交桥图形指路标志不同设置方案综合评估结果具有一定的有效性。

9.3 本章小结

利用灰色近优综合评价模型,将立交桥图形指路标志提前、重复、简化、配合地面文字 4 种优化设置方法,与复杂立交桥示意图形现状设置进行效用对比,进而获取两种高等复杂立交桥图形指路标志的最优设计设置方法。研究明确两种复杂立交桥图形指路标志优化设置方法,能够填补当前立交桥图形指路标志优化研究方面的空白,支撑相关规范、应用的完善。然而,仅研究两种典型复杂立交桥图形指路标志,对其他复杂立交桥图形指路标志的优化设置研究需陆续开展。此外,研究探讨的 4 种优化设置方法仅基于几种案例,不够全面,后期将针对其他优化方法进行详细研究,如地面文字可提前、重复设置等;并对多种设置方法间的交叉组合效果开展深入研究。

本章参考文献

[1] Törnros, J. , Bolling, A. Mobile Phone Use-effects of Conversation on Mental Workload and Driving Speed in Rural and Urban Environments[J]. Transportation Research Part F: Traffic Psychology and Behaviour, 2006, 9 (4), 298-306.

[2] Zahabi M, Machado P, Lau M Y, et al. Driver Performance and Attention Allocation in Use of Logo Signs on Freeway Exit Ramps[J]. Applied Ergonomics, 2017(65): 70-80.

第 10 章

立交桥图形指路标志设计导则

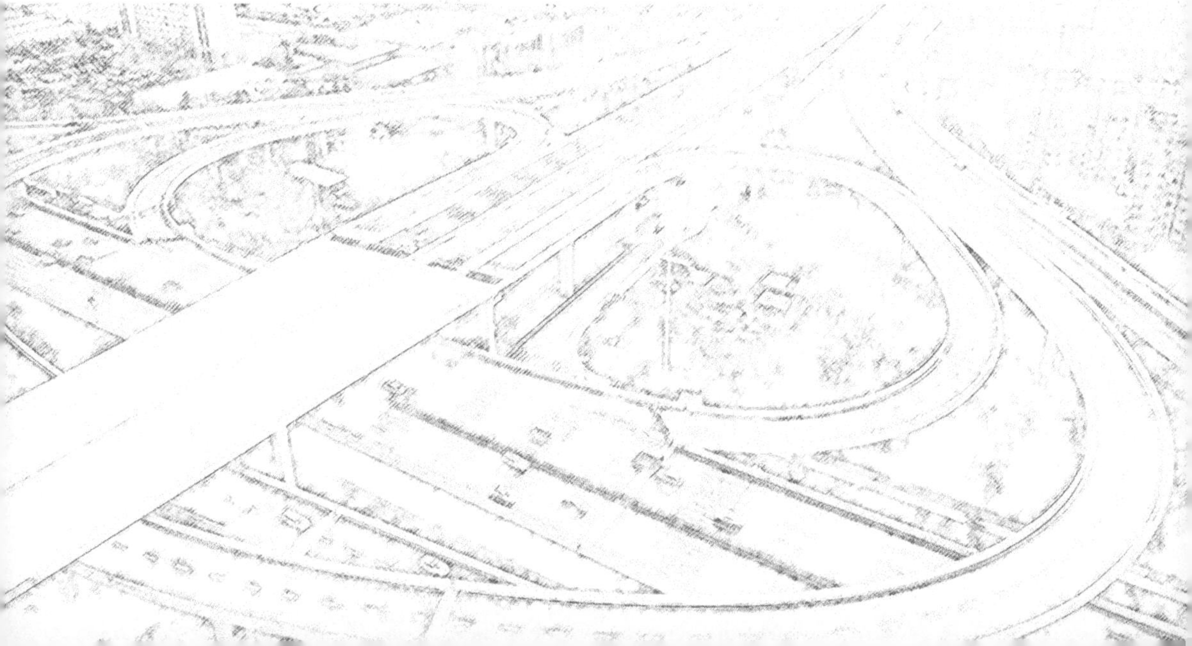

本章重点对立交桥图形指路标志设计导则进行阐述，首先，根据标准制定的一般方法确定导则设计方案。其次，结合前面章节的研究成果，以立交桥图形指路标志对驾驶人正、反两方面的影响为参考，给出导则中相关内容规定的建议。最后，在标志设计与实验评价相结合的原则下，梳理实验评价方法的原理、步骤。导则的研究不仅有助于立交桥图形指路标志的科学发展，而且能够为完善我国交通管理设施标准规范提供技术支持和规则参考。

10.1 导则方案设计

10.1.1 设计导则

在城市规划设计中，“设计导则”一词由“design guidance”或“design guideline”翻译而来，也有学者翻译为“设计导引”“设计准则”或“设计指导方针”。导则顾名思义，“导”即引导、指导；“则”即规范、准则，两字的组合起来体现出城市设计对城市开发控制和引导的双重作用，在城市设计过程中，设计导则是实现城市设计目标和概念的具体操作手段，它如同一个纲领性文件，指导城市设计。

城市设计导则是城市设计成果的一部分内容，是对未来城市形体环境元素和元素组合方式的文字描述，是城市设计实施建立的一种技术性控制框架。美国城市设计导则与城市设计的控制系统和运作过程对应，包括设计目标、设计导则两个方面。控制系统以设计建构为主；运作过程以建设管理为主。控制系统中设计导则的作用是用来控制和指导其他相关设计者对具体项目的设计，运作过程中设计导则的作用是为城市建设管理者提供管理、引导和评审城市开发建设项目的依据。

目前国内城市快速路指路标志处于大规模设计与建设阶段，而现行标准内容难以满足要求，制定设施设计导则能够为设计者、建设管理者提供依据，促进建设项目品质提升。立交桥图形指路标志设计导则进行研究，旨在借鉴美国的城市设计导则和建设机制，对立交桥图形指路标志的设计和使用进行规范引导，提高设施设置的规范性和科学性。

10.1.2 编制目的

前期文献分析发现，国内在单项设施的设计标准方面规定较为宽泛，对设计者缺少针对性的技术指导，造成路面设置设施存在使用混乱、错误的现象，对出行安全、道路功能发挥、城市形象提升造成影响。研究也发现,国家标准、地方标准在立交桥图形指路标志的规定上存在概念混淆、分类不清的问题,而立交桥图形指路标志自身的复杂性,对驾驶人视认行为和驾驶行为有显著的影响,需要对其使用进行规定,以提升出行的准确性与安全性。主要编制目的有以下几点。

1. 构建逐级细化的交通设施标准体系

目前,我国已有交通设施国家标准、面向不同道路的设施体系的设计规范,但缺少单项设施的设计标准、规范或导则。现有针对单项设施的国家标准或技术标准多为产品标准,内容以产品性能、材料、试验检验为主。尽管在标准配套指南中有针对单项设施的详解内容,但内容缺少全面性、规范性和权威性。建立单项设施设计导则就是要筑牢设施标准金字塔的塔基。

2. 形成以科学研究为基础的交通设施设计机制

单项交通设施设计导则的内容来自大量的科学研究成果,条目内容的确定应以对驾驶人的调查或实验的结果为依据。同时导则中规定设施设计方案的检验与评定,确保设施设计的效果。

3. 提供针对性、具体化的问题解决方案

导则内容全部针对单项设施编写,规定的指向性更强,更具体,针对设施的设计内容、适用条件、典型事例和可能存在的问题加以详细规定,可成为设计和工程建设管理者的工具书。

10.1.3 导则框架

设计导则可分为标志设计内容规定和设计过程规定两部分。主要内容可包括标志设计、标志效用评价、标志设置方法、错误使用范例等。参考国标和一般导则的内容构成,对立交桥图形指路标志设计导则框架进行梳理,详见表10-1,本论文之前章节通过文献研究、问卷调查和实验研究为图形设计和实验评价部分提供了支持。

导则编制主要考虑三个方面因素。首先,概念界定与统一。从前面的研究看到我国立交桥图形指路标志在基本概念上比较模糊,各地图形差异性很大,而驾驶人带来安全隐患,因此立交桥图形指路标志设计的首要原则是在明确相关概念的基础上保证图形设计方法的一致性和图形形式的统一性。其次,要素设计和视认复杂度控制检验。图形视认复杂度是影响立交桥图形指路标志效用的重要因素,在设计时要注意图形的简单化与示意性,减少过度复杂的图形给驾驶人的负面影响。最后,引入实验评估方法。立交桥图形指路标志的复杂度难以直接测量,采用实验评价方法具有一定的可行性,设计过程要考虑利用实验评价方法,在标志信息表达与驾驶效率间寻找平衡。

立交桥图形指路标志设计导则体系框架　　表 10-1

<table>
<tr><th colspan="2">导则内容</th><th>支撑研究</th><th>研究方法</th><th>设计规则</th></tr>
<tr><td colspan="2">编制目的</td><td>—</td><td>归纳总结</td><td>10.1.2</td></tr>
<tr><td colspan="2">编制原则</td><td>—</td><td>归纳总结</td><td>10.1.3</td></tr>
<tr><td colspan="2">术语</td><td>第 2 章、第 3 章</td><td>文献研究</td><td>3.1</td></tr>
<tr><td colspan="2">分类</td><td>第 3 章、第 6 章、第 7 章</td><td>归纳总结和实验研究</td><td>7.2.2 和 7.4.3</td></tr>
<tr><td colspan="2">图形设计</td><td>第 6 章</td><td>归纳总结</td><td>6.3</td></tr>
<tr><td colspan="2">文字设计</td><td>—</td><td>—</td><td>—</td></tr>
<tr><td colspan="2">其他元素设计</td><td>—</td><td>—</td><td>—</td></tr>
<tr><td colspan="2">版面设计</td><td>—</td><td>—</td><td>—</td></tr>
<tr><td rowspan="2">视认评估</td><td>静态实验</td><td>第 7 章</td><td>实验研究</td><td>7.2 ~ 7.4</td></tr>
<tr><td>动态实验</td><td>第 8 章</td><td>实验研究</td><td>8.2 ~ 8.4</td></tr>
<tr><td rowspan="3">效用评估</td><td>调查问卷</td><td>第 4 章</td><td>调查研究</td><td>4.2</td></tr>
<tr><td>静态实验</td><td>—</td><td>—</td><td>—</td></tr>
<tr><td>动态实验</td><td>第 5 章、第 8 章、第 9 章</td><td>实验研究</td><td>5.1 ~ 3.3、8.2 ~ 8.4,
9.1 ~ 9.2</td></tr>
</table>

10.2 术语和分类部分

10.2.1 术语

导则中首先须对立交桥图形指路标志、立交桥示意图形、立交桥出口预告标志、立交桥指路标志系统等概念进行定义。

具体内容建议:

(1)立交桥图形指路标志:是以示意图形表达立交桥在行车方向上出口布局与主要道路之间连接关系的指路标志。

(2)立交桥示意图形:是表示立交桥在行车方向上的行驶路径的简化图形符号,是立交桥图形指路标志的核心组成部分。

(3)立交桥出口预告标志:是在立交桥出口(分流)前按照一定距离提前设置,起到预告驾驶人前方出口位置、通达地点的指路标志,使其提前做作用好准备或采取行动的作用。

(4)立交桥指路标志系统:是以立交桥出口为导向目标的标志系列,并在标志组成,位置关系和信息传递方面遵守明确的规则,在版面样式、信息内容、指示方式、标志结构等方面保持某种程度的一致性。

10.2.2 分类

分类是描述复杂事物特征的重要方法。在立交桥设计理论基础上对示意图形进行分类,有助于增加驾驶人的认知。研究结果示意图形存在复杂度差异,且复杂图形对安全性存在影响。

导则应根据设置位置、立交桥类型、图形视认复杂度的区别,把立交桥图形指路标志分成若干类,有助于明确设计对象的范围、规范同类对象表述、设计需求更明确、设计结果更具有针对性。

具体内容建议:

(1)按照设置位置分类是标志分类的一般方法,按照道路分类可分为城市快速路立交桥图形指路标志和高速公路立交桥图形指路标志。

(2)从标志立交桥设计理论出发,按照立交类型分类:可分为基本型立交桥图形指路标志、特殊型立交桥图形指路标志和扩展型立交桥图形指路标志三种其中基本型用于标准单体立交桥;特殊型用于非标准单体立交桥;扩展型用于复杂立交桥。

(3)按照复杂度分类:可分为低等复杂度立交桥图形指路标志、中等复杂度立交桥图形指路标志和高等复杂度立交桥图形指路标志。

10.3 示意图形设计部分

10.3.1 总体规定

前期调查结果显示,54%的人反映由于“立交桥示意图形”的难以理解造成他们对立交桥图形指路标志的不理解,说明细化示意图形设计是标志设计的关键。图形指路标志相对于文字指路标志的优势就在于图形的直观易懂,能够比文字提供更多的信息,然而对驾驶人来讲,并不是图形描述越详细、越全面越好。根据研究结果,从37个图形综合评分结果来看,笔画少、出口少的图形排名相对更靠前,出口多、笔画多的图形在高等复杂度图形中的比例更高。导则可采用MUTCD的方式,先对在图形设计部分做总体规定,引用图形视认复杂度的分类结果,供图形设计环节选用和比较。在图形设计的首要原则中增加视认复杂度低的要求,是因为也有笔画简单的图形出现在高等复杂度的分类中。

具体内容建议:

(1)示意图形设计须简单,视认复杂度低,尽量减少高等复杂度图形在标志中的使用。

(2)示意图形必须是行车方向立交桥出口及匝道为主的平面图。

(3)示意图形指向部分可采取带箭头和不带箭头两种形式。

(4)采用新的设计图形前,必须进行图形视认复杂度实验评价测试。

10.3.2 图形样式设计

为保证图形样式设计的统一性,导则应对示意图形表达的要素内容进行规定。在要素内容上增加紧邻道路和通过辅路衔接两个要素以适应城市复杂道路环境,供设计人员在无计可施的时参考。

具体内容建议:

图形表达要素包括路径跨越方式、匝道形式、出口布局、紧邻道路、通过辅路衔接。

(1)路径跨越方式:表示主线或匝道的跨越情况,以带有缺口的笔画表示线路位于相交线路下方,表示方法如图10-1所示。

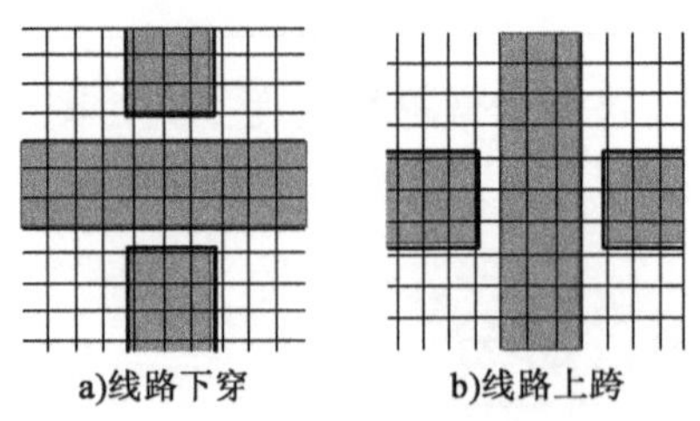

图10-1 跨越方式表达方法

(2)匝道表示方式:表示左、右转匝道类型,左转类型5种,右转类型1种,如图10-2所示。示意图形中匝道表示须采用示意方式,避免按照匝道实际曲线设计图形,增加图形视认复杂度。

(3)出口布局表示方式:标志左、右转出口布局形式,包括单出口型、双出口型,表示方法如图 10-2 中扩展型所示。

(4)紧邻道路:表示立交桥前 200 米内或立交桥区域内有出口可通往城市低等级道路,适用于城市快速路,表示方法如图 10-2 中扩展型所示。

(5)通过辅路衔接:表示通过辅路出口与相交道路衔接,主要用于城市快速路,表示方法如图 10-3 所示。

右转匝道表示形式								1种
左转匝道表示形式								5种
匝道出口位置关系	右转匝道出口在先	左右	1	4	7	12	19	5种
	左转匝道出口在先	右左	2	5	8 9	13 14 15	20 21	9种
	左右同出右侧右转	左右	3	6	10	16	22	5种
	左右同出右侧左转	右左			11	17 18	23	4种
	4种		3种	3种	5种	7种	6种	23种

a)立交桥图形基本型

30 31 32 33 34 35 36 37 8种

b)立交桥图形特殊型

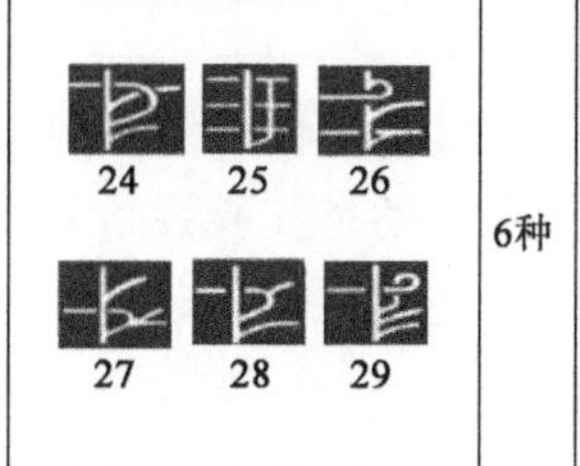

c)立交桥图形扩展型

图 10-2 示意图形分类及表示方法

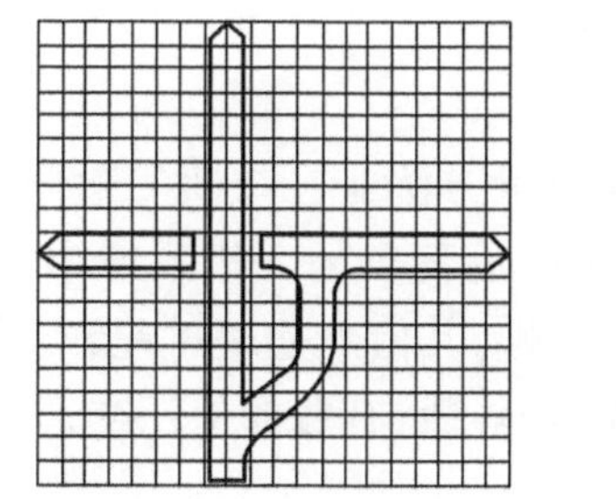

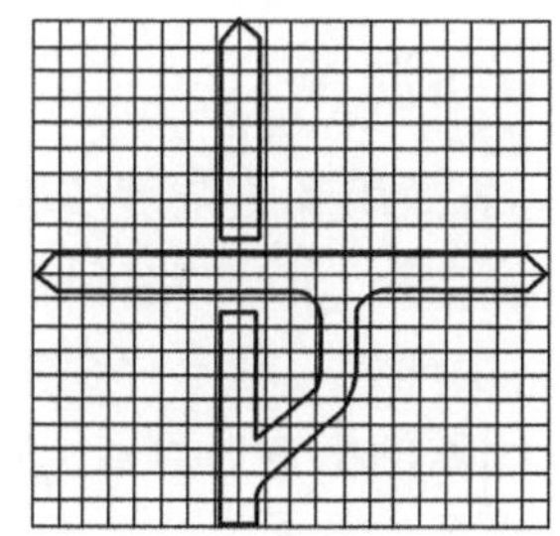

图 10-3 通过辅路衔接表达方法

10.3.3 示意图形的选取

论文已对 37 种常用图形进行了视认复杂度评价和分类,可供设计人员直接选择或用于设计方案比对。

具体内容建议：

如目标立交桥特征与表10-2中图形吻合，设计人员应使用给定参照图形；如不吻合需设计新的图形并进行先进行静态实验评价验证，评定等级。

参考图形及分类 表10-2

图号	1	2	3	4	5	6	7	8	9	10	11
低等复杂度											

图号	12	13	14	15	16	17	18	19	20	21	22	23	24	25
中等复杂度														

图号	26	27	28	29	30	31	32	33	34	35	36	37
高等复杂度												

设计中低等复杂度或中等复杂度图形，可直接使用；如为高等复杂度图形，需采用动态实验评价对每个出口方向进行验证，如所有方向复杂度等级降低，可继续使用，如有某个方向复杂度等级未降低，需对图形进行优化评定主要后使用。

10.4 实验评价部分

10.4.1 实验评价原理

首先，指路标志效用和复杂度实验评价方法是在人机工效学基本理论的基础上设计构建的。在人、车、道路环境构成的复杂的人机系统中，驾驶人作为交通标志的使用者，生理和心理上存在复杂性，其信息处理过程和对标志的认知能力受系统中其他因素的影响。驾驶人能否舒适、有效的使用交通标志，最终反应交通标志设计和设置的有效性。

其次，标志效用和复杂度的划分基于驾驶人认知特性的基本理论。驾驶人对指路标志信息的视认过程，宏观上分为刺激—识别—反应三部分，具体来说包括指路标志的感觉登记、模式识别、信息注意、深度加工和决策执行。根据这一过程可以将指路标志作用范围分为两个部分，即视认范围和反应范围。标志在两个范围都驾驶人产生影响，但又有所区别，标志影响可分为视认影响和决策影响两部分构成。

因此,实验评价法的原理是基于人机工效学和标志认知理论,从标志影响的结果出发,以标志作用范围内驾驶人的视认行为和驾驶行为为判断依据,以描述行为过程或行为结果的数据为指标,采用统计方法得出效用或复杂度的综合评价和分类结果,效用评判和复杂度评判基于影响范围的选取,视认影响范围对应标志复杂度,决策影响范围则对应标志效用。

10.4.2 实验评价步骤

导则应根据研究结果,如第 5 章采用动态实验评价方法对标志效用进行评价,第 7 章采用静态实验评价方法对示意图形视认复杂度进行评价,第 8 章采用动态实验评价方法对标志视认复杂度进行评价,在实验内容和评价步骤方面做出规定,以帮助指导设计人员正确执行该环节的操作。

前面的研究结果显示,立交桥图形指路标志对驾驶人的影响存在正、反两个方面,即表现为标志的效用和视认复杂度。导则中应规定在标志设计过程时应对两个方面的影响进行评价以保证标志使用的科学性。因此,对于多方向、多义性标志,应从整体和局部分别进行验证。

具体内容建议:

实验评价共包括 5 个步骤:

(1)确定评价对象。设计人员可以将标志或标志的构成元素(例如:示意图形)作为评价对象;对多向性和多义性标志也可以将标志整体或局部方向作为评价对象。

(2)确定评价内容。选择不同影响范围,实验评价内容包括效用评价和视认复杂度评价。

(3)选取实验评价方法。实验评价分为静态实验评价和动态实验评价两种方法。视认复杂度评价可优先选择静态实验评价方法。效用评价应选用动态实验评价方法。

(4)指标选取。静态实验评价指标以视认特性指标为主,包括整体视认特性指标、局部视认特性指标和细节视认特性指标;动态实验评价指标包括视认特性指标和驾驶行为指标。

(5)综合评分。对静态实验评价方法,计算指标数值在主成分上的得分,再利用综合得分公式进行评分;动态实验评价方法通过计算与最优解和最劣解的距离进行评分。

10.5 本章小结

本章阐述了单项设施设计导则编制的目的和作用，以此给出了立交桥图形指路标志设计导则的框架，基于之前的研究结论，提出导则中的相关内容编制的建议，具体包括：

(1)明确了图形指路标志设置的一般原则，在原有图形简单的要求上，增加了视认复杂度低的新要求。

(2)细化了示意图形的表示方法，规定了各要素的表达方式，以保持图形的一致性。

(3)提出了标志设计过程需进行实验评价，可从标志视认复杂度和效用两方面做出评价验证，并根据验证结果决定标志的使用。

(4)明确了示意图形高等复杂度、中等复杂度和低等复杂度的划分形式，并根据复杂度等级在设计中采用不同的措施。

(5)总结了实验评价方法的原理，在导则中规定了实验评价方法的流程。

本章参考文献

[1] 金广君. 美国城市设计导则介述[J]. 国外城市规划, 2001(02):6-9 +48.

[2] 牛皓. 城市街道步行空间标准与准则的编制体系研究[D]. 哈尔滨:哈尔滨工业大学, 2019.

[3] 曲畅. 城市街道公共环境设施设计导则编制研究[D]. 哈尔滨:哈尔滨工业大学,2013.

后　　记

城市交通发展是一个循序渐进的过程。正如人的发展一样,首先是以生存为首要需求,在满足生存的基础上,追求生活的质量与身心的愉悦。作为发展中国家,我国大部分城市在起初的发展中,都是以满足道路建设基本条件,实现通行为首要需求。随着我国综合国力的提升和政府投资的积累,全国公路网及大城市主干路网基本完善,人们出行的基本需求得到满足。此时,政府与人民群众对城市交通发展的关注点渐渐转向交通的安全性与舒适性。观念的转变体现在基础设施建设方面,即在道路建设与改造过程中、在城市交通管理与维护中,管理者与使用者对道路配套交通设施的质量更加注重。

本书以立交桥图形指路标志及其示意图形为对象,介绍了以实验为基础的评估方法,旨在提高对单项设施的全面认知,寻找适用于实践的综合性实验评价解决方案。然而研究无止境,学术无尽头,随着认识的深入,现有研究必然还有很多疏漏和不足之处,未来可以在以下方面继续研究和探索。

学者需继续加强对立交桥图形指路标志复杂性和视认规律的研究。本书介绍的研究内容是以结果为导向判定图形的复杂度,而图形复杂度由呈现复杂度、语义复杂度和记忆复杂度构成。从研究结果可以看出,图形特征(呈现复杂度)、表达要素(语义复杂度)、熟悉程度(记忆复杂度)与图形复杂度之间有紧密的联系。未来可以在立交桥示意图形特征与视认特性的关系方面进行深入研究,建立三者与视认复杂度的关系模型,将有助于图形设计和使用的有效性。

学者需继续加强对各种特性的机理进行深入研究。尽管本书介绍的评价方法以视认特性和驾驶行为特性为基础,建立了以实验为基础的评价方法和设计导则,但仍需进一步研究设计要素对视认行为和驾驶行为的影响机理,真正实现以人为本的设施设置理念。

最后,学者有必要借助实验评价方法,实现对复杂图形指路标志的优化研究,逐步完善实验评价方法,期待在实践中获得更好的使用效果。

李祥

2023 年 3 月